国家社科基金（17BJY131）
湖南省发展和改革委员会创新研发项目（湘发改投资〔2019〕875号）

湖南省普惠金融
创新与风险防控研究

蔡宏宇　刘亦文　著

中国经济出版社
CHINA ECONOMIC PUBLISHING HOUSE

图书在版编目（CIP）数据

湖南省普惠金融创新与风险防控研究 / 蔡宏宇，刘亦文著. -- 北京：中国经济出版社，2022. 6

ISBN 978 - 7 - 5136 - 6961 - 0

Ⅰ. ①湖… Ⅱ. ①蔡…②刘… Ⅲ. ①地方金融事业 - 金融风险防范 - 研究 - 湖南 Ⅳ. ①F832. 764

中国版本图书馆 CIP 数据核字（2022）第 098230 号

责任编辑　孙晓霞　张　巍
责任印制　马小宾
封面设计　原创在线

出版发行　中国经济出版社
印 刷 者　北京九州迅驰传媒文化有限公司
经 销 者　各地新华书店
开　　本　710mm × 1000mm　1/16
印　　张　18. 5
字　　数　278 千字
版　　次　2022 年 6 月第 1 版
印　　次　2022 年 6 月第 1 次
定　　价　88. 00 元
广告经营许可证　京西工商广字第 8179 号

中国经济出版社　**网址** www. economyph. com　**社址** 北京市东城区安定门外大街 58 号　**邮编** 100011
本版图书如存在印装质量问题，请与本社销售中心联系调换（联系电话：010 - 57512564）

序 Preface

农业、农村、农民问题是世界性难题，只是各个国家的表现形式不同而已。相比较而言，发展中国家和地区的矛盾最为突出。“三农”问题在中华民族走向伟大复兴的新的历史征程中处于极其重要的位置，发挥着不可或缺的保障作用。从某种意义来说，全面建设小康社会、实现社会主义现代化成功与否取决于能否解决“三农”问题，这是中国全面建设小康社会、实现社会主义现代化的重要任务。只有解决好“三农”问题，才能使改革开放和社会主义现代化建设继续深化下去，才能全面建设小康社会。

作为支撑农村实体经济的重要组成部分，农村金融为农村的可持续发展提供了不竭动力，是我国农村经济繁荣兴旺的重要保障。中国的改革首先是从农村开始的，标志着中国货币化进程开始的农村制度变迁使农村的贸易条件大为改善、农业产出迅速增长、农民收入大幅提高、农村金融结余以较快的速度增加。随着农村经济结构和农业组织形式的演变，农村金融体制也出现了变动。一方面在我国经济发展过程中，农村的这种不断变化的金融体制起到一定的作用；另一方面，我国经济转型和经济形势出现新变化，对农村金融体制改革又提出了更高的要求。

改革开放以来，党中央、国务院高度重视农村金融改革发展，制定了一系列方针、政策，把对农村金融的改革探索始终贯穿于农村经济社会发展进程中，农村金融的发展创新对落实国家支农惠农政策和保持农村经济社会稳定发挥了重要作用。从 2004 年至 2014 年，国家连续 11 年发布以“三农”为主题的一号文件，都强调要加快农村金融体制改革和创新，提高农村金融服务质量和水平。党的十七届三中全会通过的《中共中央关于推进农村改革发展若干重大问题的决定》明确提出：建立现代农村金融制度要创新农村金融体制，放宽农村金融准入政策，加快推动商业性金融、合作性金融、政策性金融的结合，构建资本充足、功能健全、服务完善、运行安全的新型农村金融体系。党的十八届三中全会通过的《中共中央关于全面深化改革若干重大问题的决定》明确指出：发展普惠金融，鼓励金融创新，丰富金融市场层次和产品。这是党的纲领性文件中第一次提出普惠金融的概念，是对普惠金融理念、行动上的一次质的飞跃，为今后惠及更多客户的金融改革指明了方向。

普惠金融是联合国在“2005 年国际小额信贷年”提出的概念，是指一个能有效、全方位为社会所有阶层和群体，尤其是贫困、低收入人口提供服务的金融体系，这既是一种理念，也是具体的实践活动。普惠金融是经济金融发展到一定阶段的必然产物。一般来讲，在经济欠发达阶段，金融服务基本停留在为少数有融资需求的企业和个人服务的层面上，多数人因为手持货币量较少或交易量很小而无求于金融。但是，随着经济不断发展，城乡居民的资金实力不断增强，大多数人的手持货币量和市场交易量迅速增长，对金融服务（主要是信贷）的需求开始增大，这就从客观上要求金融服务扩大覆盖范围，增强各群体、各阶层金融服务的可获得性。改革开放 40 多年来，我国农村金融体系不断改革，但是仍不能满足农业和农村发展。化解农村信贷服务困境是一个系统工程，需要多角度、全方位构建农村普惠金融服务体系。因此，普惠金融的发展对“三农”问题的解决有着重大的现实意义。

中国农村经济和农村金融发展实践积累了很多经验和教训，同时也产生了很多值得研究的重大问题，这是中国农业经济学理论研究的一座“金矿”，需要我们扎扎实实地静下心来研究。作者领衔的学术团队自 2007 年以来一直高度关注中国农村经济和农村金融发展的现实问题，从事中国农村金融改革和发展的研究，取得了一批具有一定前瞻性、创新性的研究成果。

我们用 3～5 年时间，运用前沿理论分析工具和计量方法，对中国普惠金融发展体系进行全方位研究，最终形成对未来农村金融改革和发展方向的正确定位和有效政策建议。由于受到自身研究能力和客观条件限制，我们的研究仅仅是阶段性的探索，很多方面还有待进一步深化和完善，我们真诚欢迎同行专家和广大读者批评指正。

赫伯特·西蒙说过："很多研究工作的动力所在，无非是热切希望理解大自然，寻找那种隐匿在复杂性当中的秩序之美。"我国伟大的改革开放历程为中国经济学理论创新提供了肥沃的土壤。我们必须不断深入了解中国经济的实际情况，借鉴已有的理论和实践经验，积极思考和研究从中提炼的理论问题。只有这样不断地积累，中国经济学的理论根基才能更加扎实可靠，中国经济学的理论成果才能逐渐达到世界先进水平，中国经济学的理论体系才能最终建成。衷心希望本研究丛书的出版能对中国农村金融改革和发展起到积极的推动作用。

刘亦文、胡宗义

2022 年 4 月

目录
Contents

第1章 绪论

1.1 问题的提出及研究意义

改革开放以来，中国经济经历了40余年的高速发展，使中国成了世界上仅次于美国的第二大经济体和世界金融服务最大的单一市场（NBSC，2011），对世界经济增长的贡献比超过1/3（OECD，2020）。越来越多的中国老百姓正享受着经济增长带来的"红利"，居民财富规模大幅增加，人均财富达到36.6万元（李扬、张晓晶，2021）。与此同时，金融规模随着实体经济的增长而不断扩大，截至2020年12月，中国经济中的广义货币存量（M2）达到218.68万亿元，金融机构各项人民币存款和贷款余额分别达到212.6万亿元和172.7万亿元，为国民经济发展提供了充足的金融资源保障。特别是近年来随着普惠金融的深度推进和数字技术的广泛应用，不仅有效地降低了金融机构运营成本、风险管理成本和融资交易成本，也极大地提高了风险识别效率和处置效率，风险控制更加有效。金融机构以大数据风险防控作为贷款风险定价基础，以公司整体资质和经营情况作为贷款依据，而非依靠传统的抵押品，从而帮助很多无法提供抵押品的中小微企业获得贷款，扩大了中小微企业贷款可得性（Gambacorta等，2020）。作为现代经济的"血液"，中国金融服务可得性、使用率和质量为实体经济发展提供了有力支持。

但不得不正视，作为世界金融服务最大的单一市场，长期以来，中国也面临着较为严重的双重二元金融结构，中小微企业、自就业群体以及“三农”经济成为中国较难获取金融资源的群体，他们普遍面临融资难与融资贵的问题，这些问题在一定程度上成为影响其发展的“瓶颈”。从市场空间维度看，以中小微企业、农村及偏远地区低收入群体和城镇低收入群体为代表的弱势群体，其金融需求一直未能得到传统金融服务体系的有效供给。比如，作为中国最具活力的市场主体，民营企业尤其是中小微企业创造了国内60%的生产总值，解决了80%的城镇就业，但却仅获得银行信贷总额的30%，而以国有经济为主体的大中型企业却拥有60%的信贷总额。《中国金融年鉴》的统计数据显示，2008—2017年中国农村地区存贷余额差距呈不断扩大趋势，而在农村固定资产投资资金来源构成中，乡镇企业贷款与农村贷款总额所占比例却呈逐年下降的趋势，在商业银行的逐利性、农业天然脆弱性、农民抗风险能力较弱、有效抵押物缺乏等因素的冲击下，农村资金严重出现了“外流”至城市的现象，农户融资陷入“正规金融融资陷阱”，日益苏醒的融资欲望得不到有效满足，仅农业生产融资需求缺口就已经超过3万亿元（李勇坚和王弢，2016）。同时，中国城乡、区域金融资源配置严重不平衡，不同群体的金融可得性相差甚远，如上海与西藏的地理金融密度竟相差109倍（陈莎、周立，2012）。

习近平总书记高度重视金融在中国经济高质量发展中的重要地位和作用，先后在2017年中共中央政治局第四十次集体学习、全国金融工作会议和2019年中共中央政治局第十三次集体学习等多个场合发表了一系列有关金融发展作用于中国经济高质量发展的重要论述，如金融“是国家重要的核心竞争力”“是现代经济的核心”“金融成为资源配置和宏观调控的重要工具，成为推动经济社会发展的重要力量”，因此“金融要为实体经济服务，满足经济社会发展和人民群众需要”，并明确要求“推动金融业高质量发展”。党的十九大报告提出“深化金融体制改革，增强服务实体经济能力”。党的十九届五中全会聚焦“十四五”规划和二〇三五年远景目标重大问题，对未来一个时期我国的经济发展做出系统谋划和战略部署，提出了构建金融有效支持实体经济的体制机制，提升金融科技水平，增强金融普惠性；全面实行股票发行注册制，建立常态化退市机制，提高直接融资比重；完善现代金融监管体系，健全金融风险预防、预警、处置、问责制度体系，对违法违规行为零容忍等目标。近年来，党和国家还就金融发展创新、促进金融更好服务中国经济高质量发展作出了一系列改革部署，通过金融业高质量发展促进中国经济高质量发展的格局正在初步形成并蓄势待发。特别是党的十八届三中全会将“发展普惠金融”作为国家战略以来，随着《推进普惠金融发展规划（2016—2020年）》的印发，中央各职能部门和各级政府积极推进普惠金融发展的各项工作，政策体系不断完善，引导各类金融服务供给主体做好小微企业、“三农”、扶贫等普惠金融重点领域和薄弱环节的服务，基础金融服务覆盖面持续扩大、重点领域金融服务可得性持续提升、金融服务的效率和便利性不断提高，普惠金融发展取得了显著的成效。

2020年9月16日至18日，习近平总书记先后来到郴州、长沙等地，深入农村、企业、产业园、学校，就统筹推进常态化疫情防控和谋划“十四五”时期经济社会发展进行调研。习近平总书记在湖南考察时强调，要落实党中央决策部署，坚持稳中求进工作总基调，贯彻新发展理念，坚持以供给侧结构性改革为主线，决胜全面建成小康社会、决战脱贫攻坚，扎实做好“六稳”工作，全面落实“六保”任务，着力打造国家重要先进制造业、具有核心竞争力的科技创新、内陆地区改革开放的高地，在推动高质量发展上闯出新路子，在构建新发展格局中展现新作为，在推动中部地区崛起和长江经济带发展中彰显新担当，奋力谱写新时代坚持和发展中国特色社会主义的湖南新篇章。为深入贯彻落实习近平总书记在湖南考察时的重要讲话精神，湖南省提出大力实施“三高四新”战略，即打造“三个高地”、践行“四新”使命。“三个高地”为国家重要先进制造业高地、具有核心竞争力的科技创新高地、内陆地区改革开放高地；“四新”使命为在推动高质量发展上闯出新路子，在构建新发展格局中展现新作为，在推动中部地区崛起和长江经济带发展中彰显新担当，奋力谱写新时代坚持和发展中国特色社会主义的湖南新篇章。

近年来，湖南省委省政府立足“一带一部”定位，以供给侧结构性改革和高质量发展为主线，先后出台《关于金融服务“三农”发展的实施意见》（湘政办发〔2014〕94号）、《湖南省金融精准扶贫规划（2016—2020年）》、《湖南省推进普惠金融发展实施方案》（湘政办发〔2017〕79号）、《湖南省进一步强化中小微企业金融服务的若干措施》（长银发〔2020〕53号）等文件，进一步加大对供给侧结构性改革重点领域和薄弱环节的金融支持力度，提高民营、小微企业金融服务质效，有效防范金融风险，深化金融改革开放，促进全省经济金融持续健康发展。2020年，湖南省金融系统深入贯彻落实党中央、国务院和省委、省政府各项决策部署，扎实做好金融支持“六稳”“六保”工作，先后出台了湖南“金融八条”“中小微企业金融服务十二条”，推动建立“1+N”政银企对接机制，开展金融“暖春行动”，为全省高质量发展作出了重要贡献，取得了许多新的突破：一是全省社会融资规模首次突破万亿元大关，达到1.08万亿元，比2019年增长21.8%，其中新增贷款6987.4亿元。二是银行贷存比首次突破85%达到85.3%，贷款余额增长16.5%，增速居全国第4位，其中中小微企业贷款增长19.8%，全年新增中小微企业贷款同比增加1193.8亿元；金融机构累计为企业让利超150亿元；中小微企业授信户数较年初新增18.5万户。三是全省A股上市公司总市值首次突破1.5万亿元，达到1.75万亿元，增长77.7%，增速居全国第2位。新增上市公司13家，首发上市融资和再融资均创历史新高。四是全省金融业增加值占GDP的比重，首次突破50%的支柱产业临界线，达到51%。全年金融业增加值增长8.3%，高于全国增长7.0%的平均水平。五是非法集资陈案化解率首次突破80%水平线，司法审结率达到91.5%。全年新发非法集资案件数、涉案金额和涉案人数同比分别下降18.3%、51.4%和45.6%。为了加大金融服务“三高四新”战略力度，为推动经济社会高质量发展提供金融支撑，湖南省政府出台了《湖南省金融服务“三高四新”战略若干政策措施》（湘政办发〔2021〕11号），从加大重点领域融资支持力度，加快产业链、供应链金融发展，缓解中小微企业融资难、融资贵，强化科技创新金融扶持，实施企业上市“破零倍增”计划，完善城乡金融服务体系，加大绿色低碳产业金融支持，创新中国（湖南）自贸试验区金融服务，加快湖南金融中心发展和优化金融发展环境等十个方面提出了加大重点领域融资支持力度、加快产业链供应链金融发展、强化科技创新金融扶持、完善城乡金融服务体系等多方面的目标要求和重点工作。

同时我们必须看到，改革开放40多年来，我国金融业在改革中高速成长，但面对科技驱动的金融创新，政策制定者和监管者存在数据与信息不足、技术手段缺乏以及对情景评估不够等情况，金融创新往往游离在监管体系之外，或变相地规避监管，实现监管套利或引发监管空白，使我国金融创新存在诸多风险隐患，陆续出现泛亚所事件、e租宝事件、ICO诈骗事件、P2P平台跑路等系列风险案例。由于金融活动涉及人口基数较大，受害者风险承受能力较弱，且传播范围广泛，这些风险的集中爆发将引发系统性金融风险，给我国金融稳定以及社会稳定性带来严重危害。湖南省金融业还存在不少短板和弱项，如：金融增加值占GDP的比重长期偏低，地方金融业态发展不充分，金融服务在地区间分布不平衡，小微企业融资难、融资贵问题仍然存在，金融风险防范形势仍然严峻等。党中央和国务院高度重视金融发展和金融安全，将金融发展和防范金融风险放在了当前政策的优先位置。党的十九届五中全会明确要求，牢固树立党管金融的思想，坚持和加强党对金融工作的全面领导，深化对金融本质和规律的认识，增强忧患意识，坚持底线思维，加强金融风险全链条治理，完善信息收集、风险排查、监测预警、精准处置、有效防控等制度措施，下好先手棋，打好主动战，始终以服务实体经济、服务人民群众为本，平衡好稳增长和防风险的关系，坚决打赢防范化解金融风险的攻坚战，增强金融服务功能，促进金融良性循环，确保金融改革发展的正确方向。

当前，我国开启了全面建设社会主义现代化国家新征程，提高金融可得性和金融服务强度，消除金融排斥，延伸金融广度与宽度，破解中小微企业和低收入人群等群体难以获得金融资源的问题，对推动金融服务中国经济高质量发展具有重要的理论价值和现实意义。因此，构建金融科技背景下湖南省普惠金融创新、风险防范与治理新模式，推进全省普惠金融创新发展，既是防范系统性金融风险的重大需求，也是推动金融服务“三高四新”战略和湖南省经济高质量发展的重要保障。

1.2 湖南省地方金融创新发展与风险防控现状

1.2.1 湖南省金融运行基本情况①

2019 年，湖南省金融机构认真贯彻落实稳健货币政策和宏观审慎政策“双支柱”调控框架，紧紧围绕打赢三大攻坚战任务和创新引领开放崛起战略，按照高质量发展要求，积极改善金融服务，不断增强服务实体经济能力，使湖南省金融运行整体平稳。

（一）湖南省银行业运行基本情况

2019 年湖南省银行业金融机构总计 9829 个，从业人员共 135289 人，总资产为 6.51 万亿元，同比增长 9.24%。

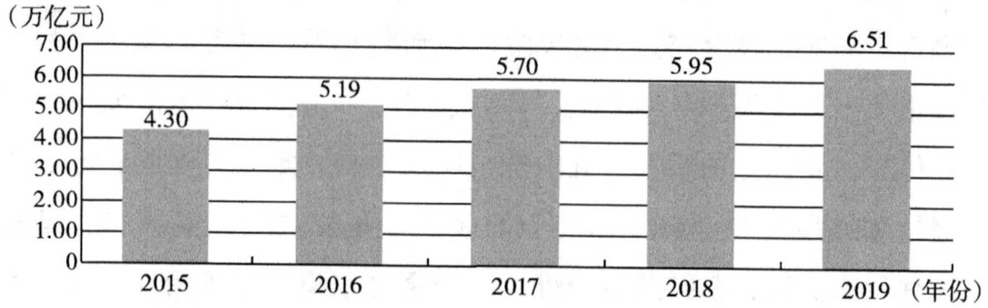

图 1.1　2015—2019 年湖南省银行业金融机构总资产

2019 年湖南省小型农村金融机构 4043 个，大型商业银行机构 2463 个，银行业金融法人机构共 174 个，其中，小型农村金融法人机构 103 个。

表 1.1　2019 年湖南省银行业金融机构情况

机构类别	营业网点			法人（个）
	机构（个）	从业（人）	资产（亿元）	
大型商业银行	2463	48813	22414	0

① 数据来源于中国人民银行长沙中心支行 2020 年 1 月 16 日公布的《2019 年湖南省金融运行基本情况》。

续表

机构类别	营业网点			法人（个）
	机构（个）	从业（人）	资产（亿元）	
国家开发银行和政策性银行	117	2849	6734	0
股份制商业银行	382	10021	6491	0
城市商业银行	564	12213	10348	2
城市信用社	0	0	0	0
小型农村金融机构	4043	40127	12035	103
财务公司	5	153	477	4
信托公司	1	202	92	1
邮政储蓄	2081	17402	5085	0
外资银行	6	127	67	0
新型农村机构	160	2417	597	61
其他	7	965	721	3
合计	9829	135289	65062	174

2019 年湖南省金融机构本外币各项存款（金融机构本外币各项存款除了包含住户存款、非金融机构存款、广义政府存款、非银行业金融机构存款外，还包含境外存款。）余额为 52660. 4 亿元，同比增长 7. 5%。2019 年，存款增速总体呈现上升趋势，年末增速较上一年同期提高 2. 6 个百分点，较上季末提高 0. 3 个百分点。1—12 月新增存款 3658. 5 亿元，同比增加 1393. 2 亿元。其中，非金融企业存款净下降 0. 3 亿元，同比减少 788. 5 亿元；住户存款新增 3022 亿元，同比增加 1015. 4 亿元；财政性存款新增 150. 9 亿元，同比减少 14. 1 亿元；机关团体存款新增 188. 8 亿元，同比减少 361. 2 亿元；非银行业金融机构存款新增 260. 3 亿元，同比减少 69. 6 亿元。2019 年湖南省金融机构本外币各项贷款余额为 42415. 4 亿元，同比增长 16%，增速比上一年同期提高 1. 5 个百分点，比上季末提高 0. 6 个百分点。2019 年，全省贷款增速维持稳步上升态势，年末增速达到近两年来的最高点。1—12 月新增 5829. 8 亿元，同比增加 1227. 9 亿元。分期限看，短期贷款新增 1396. 1 亿元，同比增加 541. 1 亿元；票据融资新增 585. 1 亿元，同比增加 347. 2 亿元；中长期贷款新增 3850 亿元，同比增加 352. 8 亿

元。按主体看，住户贷款新增2433.6亿元，同比增加203.5亿元；非金融企业及机关团体贷款新增3411.7亿元，同比增加1053亿元，其中非金融企业及机关团体短期贷款新增633.4亿元，同比增加239.8亿元，非金融企业及机关团体中长期贷款新增2179.2亿元，同比增加450.7亿元。

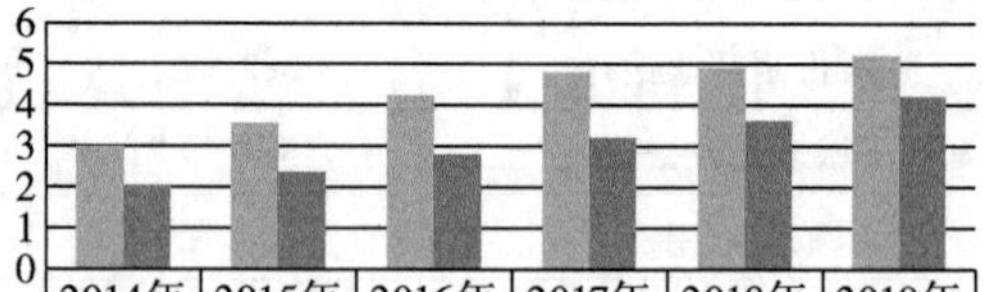

	2014年	2015年	2016年	2017年	2018年	2019年
金融机构本外币各项存款余额：万亿元	3	3.6	4.2	4.8	4.9	5.27
金融机构本外币各项贷款余额：万亿元	2.08	2.4	2.8	3.2	3.6	4.24

图1.2　2014—2019年湖南省金融机构本外币各项存贷款余额

2019年，湖南省信贷投向有效支持了实体经济发展，信贷结构持续优化。一是制造业贷款同比增加。12月末，全省制造业贷款余额同比增长8.6%，增速比上一年同期提高0.5个百分点。1—12月制造业贷款新增220.7亿元，同比增加29.4亿元。二是涉农、小微贷款保持平稳增长。1—12月，全省新增涉农贷款1245.4亿元，同比增加258.3亿元；新增小微企业贷款924.5亿元，同比增加416.6亿元；普惠口径小微企业贷款新增621.6亿元。三是基础设施类贷款同比增多。12月末，全省基础设施类贷款余额同比增长12.4%，增速比上一年同期提高1.4个百分点。1—12月，基础设施类贷款新增1061.1亿元，同比增加219.5亿元。四是个人住房消费贷款增速回落。12月末，全省个人住房消费贷款余额同比增长21.1%，增速比上一年同期下降6.4个百分点。1—12月个人住房消费贷款新增1534.5亿元，同比减少32.1亿元。

2019年，湖南省社会融资规模同比增加，直接融资占比明显提升。1—11月，全省新增社会融资规模7623.6亿元，同比增加2190亿元。具体来看，间接融资规模新增5511.3亿元，同比增加1480.5亿元，占比由上年同期的74.2%下降至72.3%，其中表内贷款（表内贷款融资是指金融机构投向国内实体经济的贷款，不包括投向境外的贷款和同业贷款。）融资新增5495.8亿元，同比增加1166.6亿元，表外融资业务新增15.5亿元，同比增加 313. 9 亿元；直接融资规模新增 870. 4 亿元，同比增加 618. 7 亿元，占比由上年同期的 4. 6% 上升至 11. 4%，其中企业债券融资新增 828. 1 亿元，同比增加 631. 8 亿元，股票融资新增 42. 2 亿元，同比减少 13 亿元；地方政府专项债券新增 851 亿元，同比增加 50. 6 亿元；其他融资（其他融资是指社会融资规模中除间接融资和直接融资以外的融资，具体包括保险公司赔偿、贷款核销、存款类金融机构资产支持证券等）。新增 391 亿元，同比增加 40. 1 亿元。

2019 年湖南省不良贷款余额为 661. 5 亿元，同比增长 3. 62%；不良贷款率为 1. 56%，不良贷款率近几年有所下降。

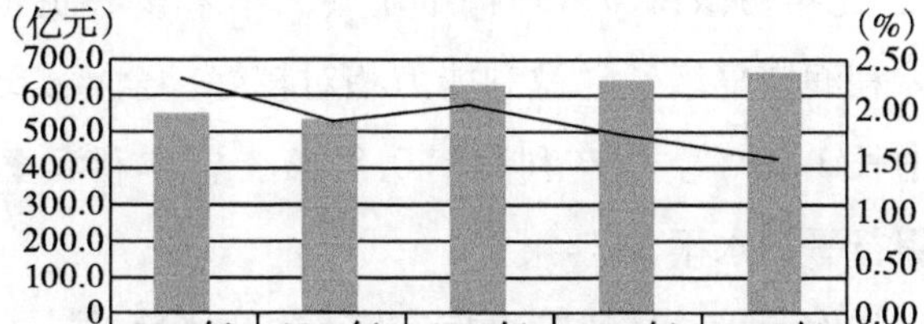

	2015年	2016年	2017年	2018年	2019年
不良贷款余额：亿元	547.9	529.4	627.2	638.4	661.5
不良贷款率：%	2.30	1.90	1.97	1.75	1.56

图 1. 3　2015—2019 年湖南省银行业不良贷款统计

2019 年湖南省跨境人民币业务办理总计 699. 9 亿元，占湖南省本外币跨境收支的 18. 1%。截至 2019 年末，省内跨国企业集团已建立跨境双向人民币资金池 10 个，全年资金池资金流入 80. 76 亿元，流出 75. 96 亿元，净流入 4. 8 亿元。

湖南省积极支持省内优势企业走出去，发放境外项目人民币贷款 13. 2 亿元，人民币跨境融资流入 35. 5 亿元，帮助企业充分利用境内境外两个市场、两种资源，降低融资成本，进一步促进贸易投资便利化。

湖南省农商行业务发展平稳，呈现结构性优化。全省农商行年末资产总额 11649. 14 亿元、负债总额 10805. 20 亿元，分别比年初增长 8. 80%、8. 95%，增速同比均增加一倍，其中：各项贷款余额 6054. 81 亿元、各项存款余额 9864. 48 亿元，分别比年初增长 13. 16%、8. 37%。业务运行主要有以下几个特点：一是信贷主业明显强化。各项贷款占比 51. 98%，比

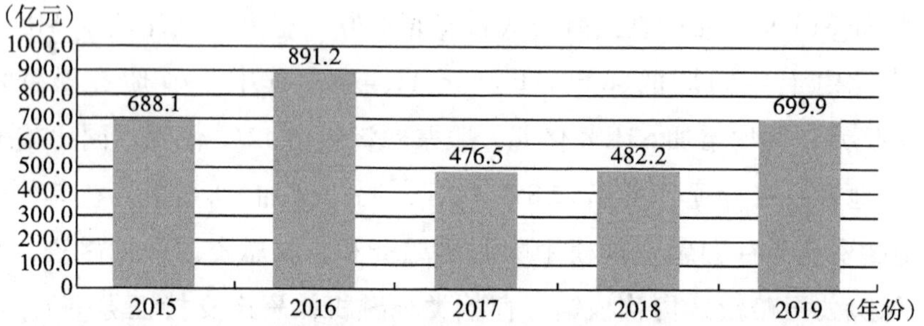

图 1.4　2015—2019 年湖南省跨境人民币业务统计

年初提高 2 个百分点。二是负债来源较为稳定。年末各项存款占比 91.29%，比年初微降 0.45 个百分点，年末核心负债比例达到 75.39%。三是总体利润恢复增长，盈利能力相对较好。全年实现净利润 97.23 亿元，比上年增长 3.09%。资产利润率 0.87%，资本利润率 11.90%，均高于全国农村银行平均水平。

湖南省农商行总体风险可控，守住了风险底线。一是指标健康度基本稳定。年末资本充足率、不良贷款率、拨备覆盖率分别为 12.65%、3.81%、142.97%，基本与年初持平。77 家农商行三大指标均达标，6 个地区农商行全部达标。二是重点业务风险防控化解成效较好。不良贷款风险大体可控，全年不良贷款处置率为 46.1%，基本完成目标任务。资金业务规模受控，增速下降，利率债占投资标的总额的 68.26% 和增量的 138.73%，潜在风险明显降低。三是高风险行处置达到既定目标。名单制管理、点对点会谈及风险提示机制进一步做实，处置成效较好，3 家农商行脱离了高风险状态，4 家农商行退出重点关注序列。四是重大事件处置取得较好进展。

其中，徐四顺有关问题处置得到省政府和各地方政府支持，形成较好合力，到年末，4 户股东已转让，约 20% 关联贷款已处置。湖南省农商行治理逐步优化，合规意识增强。一是公司治理加强。农商行党建与公司治理融合发展，将党建内容全部写入公司章程。股权规范化管理进入新阶段，58 家农商行已完成股权托管。改革注入土地变现加快，7 家农商行完成土地变现。二是业务治理加强。农商行全面实现合规、风险、内审三个部门分设，并逐步推进实质履职。业务合规性提升，违规资金业务行为得到有效遏制，存量整改有力推进。三是案件治理加强，组织开展“案件专项治理100天”行动，共发现问题44719个，整改29487个，整改率65.94%；及时修订制度18个，防案控案意识和能力大幅提升。同时，湖南省农商行定位意识增强，坚守定位意见在湖南落地实施，业务呈现回归定位的发展态势。一是信贷投放力度加大。各项贷款增速大幅高于总资产和各项存款增速，年末存贷款比例达到59.28%，比年初提高2.04个百分点，全年96.37%的新增可贷资金用于发放贷款。二是支农主力军作用增强。年末农户授信覆盖面、建档评级覆盖面均比年初提高4个百分点以上，涉农贷款余额4244.70亿元，比年初增长7.97%。三是小微金融服务提升。小微信贷计划完成率达到143.29%，普惠型小微企业贷款“两增两控”总体达标，增速高于各项贷款增速3.34个百分点。

（二）湖南省证券期货业运行基本情况

2019年湖南省共有上市公司105家（主板、中小板、创业板上市公司数分别为49家、30家和26家），新三板挂牌企业178家；湖南股权交易所累计挂牌企业3223家。

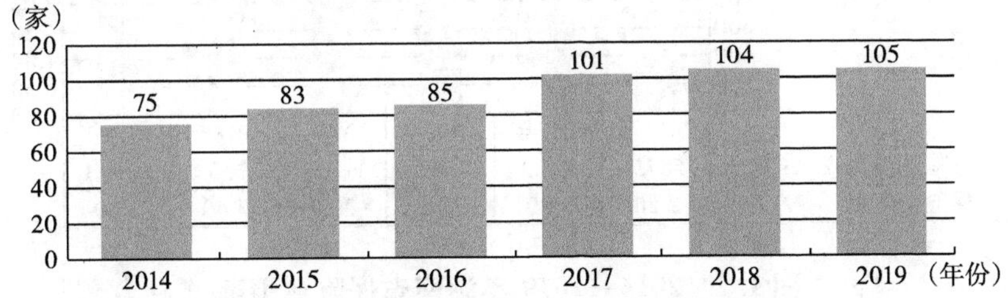

图1.5 2014—2019年湖南省上市公司统计

2019年湖南省证券市场国内A股筹资金额为46.2亿元，债券筹资金额为1217.5亿元。

2019年末，湖南省有法人期货公司3家，辖内期货营业部28家，比上年减少2家。湖南省期货公司总资产和总负债分别为40.6亿元和27.2亿元，同比上升44.6%和45.0%；湖南省全年期货交易45267.2万手，同比增长23.7%，比上年同期提高15.1个百分点；经营实现扭亏为赢，

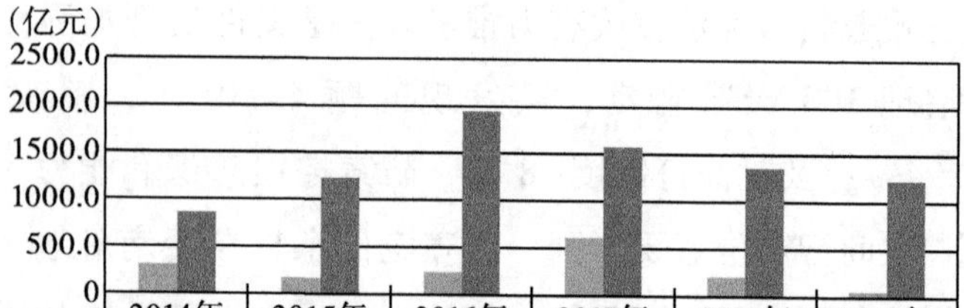

	2014年	2015年	2016年	2017年	2018年	2019年
股票(A股)筹资：亿元	313.0	189.8	249.0	622.0	231.1	46.2
债券筹资：亿元	721.6	1223.4	1922	1569.0	1369.7	1217.5

图 1.6　2014—2019 年湖南省资本筹资情况

利润为 0.08 亿元。

（三）湖南省保险业运行基本情况

2019 年湖南省保险公司分支机构共 57 家，保险业实现保费收入 1396.1 亿元，其中，财产险保费收入 469.8 亿元，人身险保费收入 926.3 亿元，保险密度为 3.50%，保险深度为 2018 元/人。

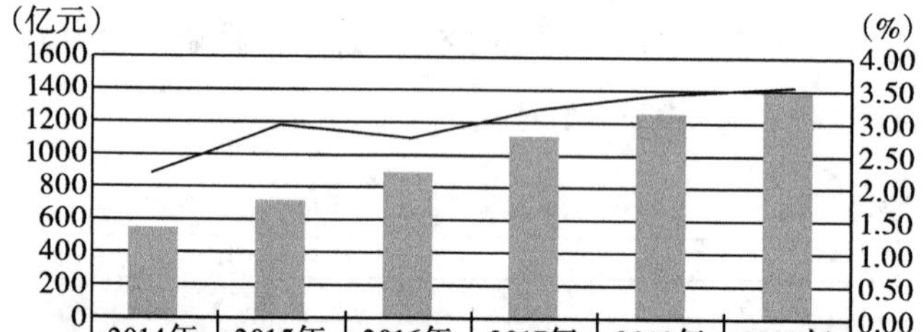

	2014年	2015年	2016年	2017年	2018年	2019年
保险业保费收入：亿元	587.7	712.2	886.5	1110.1	1255.1	1396.1
保险密度：%	2.20	2.90	2.80	3.20	3.40	3.50

图 1.7　2014—2019 年湖南省保险业情况

2019 年，湖南省推动加大对贫困人口的保险保障力度，大病保险向贫困人口倾斜，大力发展“扶贫特惠保”，在 3 个县开展“深贫保 + 深融”试点。大病保险对贫困人口、城乡低保对象的起付线降低 50%，分段补偿比例逐段提高 5 个百分点，最高补偿比例达 90%，累计向 10.63 万贫困人口补偿 4.26 亿元，湖南省 122 个县（区、市）所有建档立卡贫困户均已投保“扶贫特惠保”贫困家庭综合保险计划，累计保障贫困人口 740 多万人次。

1.2.2　湖南省地方金融风险防控现状

（一）湖南省农商行主要风险及问题

1. 风险机构数量较多，少数地区任务繁重。一是“边处置、边新增”问题突出。2019 年，全省高风险及重点关注行数量为 16 家，与上年持平，增加的主要是监管评级 5 级的高风险农商行，总数达到 12 家。少数高风险行的高管明显慢作为、不作为，虽有个别被问责惩处，但震慑效果还远远不够。二是少数地区处置任务十分繁重。16 家农商行中，郴州、永州、益阳、怀化地区各有 6 家、4 家、2 家、2 家。特别是郴州、永州两地，高风险机构数量多，重大风险因素叠加，处置任务较重。

2. 信贷风险仍然突出，防控压力有所增大。一是不良贷款分布集中。2019 年，郴州（8.23%）、永州（7.53%）、益阳（7.27%）、怀化（5.83%）四地和全省 14 家农商行不良率高于 5%。二是风险分类审慎度下降。逾贷比年内上升 11.76 个百分点，年末除湘西外的 13 个地区均高于 85%。三是不良贷款处置存疑。剔除核销数据后，第四季度不良贷款处置金额占到全年的 43%。四是防控新增，不良压力加大。受疫情影响，部分借款人经营状况与现金流陷入困境，按时还本付息能力下降，为信贷风险管控带来一定压力。

3. 资金业务风险上升，整改处置难度较大。一是风险持续增加。2019 年，农商行投资违约及风险金额达到 43.75 亿元，占全部投资余额的 1.65%，占除利率债以外投资余额的 4.96%。二是处置挽损较为困难。过去两年 48.45 亿元资金业务违约风险，仅挽损 4.7 亿元，18 亿元不得不展期。三是违规投资整改压力较大。农商行持有违规超资质投资存量 153.22 亿元，其中 128.80 亿元用款人为地方政府城投、城建类企业。此外，4 家农商行超资质购买了政府企业债券或参与了融资计划。

4. 重点环节隐患突出，存在风险外溢可能。一是大额风险暴露超标严重。由于压降手段不足，加上部分农商行不良贷款上升导致的资本净额下降，年末全省共有 67 家农商行大额风险暴露指标超标。二是声誉风险隐患突出。2019 年，农商行舆情占全省银行业的 36%，农商行投诉举报占全省银行业的 21.4%。除高风险机构随时面临突出声誉风险以外，部分发生重大案件、风险事件、重大资金业务风险的农商行，舆情管理压力较大。三是少数农商行业务结构不合理，流动性指标不达标。年末 5 家农商行流动性缺口率低于 -10%。

5. 经营效率有所下降，风险抵补能力不足。一是经营效率下降。2019 年，全省农商行成本收入比为 38.57%，高于 35% 的监管要求，82 家农商行超标。46 家农商行净利润比 2018 年度减少。二是资本充足水平下降。2019 年有 53 家农商行资本充足率下降，其中 14 家农商行下降超过 2 个百分点。此外，常德、衡阳、郴州、邵阳四地共 11.52 亿元政府注入土地未变现，影响资本充足率。三是弥补损失准备不足。年末农商行总体拨备覆盖率低于加权平均总体要求 3.89 个百分点，22 家农商行不达标。部分农商行拨备与非信贷资产减值准备计提不足，形成不实利润。

6. 内控合规仍需加强，案防形势仍然严峻。2019 年，农商行上报案件数量多，除违规放贷、挪用资金等案件外，还发生了少数性质恶劣的典型案件。案件的多发高发，虽已经开展案件治理专项行动并坚持查漏补缺、存案暴露、有案必报等原则，但也说明农商行操作风险仍然突出，违法违规仍然常见。此外，一些重大案件处置缓慢，有的还处在风险暴露和发酵期，如安仁农商行董事长账外经营案件、徐四顺案、衡阳衡州农商行涉河北银行票据案、怀化农商行禹子英案件等，仍在继续影响机构稳健发展。

7. 公司治理远未规范，制衡作用尚未发挥。一是股东股权管理混乱。部分农商行加强股东股权管理的认识、资源、能力不足，股权管理乱象多、违规股东授信多、关联交易走形式。二是主体履职还不到位。部分行治理主体缺位，如年末仍有 8 家农商行没有独立董事。大部分农商行公司治理无明显改进，“三会一层”履职缺位、不到位问题突出。三是关联交易问题比较突出。部分农商行关联交易管理流于形式，关联交易底数不清，风险不明，风险隐患突出。

8. 信贷主业不够扎实，新增信贷脱离实体。一是信贷占比相对较低。2019 年，农商行各项贷款占比 51.98%，低于全国农村银行平均水平 2 个百分点，其中36家农商行各项贷款占比低于50%。二是两成信贷资金投向票据转贴现。买断式转贴现占比上升至7.77%，全年增加138.90亿元，占到各项贷款增量的19.10%。三是近一半新增的信贷资金投向房地产。年末房地产贷款占到各项贷款的1.12%，提高3.73个百分点，增量占到46.48%。40家农商行50%以上的新增贷款都投向了房地产，还有部分农商行存在资金借道、向“四证”不全房企放贷等问题，因此，实际流向房地产市场的资金更多。

9. 支农支小力度下降，定位意识仍需强化。一是基础服务设施减少。2019年，全省农商行网点总数下降，除ATM机数量小幅增加以外，其他支付结算工具如POS机、信付通等数量都有所减少。二是直接投向农业的贷款负增长。2019年，农商行农林牧渔业贷款余额下降0.21%，多年来首次出现负增长。全省银行业农林牧渔业贷款余额增长2.42%，剔除农商行后增长13.56%。三是小微企业信贷计划及“两增两控”完成差异较大。2019年，10家农商行小微信贷计划完成率低于100%，17家农商行普惠型小微企业“两增两控”未全部达标。

（二）2020年上半年湖南省地方金融风险处置进展

在湖南省委省政府的坚强领导和有力部署下，在各地方政府和相关部门的大力推动和支持配合下，截至2020年上半年，湖南省高风险及重点关注农商行（以下简称风险机构）处置工作加快推进，取得了明显进展，但暂未有风险机构完成脱困化险，需进一步推动各方高度重视，加大支持配合力度。

1. 整体风险缓释。2020年上半年，全省2020年度风险机构（含12家高风险农商行、4家重点关注农商行）整体风险状况有所缓释，一是主要监管指标整体向好。6月末，16家农商行平均不良贷款率9.54%，比年初降低1.85个百分点；拨备覆盖率68.64%，比年初提高3.73个百分点；平均资本充足率5.71%，与年初持平。二是不良贷款处置力度较大。16家农商行上半年累计处置不良贷款22.88亿元，高于新形成不良贷款，其中12家高风险农商行处置20.02亿元，比新形成不良贷款多4.48亿元。

2. 单体风险下降。一是高风险农商行风险下降。2020 年上半年，12 家高风险农商行不良贷款率全部下降，6 家农商行降至 10% 以内，其中耒阳郴州、安仁农商行已降至 5% 以下。二是重点关注农商行风险大体稳定。4 家重点关注农商行监管指标有所好转或保持稳定，风险未大幅上升。三是流动性与声誉风险防控较好。16 家农商行流动性指标保持稳定，个别高风险农商行声誉风险事件处置较好，影响得到及时控制。

3. 无新增风险机构。2020 年上半年，全省农商行较好地克服了新冠肺炎疫情的影响，加强风险防控，基本保持了稳定运行，总体不良贷款率由 3.81% 降至 3.38%，总体拨备覆盖率由 142.97% 上升至 149.94%，资本充足率由年初的 12.65% 降至 12.01%，维持在较好水平。16 家风险机构以外的其他农商行未出现较大幅度的风险上升，未发生重大案件和较大的风险事件。

总体看，2020 年上半年风险机构整体、单体风险均有所缓释，但由于关键性、实质性处置举措暂未全面落地，风险机构特别是高风险农商行离脱困化险还有一定差距。

（三）湖南省地方金融风险处置工作措施

1. 省政府加强领导。2020 年初，湖南省政府出台《湖南省高风险农村商业银行风险化解工作方案》，明确了处置目标和总体措施，建立了高风险机构处置省级工作机制。多次召开专题会议研究风险机构处置工作，进一步了强调风险机构处置的政治性、重要性和紧迫性，进一步确定了短中期处置目标，部署了系列处置工作举措及要求，推动各地、各部门提高认识、明确责任、出台政策、形成合力。

2. 地方政府实质支持。2020 年上半年，多地地方政府采取实质性举措支持风险机构不良处置、资本补充和稳健经营，如南县、桃江、汝城、江华等地地方政府拟以土地置换或税收返还的方式，帮助农商行处置不良贷款；耒阳、沅陵等地地方政府拟通过国企入股或动员其他企业投资，支持农商行增资扩股；永州市政府拟通过政策支持、整体承接或协调联合处置，帮助永州农商行处置重点大户贷款等。

3. 行管部门牵头处置。省信用联社着力发挥风险机构处置牵头作用，继续落实联困帮扶机制，促进风险机构及相关省联社办事处提升处置积极性和主动性。组织各风险机构制定风险处置方案，协调省内优质农商行对高风险行投资入股或实施重组，有力促进风险的直接化解。组织对风险突出的农商行进行彻查，澄清风险底数，挖掘风险成因，为推进整改处置打下较好基础。

4. 监管部门支持配合。监管部门全力支持配合省政府、各地方政府开展风险机构处置。加强督导，在下发专项通知部署推动的基础上，湖南银保监局联动省地方金融监管局、中国人民银行长沙中心支行到各地召开风险机构处置座谈会，加强协调、指导和督促。各属地分局切实强化贴身监管，加强风险监测提示，加大违法违规查处力度，督促农商行完善风险治理，切实防范风险机构“边处置、边新增”。

当前，湖南省风险机构处置工作正处于全面推进、实质举措落地的关键阶段，时间紧、任务重、难度大，需坚定不移加强推动。同时，受新冠肺炎疫情影响，银行业潜在风险加大，且有风险集中暴露的可能，需要坚决防范风险机构风险反弹，或产生新的风险机构。这就要求：

1. 进一步完善处置机制，落实处置责任。2020 年，湖南省政府向高风险农商行所在地政府下发《风险提示函》，明确了处置责任、目标及要求。相关属地分局要持续加强向风险机构所在地政府进行风险提示和沟通汇报，提请进一步重视处置工作，建立工作机构，完善工作机制，推动加快落实增资扩股、资产置换、资产承接、财税帮扶等支持措施。要进一步督促落实行管牵头责任和机构主体责任，特别是机构董事长第一责任人责任，推进处置规划按期按质完成，对责任落实不到位、不担当、没有按时完成处置规划的，要严肃问责。

2. 进一步紧抓处置重点，提高处置质效。相关属地分局要加强政策指导，督导风险机构根据自身风险特点，切实强化针对性处置举措。其中对不良贷款风险突出的，督促多措并举清收处置；对资本严重不足的，督促加快增资扩股；对存在重大资金业务损失风险的，督促计提减值准备；对存在重大案件赔付责任的，督促建立落实合理的偿付计划；对所有风险机构，督促全面加强流动性管理和声誉风险管控，制订应急计划，快速响应处置，切实防范、有效应对集中取款等风险事件。

3. 进一步强调依法处置，防范次生风险。随着下半年处置节奏明显加快，相关属地分局要切实加强对处置工作的监管督导和违规查处，督促依法合规处置，确保法律程序、决策过程和操作手续严谨到位，确保金融风险真实、有效、洁净化解，坚决防范法律风险和道德风险。对涉及监管部门审批的增资扩股等相关处置事项，一方面要大力支持，适用银保监会关于高风险机构处置优惠政策；另一方面要严格审批，不得自行放松审查标准，其中新股东准入应按《关于加强农村商业银行股东准入审查工作的通知》（湘银保监农银〔2020〕17 号）规定，加强实质性审查。

4. 进一步加强贴身监管，切实防范新增。各属地分局要切实加强重点机构、领域和环节风险监管，做实风险监测提示，督导真实反映、有力处置、优化治理，防范风险机构“边处置、边新增”。要进一步严监管、强监管、深监管，督导农商行优化内部控制，依法合规审慎开展业务，对违反大额风险暴露、业务资质、关联交易、业务操作等各方面规定的农商行，加大查处力度。要进一步督促农商行找准经营定位，专注信贷主业，坚定支农支小，坚决遏制当前支农支小服务力度趋于疲软，特别是普惠性贷款领域较为滞后的发展态势，为长远持续发展打下良好基础。

1.3 文献综述

1.3.1 中国农村金融研究综述

近年来国外研究主要集中在农村金融发挥的作用以及未来农村金融发展方向上。Jiao（2010）以金融生态系统为基础，研究了农村金融企业动态能力的重要影响因素，通过灰色数据挖掘模型，确定了农村金融企业三种动态能力的具体构成，农村金融企业只有不断提高自身的协调创新能力和持续竞争能力，才能适应农村金融环境，实现可持续发展。Yusuf（2014）以印度北部为例，研究了农村金融在农业扶贫中的作用，重点研究印度北部农村融资在农业扶贫中的应用，讨论了在印度使用不同的农村融资模式对农村贫困地区的影响，说明了农村合作银行和农村自助团体在农村信贷中的重要作用。Ocasio（2016）利用孟加拉国农村 1700 多个家庭的调查数据对农村金融性别与社会不平等效应展开实证分析，使用面板数据模型来探讨获得信贷、借款人性别和村庄收入之间的关联。结果表明：妇女虽然能够从小额信贷中受益，但却微乎其微，而较富有的男性借款人能从接受小额贷款中受益更多。Menakadevi 等（2016）对农村金融及其分配问题展开研究，认为农村金融的分配问题将影响农村均衡发展，政府应该从金融中介、减贫、消除对农业和农村发展的政策偏见、直接干预、促进有效金融市场、制度能力等方面解决农村金融发展困境。Coque（2016）认为农村金融与农村发展之间存在密切的关系，通过分析金融服务合作社在拉美地区的作用，建议将金融服务合作社定位为一个有效、可替代的金融服务提供者，从而缓解农村金融市场的失灵问题。Gupte（2017）以印度当前的农村金融市场为例，认为当前社会较贫穷阶层未能从有组织的金融部门充分获得金融服务，当前应当建立一个数字化和无现金经济，通过新技术向农村地区提供金融服务，加强农村地区的金融基础设施建设，规范小额信贷机构的发展。

中国开始对农村金融展开研究是以 20 世纪末农村合作基金会被大规模裁撤，中国农业银行与农村信用社划分界限为起点。何广文（1999）注意到中国农村人口的收入与其对资金借贷的需求有较强的统计相关性，并且农村的金融可得性在一定程度上决定了农村居民的收入增长潜力和速度，因此对农村居民资金借贷的特征展开调查。调查发现中国农村的金融市场仍属于一个新兴市场的状况，其开发程度较为欠缺，相关宣传不到位，买卖双方存在较大的信息差，而且由于当时的有价证券交易系统无法延伸到乡镇，农村信用合作社成为许多偏远农村地区唯一的合法金融机构，所以相对于城市居民来说，当时的农村居民参与金融市场的交易手段严重受限。这使得农村居民大部分的借款是与民间放贷主体之间发生的，而农村居民的存款却不断在为其他地区、产业作出贡献（张杰，1997）。随后高帆（2002）、乔海曙（2001）等也基于中国的典型二元金融特征，对农村金融面临的投资性抑制问题进行研究，并对相关制约型制度、法规提出改进意见。

中国农村金融经历改革之后，非正规金融这一概念也越来越多地出现在人们的视野中，并且通常会被认为是正规金融发展不足的表现（杜朝运，2001）。由此何广文（2001）、朱守银等（2003）开始对中国农村金融的供求关系展开研究，发现了农村居民借贷需求往往源于非生产性活动，且拥有需求用户多、整体规模大、个体需求小等特征。当时的农村信用社在20世纪末“减员增效”的口号中已有许多乡镇的机构被裁撤。进入21世纪以后，四大行实行“大银行、大城市、大行业”发展战略，农村信用社开始逐步从县级市场退出。针对随着金融机构从农村退出暴露出来的金融供给不足及深化程度欠缺等问题，何广文（2004）提出通过进一步拓展农村金融机构多元化来促进农村金融组织结构优化，冯兴元等（2004）基于农村金融构成对农村金融市场的影响展开探讨，论证了金融多元化对农村金融市场供给的改善效力。

在这些对农村金融发展路径以及供需关系的研究基础上，随后的学术研究逐渐分为两个方向：一类是通过实证方法对农村金融需求进行定性分析，如姚耀军（2004）利用VAR模型和格兰杰因果检验的方法确定农村金融对经济增长有正面影响且不存在反向因果关系。许崇正和高希武（2005）通过研究1991—2002年农户家庭人均纯收入与农村金融之间的关系发现，农村金融在农户增收方面的影响十分有限，说明农村金融对农民增收存在支持不力的情况。韩俊等（2007）使用lqbal模型对农户借贷需求进行研究，发现农村金融市场利率是外生的且不是农户借贷的主要考虑因素。另一类是从农村金融的需求与现有制度之间的矛盾出发，讨论制度可行的改进与变革方案，如张杰（2005）从农户融资支出方向进行研究发现，农户融资首要考虑的是维持生计，且已经形成的以非正规金融为主的农贷格局具有一定的合理性和路径依赖性，因此提出单方面对农贷制度进行改造会无功而返，解决问题的根本方法应是提高农户收入。王芳（2005）提出农村金融制度的评价应取决于其是否能够满足农户个体的金融需求，因此现代商业性金融产品只有在实现公共保障且农民收入达到一定水平后才能在农村被广泛接受。

2005 年以后，随着金融机构商业化、市场化的发展，中国农村金融的金融排斥现象逐渐显现（王志军，2005），许圣道和田霖（2008）、田霖（2010）从金融机构网点的空间分布上对中国农村金融排斥问题严重性进行研究，发现金融排斥问题东部最轻、西部最严重，解决问题需开辟储蓄资金回流农村的渠道，大力发展小额信贷业务。董晓林和徐虹（2012）通过县级市金融网点分布情况对县级市的金融排斥印象因素进行研究，发现金融机构网点数量、质量以及地区经济状况都是金融排斥的主要影响因素。高沛星和王修华（2011）应用变异系数法与皮尔逊相关系数法对我国农村金融排斥的区域差异影响因素进行研究，发现收入、金融效率等因素依旧占主导地位。

同一时间普惠金融的概念开始在中国推广，杜晓山（2010）、李明贤和叶慧敏（2012）探讨了以往的小额信贷与普惠金融的区别，阐述了普惠金融对农村经济的积极作用。焦瑾璞（2010）通过论述普惠金融与小额信贷、微型金融的关系，说明了发展普惠金融体系的重要性，并由此展开了不少与普惠金融相关的研究。

随着中国金融业发展、金融深度的加深，城乡居民收入差距与金融深化水平呈现“倒 U 形”关系，而差距不断扩大的阶段属于金融聚集发展阶段。从 2007 年前后县域金融层面数据来看，绝大多数县域仍未经过金融聚集发展阶段，城乡收入差距会进一步扩大（乔海曙和陈力，2009）。到了 2010 年，中国基尼系数大幅超过联合国界定的警戒线（彭定赟，2012），使得许多学者加入农村金融与城乡收入差距的研究中来。张宏彦（2013）的研究证实了由于农村资金外流严重，农村金融的发展会加剧城乡收入差距。王修华和邱兆祥（2011）用贷款余额与存款余额的比值作为农村金融发展效率，实证结果显示农村金融发展效率的提高有利于缩小城乡收入差距。在此基础上，胡宗义等（2014）加入城市化水平以及城乡就业差异作为控制变量后，使用 Johanson 协整检验证实了先前研究结果的可靠性，并使用脉冲响应分析方法研究发现农村金融发展效率对城乡收入差距的减少存在明显的滞后性。

2013年底中国移动正式获得4G运营牌照，标志着中国进入了4G时代。这不仅带来了网速的变化，同时也为许多新兴行业带来了机遇，如网上带货与移动金融客户端。互联网金融的一大优势是能克服地理可及性障碍引起的金融排斥，移动支付解决了以往金融服务无法满足农户对支付和结算的需求，但仍存在着农村的征信体系尚不健全，互联网金融监管存在缺失等问题（马九杰和吴本健，2014；杨继瑞等，2016）。傅秋子和黄益平（2018）从对数字金融影响的异质性研究中发现数字普惠金融越发达，农村生产性正规金融需求减少的概率就越大，同时存在刺激消费的作用。王瑶佩和郭峰（2019）的研究发现家庭教育水平与年收入高的农户参与数字金融的可能性更大，金融基础知识鸿沟仍是金融排斥中的主要影响因素。

近年来对于农村金融研究较多的方面主要有四类：一是研究农村金融制度改革，如蒋伯亨和温涛（2021）、许玉韫和张龙耀（2020）研究农业供应链金融如何促进农村金融发展与监管制度的完善；许月丽等（2020）在利率市场化改革对农村及金融的影响中发现，信息不对称带来的影响要高于利率市场化改革，如果价格体系未能解决信息不对称问题，则改革的效果会低于预期；谢宏和李鹏（2019）对我国农村省联社改革的问题进行阐述，并提出以“三农”问题为战略高地，在一定约束和监管下引入金融控股模式来取得突破。二是研究互联网金融对农村金融发展的影响，如温涛和陈一明（2020）提出应加快数字经济与农村经济融合发展，通过加强顶层设计、加快信息基础设施建设等路径实现“三农”高质量发展；张正平和江千舟（2018）通过市场竞争水平视角研究互联网金融的进入对当地农村金融机构财务和社会绩效的影响，发现当竞争水平高时对财务绩效负向影响较小，对社会绩效负向影响较大。罗兴等（2018）通过互联网信贷案例研究发现互联网金融依托社会网络和农业供应链能够更好地实现金融普惠。三是研究农村金融风险问题，如李庆海等（2018）将农户参与借贷的过程分为三个阶段，利用Probit模型研究社会网络对违约风险的影响，发现团体性社会网络会降低风险，而个体性社会网络则相反，并且社会网络作用还会受到信用环境的影响。张琴和高小玉（2020）通过对宅基地抵押融资政策研究发现，横向监督者不同的惩罚力度和方式，或同一惩罚措施针对拥有不同惩罚敏感度的农户，都会对抵押融资风险和金融参与度产生影响。四是研究农村金融体系现有的不足，如余春苗和任常春（2021）通过论述农村金融对脱贫攻坚的实践经历，展望其对助力乡村振兴的不足并从金融供给与需求两个层面探讨改进方案；高俊等（2016）对某合作社资金互助部进行研究，对小微金融的“内部化悖论”进行合理解释，说明外部性风险的流向，提出借鉴日本农协体制预防去合作化、去组织化的同时形成综合风险防范机制。

当前农村金融仍然是我国金融体系中最薄弱的环节，在农村金融改革的推进过程中，我国农村金融发展依然存在很多的问题：第一，农村金融存在供需矛盾（杨沅鑫，2018；李宏伟，2018；祝国平等，2018）；第二，农村信用担保机制建设缓慢，农业保险发展滞后（乔东升等，2018；胡静等，2017；刘中升等，2018）；第三，农村金融生态环境较差，法律体系建设明显滞后，农村信用环境比较恶劣（祝国平等，2018；陈放，2018；杜文博，2018）；第四，政府支持力度不足，政策制度不够完善，农村金融监管效率低（胡静等，2018）；第五，农村金融基础设施不完善，农村金融机构功能配置不合理（陈放，2018；杜文博，2018）；第六，金融创新不足，农村金融产品和服务种类少（程百川等，2017；杜文博，2018）。为深化农村金融改革，促进农村经济发展，李宏伟（2018）认为农村金融改革首先要调节农村金融供需矛盾，重点要解决农村金融需求端面临的问题；柯畅等（2018）认为应当将农村金融改革的重点内容设定为金融扶贫与普惠金融体系建设；陈莉（2018）立足于我国农村发展和金融资源利用现状，认为促进农村金融效率最大化是今后的发展方向；姜佳（2018）认为互联网金融的出现为农村金融的发展提供了契机，农村金融机构与互联网金融的深度融合是时代发展的必然趋势；杨沅鑫（2018）认为农村金融机构必须明确市场定位、深化金融创新、利用保险降低金融风险、完善农村基础设施建设；吴信音（2017）认为应该向农村地区推广普及金融教育知识，完善农村金融信用环境；周天芸（2018）认为中国农村普遍存在存款外流现象，政府应该增强金融支农力度，引导农村存款的流向，强化涉农金融机构的功能，发挥其对农村经济的支持作用；刘松涛等（2018）认为中国未来可在培育农村合作金融组织、深化农村政策性金融改革、完善农业信贷担保体系、发展农业保险、完善农村金融监管等层面合理借鉴日本经验；杜文博（2018）认为应当优化农村金融服务，加强正规农村金融机构的构建。马九杰等（2020）基于2010—2016年982家农信社和农商行的数据，利用农信社转制农商行后金融机构市场化程度提高这一“准自然实验”，分析了不同阶段农村金融机构市场化改革对金融支农的异质性影响，研究结果显示：现阶段农信社转制显著提升了其金融支农水平，但主要受益对象是新型农业经营主体，普通农户融资困境问题仍然没有缓解；农信社改制后贷款结构的调整是符合其比较优势的，改制后贷款利润率没有下降；农信社改制对金融支农的影响与所处的发展阶段息息相关，农信社所在地区的农业与工商业部门发展差距越小，农信社改制对金融支农的促进作用越大。陈志刚和严海成（2020）借助家庭农场最优消费投资模型探讨了农村金融与家庭农场基础设施投资之间的关系，并基于2016年湖北武汉和安徽郎溪的微观调研数据，运用倾向得分匹配法检验家庭农场金融借贷对基础设施投资的影响。

农村金融在发展过程中，与其他农村经济发展指标紧密联系。第一，农村金融发展与城乡收入差距。张宏彦等（2013）利用我国1983—2009年的相关数据，基于VAR模型分析我国农村金融发展对城乡收入差距的影响，整合Granger因果检验结果表明我国农村金融发展与城乡收入差距之间存在一种长期均衡关系，农村金融发展是城乡收入差距拉大的Granger原因。脉冲响应函数和方差分解分析结果表明，从长期趋势来看，我国农村金融发展水平进一步提高，将会扩大城乡居民收入差距；从方差贡献率来看，中国农村金融发展会对城乡收入差距产生较大的影响。许兴（2018）运用Hansen“面板门槛回归”模型，将经济发展水平作为门槛变量，实证检验农村金融发展对城乡收入差距的影响并梳理了农村金融发展影响城乡收入差距的机制，结果显示，农村金融发展会扩大城乡收入差距，但这种扩大效应不是简单的线性关系而是基于经济发展水平的“双重门槛效应”。经济发展水平在跨越第一门槛值后对城乡收入差距的扩大效应显著增强，但在跨越第二门槛值后这一扩大效应又显著减弱。丁毅等（2020）使用 2015—2019 年开展农村金融改革的 291 个试点县（市、区）面板数据，利用主成分分析法（PCA）构建农村居民综合生活质量评价指数，进而分析农村金融创新对农村居民生活质量的影响。第二，农村金融发展与农村居民内部收入差距。张敬石等（2011）使用我国 2000—2008 年各省面板数据对农村金融发展对农村内部收入的差距影响进行验证。通过对面板 VAR 模型和脉冲响应函数分析表明，农村金融规模扩大会加剧农村内部收入差距，而农村金融效率提高能够缓解农村内部收入不平等的程度。张兵等（2013）基于 Hansen 面板门槛回归模型，利用 1996—2010 年中国 29 个省（区、市）的相关数据检验农村金融发展与农村居民内部收入差距之间的非线性关系，结果表明农村金融发展对农村居民内部收入差距的影响存在明显的门槛效应，当农村金融发展水平跨越第一门槛值后，农村金融发展加剧农村居民内部收入差距的效应将减弱；当农村金融发展水平跨越第二门槛值后，农村金融发展将缩小农村居民内部收入差距。第三，农村金融发展与农民收入。张荣（2017）基于 2003—2014 年数据对我国农村金融发展对农民收入增长的影响展开实证分析。从农村金融服务水平与农民收入之间的回归方程结果可知，农民收入与农民金融服务发展水平呈现正比例关系；Granger 因果检验结果表明农民收入的增长不能提升农村金融服务发展水平，但是农村金融服务发展水平的提升可以提高农民收入，存在单项因果关系；脉冲响应分析结果表明农村金融服务水平达到一定规模后，对农民收入增长的带动力显著增强。温涛和王佐滕（2021）基于 2009—2016 年全国 30 个省（区、市）农村信贷、农业保险、农业上市公司的面板数据，运用固定效应模型和中介效应等分析方法，从农民创业的中介效应视角实证考察了农村金融多元化的农民增收效应，研究发现农村金融多元化发展对农民增收具有显著的正向作用，其中农村信贷相对规模较大，因此对收入的影响程度相对较高。第四，农村金融发展与农村居民消费。齐红倩等（2018）采用我国 1982—2014 年样本数据，通过滚动回归和时变参数向量自回归模型对农村金融发展与农村消费之间关系的时变特征进行检验和分析，结果显示，现阶段农村金融发展能够有效促进农村消费增长。1982—2014 年我国农村金融发展对农村消费的影响存在明显的时变效应。1996 年之前，农村贷款对农村消费的促进作用微弱，农村存款和农村保险的增长抑制了农村消费增长；1996 年之后，农村存款、贷款和保险均表现为对农村消费的促进作用。进一步的结论显示，短期内农村贷款对农村消费的促进作用最为显著，长期内农村消费的增加将更依赖于农村贷款和农村保险。第五，农村金融发展与减贫效应。傅鹏等（2016）基于面板门槛回归模型结合 1999—2012 年中国省级面板数据对农村金融发展对贫困减缓的非线性影响展开研究，结果显示，在全国层面上，农村金融发展对贫困减缓具有显著的门槛效应，在农村金融发展的低水平阶段，农村金融发展的减贫作用是有限的，随着农村金融发展规模的扩大及其对门槛值的跨越，农村金融发展规模和农村金融发展效率均体现出显著的减贫作用；在区域层面上，在东部地区，农村金融发展对贫困减缓存在收敛门槛，金融的减贫作用在跨越门槛值之后呈收敛趋势；在中部地区，农村金融发展对贫困减缓存在加速门槛，金融的减贫作用在跨越门槛值之后显著增大；在西部地区，农村金融发展对贫困减缓存在分化门槛，农村金融发展规模和农村金融发展效率在门槛值前后呈现不同的减贫作用。陈钦和林秋斌（2019）利用 2010—2015 年我国 26 个省份的面板数据，通过实证对农村金融支持与农民增收、农村减贫关系进行研究检验，实证结果表明：随着政策的支持和金融支农力度的加大，农村金融规模和效率逐步提高，农民收入显著增长，贫困人口也在日益减少。余春苗和任常青（2021）以深度贫困地区吕梁山区 L 县的脱贫经验为例，研究发现农村金融在助力产业发展中存在明显的政策性金融供给主导金融和产业发展需求的现象，由此引发内生动力不足、融资时间意愿错位、合作金融缺位和弱产业链制约融资渠道等问题。第六，农村金融发展与农村土地确权。彭魏倬加等（2016）基于湖南县域对农村土地确权与农村金融发展关系展开研究，构建了计量经济模型，实证研究结果表明，农村土地确权不仅有利于减弱农村金融对熟人社会的过度依赖，还可提升农民的参与机会，促进农村金融交易环境的改善，增加农民的贷款额度和农村金融的覆盖面，从金融宽度、广度、深度和交易环境四个维度推动农村金融发展。另外，农村土地确权降低了金融机构的贷款成本，有利于降低贷款利率，提高农业经营收益。

目前针对湖南省农村金融的研究并不多，主要有以下几类：第一类是金融生态环境，如罗晓霞等（2018）对湖南整体金融生态系统质量进行评估，发现湖南金融生态系统质量正在稳步上升，长沙周边存在外部性效应加速生态质量发展的现象，但仍然受到服务机构单一等因素的制约。第二类是提高农村金融效率的方法探索，如汪邹霞和黎红梅（2016）通过对金融支持农业现代化研究提出，加大金融供给破除城乡二元结构障碍有助于提高金融支持的效率；彭魏倬加和李中（2016）认为引入农村土地确权制度降低农村金融的信息不对称情况，改善农村金融交易环境，同时降低借贷成本提高经营收益。第三类是针对湖南省农村金融发展的法律保障，如谭正航（2019）、聂玲（2016）等，其余大多是对湖南省农业金融的现状及发展路径进行研究，如李超阳等（2020）、杨凤鸣等（2020）、杨庆军（2020）等。

综合国内外研究，大量文献都集中在农村金融发展与其他指标的关系研究上，农村金融的发展将对城乡收入差距、农民内部收入差距、农民收入水平、农民消费、农村减贫等农村生活的各个方面产生影响，这也表明促进农村金融发展、深化农村金融改革的必要性，要想解决农村经济的发展问题，实施对农村金融的有效改革，必须弄清楚农村金融发展与其他指标的关系，这样能够有依据性地实施相关的政策和措施，完善农村金融体系。另外，对农村金融未来改革方向的研究上，金融扶贫、普惠金融以及互联网金融等是未来农村金融的主要方向。

1.3.2 普惠金融研究综述

20世纪末期，全球普遍出现金融服务两极分化现象。发展中国家受经济发展程度的制约以及传统金融排斥和金融创新不足的影响，金融服务两极化现象尤为严重，金融资源过度集中于上层，可得性不足且覆盖率较低。2005年，联合国正式提出了“普惠金融”（inclusive finance）这一概念，将其定义为“一个能有效地、全方位地为社会所有阶层和群体，尤其是贫困、低收入人口提供服务的金融体系”，号召全球各经济体关注、发展普惠金融，并给出了发展普惠金融的四大目标：家庭和企业能够以合理的成本获取较广泛的金融服务；在健全的审慎监管体系下，金融机构保持严密的内部控制并接受市场监督；金融业可持续发展；金融服务具有竞争性，可为消费者提供多样化的选择。世界银行的这一号召引起了国际上的广泛关注，“普惠金融”迅速成为世界各国尤其是发展中国家政策关注的热点，同时也引起了学界的高度关注，包括联合国、世界银行、IMF、BIS、G20 等在内的重要国际组织均投入了大量力量来研究发展普惠金融领域的一系列相关重要问题。

（一）从小额信贷到普惠金融研究

小额信贷是为贫困、低收入或微型企业（家庭企业）提供的信贷服务，国际上称为 Microcredit，其主要特征是无须抵押和灵活的担保政策。小额信贷干预的支持者声称，小额信贷在许多发展中的经济体中发挥了关键作用，创造了新的就业机会，提高了人口中最边缘化群体（特别是妇女）的收入，从而支持了“自下而上”的社会经济和可持续发展进程（Banerjee 等，2013；Aghion 和 Morduch，2005）。在环境方面，小额信贷主要是“绿色”的，因为大多数小额信贷机构的计划启动或扩大基于为可再生和节能技术的环境可持续小规模项目的中低收入个人提供信贷。

普惠金融通常通过小额信贷机构提供贷款和其他基本金融服务，其宏观经济影响是多方面的。普惠金融体系不仅能降低社会经济不平等性（Clarke，2006；Beck，2006），还能使经济更加繁荣、增长更快（King 和 Levine，1998；Rajan 和 Zingales，1998；Levin 和 Zervos，2006）。此外，普惠金融在减缓宏观经济冲击家庭和中小企业方面发挥着重要作用。根据许多理论模型和实证研究表明，普惠金融通过放松金融约束，在正常时期或者受到不利的意外冲击时，能帮助企业获取外部资金以满足其流动性需求。类似地，增加金融渠道能够使家庭平稳消费，并确保自己不受不利事件的影响，因此他们陷入贫困的可能性更小（Raddatz，2006；Beck 等，2006）。

（二）普惠金融的内涵与本质

普惠金融是指以可承受的成本，普遍获得主流零售金融机构提供的多种金融产品（Leyshon 等，2008；Kempson 和 Whyley，1999），促进了社会最弱势群体获得金融服务的机会。通过普惠金融，生活在贫困或边缘群体的人们可以获得一套金融工具和服务，以经营他们的企业、稳定消费和保护自己免受不利冲击。

普惠金融是一个创新概念，其核心作用得到了世界各国领导人和政策制定者的广泛认可，当然这也与2015年联合国全球可持续发展报告中强调的包容性经济增长和可持续发展等更普遍的概念密切相关。“不让任何一个人落后”的承诺是《联合国2030年可持续发展议程》中的2015年后千年发展目标框架中促进金融服务更广泛获取和使用的核心目标之一。事实上，当获得资金和各种服务的机会有限时，许多个人、家庭和公司不太可能从金融发展中获益，从而使大多数人口处于绝对贫困（DemirgüçKunt 等，2008）。

与金融排斥形成对比，普惠金融旨在以负担得起的条件促进银行服务向最广泛的社会阶层普及，Leyshon 和 Thrift（1995）将金融排斥定义为那些阻碍某些社会群体和个人获得正规金融服务的过程。Sinclair（2001）认为金融排斥意味着无法以适当的形式获得必要的金融服务。金融排斥产生的原因主要有渠道排斥、条件排斥、价格排斥、营销排斥或由于消极的经历或看法而产生的自我排斥等。Carbo 等（2005）将金融排斥广义地定义为一些社会团体无法进入金融体系。印度政府的普惠金融委员会将普惠金融定义为“确保弱势群体（如低收入群体）可获得金融服务，并在需要时能以负担得起的价格获得及时、充分的信贷的过程（Rangarajan 委员会，2008）”。Aoyagi 和 Ganelli（2015）表示普惠金融是一个具有多维性，复杂性的概念，指收入低的群体在经济增长中获得的利益达到甚至超过整体的利益水平。发展普惠金融有利于扩大金融服务范围，使更多的人享受到金融服务，促进经济发展平等，加强社会凝聚力，达到共同繁荣的目的。Park 和 Mercado（2015）表示将国家普惠金融、贫困和收入不平等三者联系起来将有助于决策者设计和实施扶贫计划，从而减少贫困发生率和收入不平等。金融服务可以使经济主体做出长期消费和投资决策参与生产活动，并应对突发的短期冲击，所以普惠金融通常被认为是促进经济增长的一个关键因素。Bruhn（2014）指出普惠金融能通过提供正式金融服务有效帮助弱势群体和穷人，让他们增加收入和就业的可能性，同时贫困人口可通过获得的贷款来投资教育或者项目；相反，缺乏普惠金融体系可能会导致掉入贫困陷阱，从而阻碍经济增长。

普惠金融联盟组织（AFI，Alliance for Financial Inclusion，2016）指出普惠金融是21世纪采用数字技术为低收入公民提供银行服务和社会福利的特有现象。受到肯尼亚广泛使用手机进行银行交易的启发，发展中国家开始从非正规现金经济向面向大多数公民的普惠金融转变。目前已经有超过90个发展中国家加入了普惠金融联盟组织，力争通过金融普惠的力量改善穷人的生活。

Winn（2016）发现尽管普惠金融被认为是经济发展战略的重要因素之一，但世界上大多数穷人仍然被排除在正规金融服务之外。Subha和Rajamohan（2017）也表示，目前严峻的现实是大多数贫困个体依旧难以接触到可持续金融服务，无论是储蓄、信贷还是保险业务。Goel和Sharma（2017）指出虽然计算全面的普惠金融指数很重要，但也可以通过主要研究一个金融指数来评估一个国家普惠金融方面的总体概况；而且从指数的使用情况、普惠金融服务获取度和使用水平这三个维度可以评估普惠金融普及程度。Corrado（2017）表示普惠金融与金融排斥相对立，普惠金融向小微型企业以及生活在贫困边缘的人们提供必要的金融工具与金融服务，以保证企业经营，稳定经济发展，确保贫困群体过上基本生活。这种金融模式不仅降低了经济不平等，更有助于经济朝健康繁荣的方向发展，在金融不确定性的冲击下，普惠金融有助于缓解宏观经济给中小企业与家庭带来的不利影响。Labal和Sam（2017）研究表明普惠金融正在成为一种新型的经济增长模式，通过小额信贷机构为最弱势群体提供接触金融服务的机会，同时为包括特权阶层和弱势群体在内的大众提供银行服务，缩小贫富人口之间的差距。Mugo和Kalonzo（2017）指出普惠金融、扶贫和可持续发展之间存在着十分紧密的联系，增加获得资金的机会就意味着增加了进入市场的机会，从而促进贫困人口获得信贷、储蓄与投资周期。当资本和资产积累到一定程度，就能够降低贫困人口面临贫困的脆弱性。这些人口将储蓄视为避风港，这有利于减少他们应对周期性经济和社会冲击的可能。由此可见，普惠金融显然可以在减少贫困及其影响、增进福祉等方面发挥作用。Owen 和 Pereira（2015）研究表明普惠金融是指拓宽金融服务的覆盖面，让更多的人能够获得金融服务的机会，促进减贫与经济发展。一些特定的普惠金融指标可能影响银行体系结构中金融覆盖范围的因素及作用，每一种金融准入措施也会存在不完善之处，这将会影响普惠金融的覆盖力度。Li（2018）研究表明金融发展对于贫困人口的财富积累会有一定的影响，普惠金融提高了资本配置的效率并且有助于放松信贷约束，这就意味着贫困群体获得资金的机会大大提升。韩晓宇（2017）表示普惠金融主要面向的对象是中低收入人群和小微企业，如果严格地将普惠金融服务人群按照收入细分，可分为普通中低收入者和赤贫者，那么金融扶贫的对象是指赤贫者。普惠金融的内涵分为广义与狭义两个方面。狭义上的普惠金融主要强调商业可持续性。广义范畴的普惠金融还包括帮助赤贫者获得更多的金融机会，提供满足其基本生活需求的贷款，实则就是借助普惠金融的扶贫效应来实现金融扶贫。刘华（2018）表示普惠金融遵循机会平等的原则，旨在扩大金融机会，设计多样的金融产品，为社会各个阶层提供金融服务，满足欠发达地区以及低收入群体的融资需求，发展普惠金融需要构建普惠金融指数，通过具体指标衡量普惠金融发展状况以及扶贫效果。

（三）普惠金融评价体系与实证研究

衡量与评价普惠金融水平是推动普惠金融发展的起点与前提，普惠金融水平的测度则为其提供了客观标尺与现实依据，而测度是否准确的关键在于具体指标的选择与指标体系的构建。世界银行的普惠金融指标体系分为全球普惠金融调查、企业调查、金融能力调查、生活水平评估调查、全球支付系统调查、全球普惠金融责任调查、经商调查、农业经营调查八个方面；而普惠金融全球合作伙伴（GPFI）、国际货币基金组织（IMF）、世界银行经合组织（OECD）等国际组织均从不同角度选取了指标来衡量各国普惠金融发展水平。在学术研究中，Beckl（2007）最早回答了如何测度普惠金融水平的问题，提出以金融机构网点数、自助存取款机数、自助存取款数、贷款总额/GDP、存款总额/GDP、存款账户数以及贷款账户数这7个指标来测量一国或地区的普惠金融发展水平；Mandira Sarma（2008）对Beckl提出的衡量指标进行了简化，以地理渗透性（Geographic Penetration）、产品接触性（Credit A－vailability）、使用效用性（Usage）三大维度指标来构建普惠金融发展水平指标；高沛星等（2011）认为可利用金融排斥程度作为普惠金融发展的反向指标，间接对该国或地区的普惠金融发展水平进行衡量；国内其他学者大多以Sarma的三大指标为基础，结合区域特点或限于数据可得性等原因来选取维度指标，构建普惠金融体系（王婧和胡国晖，2013；杜强和潘怡，2016；李建军、彭俞超和马思超，2020）。在对普惠金融发展水平进行测度的基础上，陈银娥（2015）、李建军（2016）等运用非参数估计方法分析了中国普惠金融发展的分布动态和中国居民金融服务包容性的空间差异，指出中国普惠金融存在明显的多极分化格局和“俱乐部收敛”现象；郭峰等（2020）编制了中国内地省、市、县级的“北京大学数字普惠金融指数”，指出中国数字普惠金融在总体上表现出了很强的地区收敛特征、空间集聚性和空间异质性。

（四）普惠金融发展效应研究

普惠金融发展具有至关重要的意义，因为它在全球范围内的增长速度是其他关键制度层面的两倍，如教育（提高成人识字率、教育质量和入学率）和卫生（根据世界银行2011—2017年的数据）（Demirgüç－Kunt等，2018）。金融普惠是通过增加金融工具的可用性（Holden和Prokopeken，2001）来达到目的的一种手段（Demirgüç－Kunt等，2018），大量文献已经证明了其对减贫的有益影响（Beck et al.，2007；Burgess和Pande，2005；Park和Mercado，2015）。实证证据表明，金融普惠可以刺激储蓄和投资（Demirgüç－Kunt等，2015；Jeanneney和Kpodar，2011）、为收入和健康冲击提供保障（Honohan 和 King，2012）、提高生产率（Jalilian 和 Kirkpatrick，2002）、创造就业（Fadum，2013）。特别是经济发展与普惠金融紧密相连（Long，2016；Mitra 和 Das，2018），促进了普惠金融与可持续发展目标的广泛联系（Tomilova 和 Dashi，2017）。此外，Siddik 和 Kabiraj（2020）指出，普惠金融与包容性增长密切相关。近年来，欠发达国家、发展中国家，甚至发达国家都在各自国家改善普惠金融。世界上很多组织一直致力于通过发展特定领域、收集经验和指导相关各方来推动普惠金融发展（世界银行集团，2016）。从 GDP 增长和购买力评价（PPP）来看，中国经济因降低贫困率和改善普惠金融而被认为是世界上最大的经济体之一（世界银行集团，2018）。同时，中国也是第一个通过金融技术快速推进普惠金融的国家。这种发展始于支付技术的快速增长和高接受度。具体来说，微信支付和支付宝是中国目前最大的两个数字支付工具。他们的快速发展非常有影响力，甚至影响了 PayPal 在美国的服务。虽然 PayPal 起步早于支付宝和微信支付，但它的发展却没有支付宝和微信支付那么快。基于这些原因，中国有机会在多元化的行业中保持市场领先地位。中国大规模发展对普惠金融有影响力的工具是基于中国老百姓网上购物的便捷支付。更具体地说，淘宝和京东是中国老百姓最常用的线上购物网站。同样的，来自世界各地的人们可以很容易在网上开拓他们的业务，并将他们的产品运送到全国各地，这也被认为是农村经济快速发展的最重要原因之一。数字化支付系统在各国快速发展背后发挥着重要作用，这也是中国普惠金融最具影响力的辩论。

Easterly（2006）认为普惠金融是解决贫困问题、促进经济增长、实现包容性社会的一个重要机制。Atkinson 和 Messy（2013）提出通过高水平的普惠金融创新激励政策、金融消费者保护制度和金融教育国家战略的有效整合，将会增加金融系统的稳定性，提高民众的“金融幸福感”。Louis 和 Nicola（2013）认为普惠金融可以提高资金运作的透明度，因而可以作为反洗钱和反恐怖主义融资的重要手段。但李涛等（2016）利用跨国截面数据的实证结果表明，除“投资资金来自银行的企业比率”这一金融中介融资指标对世界各经济体的经济增长有显著的负向影响外，其他普惠金融指标均无稳健且显著的影响。针对中国国内的情况，杜强和潘怡（2016）利用中国省际面板数据对普惠金融与经济发展的关系进行了实证分析，发现中国东部地区普惠金融抑制了经济的发展，而中西部地区普惠金融对经济发展有明显的促进作用。刘亦文等（2018）运用固定效应的面板门槛模型，发现普惠金融发展对经济增长存在双门槛效应，指出当普惠金融发展水平大于0.279且小于0.405时，对经济增长有着稳健且显著的促进作用。熊正德等（2021）运用2005—2017年的全国数据，指出普惠金融能够影响乡村的经济、文化和生态建设，但在政治和社会建设方面还未起到应有的作用。

另外，普惠金融发展的影响因素也是普惠金融领域炙手可热的研究重点，Anderloni（2008）分析了欧盟国家金融市场的自由度、劳动力供求状况、货币政策、财政政策、社会救助政策、人口变化和收入差距这7大因素对该国（地区）普惠金融发展的影响。Beck et al.（2009）以发展中国家为分析对象，认为发展中国家普惠金融的发展受到交易成本、储蓄率、投资决策、技术创新、经济增长等因素的影响。Priyadarshee et al.（2010）根据印度普惠金融发展状况，发现普惠金融政策能否贯彻落实的关键在于政府制定的公共政策以及社保项目的支持。国内学者张世春（2010）发现普惠金融受到了财政资金和政策性扶持等因素的消极影响。董晓林等（2012）发现人口和收入因素将会影响农村金融机构网点的布局。胡宗义、袁亮和刘亦文（2012）指出金融发展存在积累效应，当期金融发展的状况会受到前期状况的影响。何德旭和苗文龙（2015）认为发展普惠金融必须解决金融排斥问题，并提出建立公平、高效的法律体系和信用体系的政策建议。齐红倩和李志创（2019）针对不同目标群体进行了微观层面的实证研究，发现受教育程度和就业水平的提升能够在一定程度上促进普惠金融发展。陈银娥、尹湘和金润楚（2020）的研究表明农村经济发展、金融市场效率及城乡收入比的扩大有助于农村普惠金融发展，而城镇化进程的加快则起到阻碍作用。

（五）湖南地区普惠金融发展研究

细化到中国湖南地区，刘波、王修华和彭建刚（2014）利用湖南省87

个县（市）2008—2012年的经验数据，实证研究了湖南地区金融包容水平与地区收入差距之间的关系，发现提升县域地理单元的金融包容水平有助于提高县域地理单元的人均收入。彭建刚（2015）提出了适用湖南14个地（州）普惠金融发展水平的四个维度指标。蔡洋萍（2015）对中部三省的普惠金融发展水平以及中部六省的农村普惠金融发展状况进行了对比研究，发现湖南省的农村普惠金融发展水平处于中部六省中的最高水平，其次是山西省、湖北省、安徽省、江西省、河南省，但河南省在中部六省的普惠金融发展水平增长速度最快。周再清、胡月和陈璐（2017）研究了环长株潭地区县域的普惠金融发展水平，发现该区域普惠金融水平整体上呈现先升后降态势，且核心地带的普惠金融发展程度及稳定度均高于边缘地带。王君（2017）以湖南湘西州为例，对普惠金融与金融精准扶贫的关系展开了研究，认为在贫困地区发展普惠金融与推进金融精准扶贫具有高度一致性，指出贫困地区应结合普惠金融理念来推进金融精准扶贫。何婧、蔡新怡和赵亚雄（2021）在湖南省2010—2018年87个县（市）的面板数据基础上，实证发现金融渗透可以提升该地区的金融获得性，进而促进当地的农业产业发展。总体而言，针对湖南地区普惠金融发展状况的已有文献并不十分丰富，但从已有文献中仍可看出，湖南省普惠金融发展对于提高湖南地区人均收入、推进金融精准扶贫、促进农业产业发展等方面都有所裨益。因此，如何进一步发展湖南省普惠金融，仍是亟待解决的关键问题。

1.3.3　金融创新与风险防控研究综述

当代金融创新始于20世纪50年代末，经历了四个阶段的变更才走到今天金融创新发展的层面。层出不穷、千姿百态的金融创新活动在世界范围内促进了金融创新所在国的金融制度和金融变革的深化，也为这些国家的经济金融发展注入了不竭的动力。

学者们对于金融创新概念的内涵尚没有一个统一的论定，这里我们将熊彼特1912年在《经济发展理论》上发表的创新理论推广到金融领域，即金融领域内建立的“新生产函数”，是金融当局和金融企业家对金融要素进行的新组合。

（一）金融创新度测量的国内外研究成果

国外对于金融创新测度的研究开始得较早，Patricio Arrau（1991）把具有确定性趋势的随时间变化的截距项（Time - varying Intercept of Deterministic Trend）作为金融创新的代理变量，来衡量发展中国家的创新水平，在 1995 年的后续文章中用随机游走作为替代指标之一。Simpson 和 Porter（1980）、Ireland（1992）利用利率组合的过去峰值来测量金融创新度，认为金融创新具有固定的初始成本，导致名义利率会超过某个阈值，且根据金融创新从实施到起作用的时滞，得出当期货币需求同上期名义利率峰值相关的结论。Misati et al.（2010）采用了银行业占 GDP 的比重与利率的交互项和 M2/M1 与利率的交互项两个指标，对 1996—2007 年金融创新通过利率渠道对货币政策转变的影响的创新度进行了衡量。Jun Nagayasu（2012）用金融资源人口密度分布来测量金融创新度。

从更微观一些的视角来说，Josh Lerner（2002）用金融专利的规模和数量总结出金融创新状况，在 2006 年，其对 1990—2002 年刊登在 Wall-Street Journal 上的金融创新产品、服务和机构进行整理，将其作为解释变量，用面板回归方法分析。Thorsten Beck et al.（2012）选取了 1996—2006 年的 32 个高收入国家的银行 R&D 支出作为样本空间，估计了银行部门的金融创新和实际增长、实际波动和银行脆弱性的相关关系，发现国家的增长机会、资本和 GDP 水平与金融创新的程度有较强的相关性。

国内也有相关从宏微观角度测量金融创新程度的研究。董玉玲（2008）用货币总量（M2 - M1）与单位活期存款（M1 - M0）的比例作为指标来代表金融创新过程中货币总量中被替代的货币资产比例。蒋瑞波（2012）使用一个地区的银行总部和分支机构与总人口数量的比例，或者 ATM 数量这样的银行集中度指标，来表征金融创新度，这个指标越大，则金融市场的复杂程度越高，金融创新也越容易发生。李春燕（2006）从金融产品创新角度讨论了银行卡的开放与市场竞争问题。

从分析方法上，DEA 数据包络分析方法为国内学者所采用。石丹

(2008) 运用两阶段 DEA 模型对金融系统绩效进行实证分析，选取了世界上 37 个国家和地区作为样本空间。蒋瑞波（2012）利用中国 30 个省（区、市）的面板数据，运用三阶段 DEA 测度区域金融创新在效率层面的水平，研究影响各观测单元投入的环境因素，从省际和区际层面衡量我国区域金融创新的效率差异。

主成分分析法也被广泛应用。毛克（2009）在评估金融创新对金融可持续发展贡献的研究中，遵循科学性、系统性、层次性、可操作性、代表性五个原则，选取了技术能力、市场成长、创新环境、管理能力四个方面共 22 个指标，用两种指标分类进行分析，用德尔菲法征询专家意见来计量定性指标，用主成分分析法将选取的定量指标重新组成一组新的互相无关的综合指标进行分析。章莳安（2013）运用主成分分析法，只选取了毛克文献中 22 个指标中 13 个定量的金融创新指标，对赣南等原中央苏区 14 县（市）的金融创新水平和变化趋势进行了实证。

综合上述文献可以发现，国外学者对于金融创新度测量的研究要早于国内，并且所采取的衡量指标更广泛。由于金融创新一直很难量化，关于金融创新度的测量，大部分文献探讨了定性方面的测度，检验金融创新给经济增长带来的效应或者金融创新的外部环境，大都用定性的测度来进行度量。而量化的指标能够更准确、更有力地对金融系统、各国、各区域甚至各经济实体的创新度做出衡量和评价。虽然目前相关国内外学者已经从宏微观视角探索出了多种可以估量创新度、构建实证模型的指标，并运用数据包络分析法、主成分分析法、非参数估计法等多种方法进行论证，但探索金融创新度的道路仍在向前发展，并不断优化完善，值得我们发挥更多的智慧和精力去突破。

（二）金融创新影响研究成果

长期以来金融创新被认为是与经济增长和社会福利提高紧密相连的，许多经济学家对金融创新持肯定的态度，认为金融业的发展、经济水平和生产力水平的提高，都离不开金融创新。

Merton（1992）发现，金融创新可以促进实体经济发展，他以美国金融创新产品的市场发展对美国实体经济的促进为例子，论证了金融创新对经济具有促进作用。Allen 和 Gale（1994）从帕累托最优的角度，认为金融创新可以给投资者带来更多的选择自由，因此在帕累托最优的定义上，也就是固有的一群人和可分配的资源，从一种分配状态到另一种状态的变化中，在没有使任何人境况变坏的前提下，在使至少一个人变得更好的情况下，提高了整个社会的福利。国内学者施建淮（2000）通过建模和实证研究证明了金融创新和长期经济增长的正相关性。马凌霄、郭帅（2012）也通过实证分析，从金融市场与制度创新的宏观层面和金融产品创新的微观层面，阐述了金融创新促进经济增长的机理。

同时，也有另一部分学者对金融创新持批判态度，尤其是 2008 年次贷金融危机爆发以后，学者们更认为金融创新曾给经济增长带来的好处灰飞烟灭了，从整个经济周期上看的话，金融创新似乎是没有给经济增长带来任何好处。

Fostel（2008）研究的是金融创新和经济周期的相关性，他发现在一个经济周期内，金融创新在初始阶段是可以促进经济增长的，可在金融创新的后期阶段也会引发金融危机。所以他认为，金融创新与经济增长的关系是一个周期性循环往复的过程，金融创新不能持续性地促进经济增长。诺贝尔经济学奖得主 Paul kurgman（2007）在金融危机后指出，在最近所有的重大金融创新中，很难挑出有哪个是对社会真正有益的。相反，这些创新只是催生金融泡沫、逃避监管或实施“庞氏骗局”（Ponzi Scheme）的更加高明的新手段而已。并认为自 20 世纪 70 年代以来，全球金融业的快速增长期是基于金融创新高杠杆性上的虚假现象，这种虚假的高增长不能说明生产力的提高。Kathryn（2011）基于信息传递的角度，分析了金融创新对金融危机的影响，发现债务担保凭证、信用违约互换这些衍生品在流通的过程中，伴随打包和再评级次数的增多，产品的风险信息在不断丢失，这是造成严重信息不对称的罪魁祸首，也是金融危机迅速发酵的重要原因之一。昌忠泽（2010）认为金融创新按照产生的效果氛围分为实际金融创新和名义金融创新，名义金融创新主要增加了华尔街金融机构的收入，少有实际好处，每次金融危机都说明了名义金融创新的失败。王鑫

(2011) 从金融机构追逐利润的角度分析，认为金融机构天生会追求利润最大化，金融衍生工具就是金融机构实现这一目标的重要工具，这使得金融衍生工具的扩张具有盲目性和内生性，监管体系难以对其发展和扩张速度进行控制。杜婷（2012）的研究认为高风险、高复杂度的金融创新产品在金融危机后发行量大大减少，尤其是一些过度虚拟、层层打包的违约互换类衍生品，发行量一泻千里，欧美的主要衍生品市场开始了新一轮去杠杆化的过程。

1. 金融创新对货币供求、货币政策的影响

首先，从需求来说，很多学者为金融创新降低了货币需求的稳定性，“失踪的货币”是金融创新发展使货币需求函数变得不稳定的一个典型的例子。货币需求函数曾被认为是美国宏观经济中最稳定的函数。Milton Friedman 等人通过对美国 1860—1958 年近百年的货币流通速度进行实证研究，得出货币流通速度与 GNP 之间关系相对稳定的结论并为大多数经济学家接受。但是自从金融创新浪潮在美国兴起后，这一结论受到了挑战。美国经济学家 S. M. Goldfeld（1976）利用美国 1974—1976 年上半年的季度资料，对 M1 需求函数进行实证检验，得到的结果却是 M1 的实际余额与传统货币需求函数所预测的余额值误差越来越大，且 M1 的实际余额逐年下降，但与此同时，美国的 GNP 却有较大的提高。据此，他提出了“失踪的货币”这一命题。高云峰、董邦国（2006）以我国 1994—2005 年的数据对我国的货币需求进行了实证研究，分析结果显示，我国货币需求主要受收入因素影响而呈现出长期稳定性特征，货币需求函数表现出高收入弹性和低利率弹性。胡智新（2004）认为，金融创新对货币的需求产生了较大的影响，主要表现为：减弱了对货币的需求并使货币结构发生变化，降低了货币需求的稳定性，使货币需求的利率弹性下降，加快了货币流通速度，并通过资产价格影响货币需求。金融创新通过对货币需求的广泛影响，进而对传统的货币政策传导机制也会产生较大冲击，使其功能减弱或失灵。这一切都对货币政策的制定形成了新的挑战。

然后，我们看看对货币供给的影响。国内学者黄淑兰（2006）、崔晓

蕾（2008）都提出金融创新会使货币供应量的定义变得模糊、计量困难，比如，令人头痛的定义的界线、货币层次的划分、货币的计量变得越来越困难；金融创新扩大了货币供给主体，使货币供给的内生性增强；金融创新也使货币供给的可控性下降。战明华等（2020）利用变系数状态空间模型，考察了近年来中国以互联网金融理财产品和银行理财产品为代表的金融创新对货币流动性陷阱效应的影响。

综合上述研究不难发现，金融创新的发展对于金融体、金融业发展的影响是一把“双刃剑”。金融创新确实给金融制度、金融机构带来过冲击，尤其是金融危机的爆发，典型的金融创新工具在其中起到发酵作用。金融创新发展过程中产生的高风险性、过度虚拟化和过度自由化之类的问题也是容易诱发金融危机的因素。但是金融创新曾经是提高金融系统效率、扩大金融体系覆盖范围的一种工具，未来也仍将如此，因此对金融创新横加阻拦是不明智的做法。金融创新能在一定程度上对货币政策产生影响、推动金融深化、拉动居民财富效应、推动外汇市场发展。所以我们需要强化对金融创新的监管，对金融创新的不当应用所带来的危害保持警惕。监管者们应该为优良产品的普及扫清道路，安全性和创造性都要创新，不应当仅仅充当制裁不法行为的执法者，还应促使一些有可能提升公共福利的复杂创新成为现实。

2. 金融创新与经济发展的关联性实证研究

施建淮（2004）运用功能分析法就金融创新对长期经济增长的影响进行了分析，指出金融创新增强了金融系统的基本功能，对金融系统的动态效率性做出了贡献。王爱俭（2008）综合运用系统控制理论，参考生物演化思想，分别从政府调控、金融市场与中介的自我调节以及滨海新区等不同视角分析金融创新对区域经济的动力传递作用及效应。刘金全、马亚男（2011）根据我国经济周期波动的实际情况，将1996年第三季度作为一个分界点，分析了我国1990年第一季度到2007年第四季度的实际GDP及其组成成分的季度同比增长率的标准差，发现金融创新和金融发展同经济周期波动间存在内在的关联性，虽然这样的关联性大多表现为间接的关联，但是不能否认的是，金融创新和金融发展是经济周期波动减缓的重要原因之一。孙浦阳、张蕊（2012）通过应用工具变量法对1996—2007年78个国家的经济发展指标、技术进步指标以及金融创新指标组成的面板数据进行处理，建立以内生经济增长理论模型为基础的计量模型进行实证研究，研究结果表明：在考虑金融创新在经济增长模型中存在内生性的情况下，与金融发展不同，金融创新单独对经济增长的作用方向是不确定的，甚至可能存在显著的抑制作用；而金融创新通过技术进步对经济增长的促进作用是显著的，并且这种作用更多地通过企业的技术进步来体现。刘迎春（2013）在后危机时代中国金融创新研究中，用1990—2009年金融和经济增长数据作为分析样本，选取了中国国内金融资产总量、真实GDP增长率、金融化指标、实际利率、规定投资占比、融资结构指标、技术进步指标等影响经济增长的因素，参照哈罗德—多马的增长模型来进行实证。他认为金融创新主要通过两个方面影响经济增长，一是通过提高技术创新投资效率影响技术进步因素，进而提高生产要素使用效率；二是通过提高资本形成率提高资本的投入规模，而计量结果却显示，金融创新对经济增长的直接作用有限，甚至在一定时期呈现负相关特征，从一个侧面反映了我国金融创新和金融发展滞后于经济增长的结论。蒋宝珠（2013）基于广义虚拟经济视角，以金融创新与经济增长关系的研究为基础，结合广义虚拟经济理论与协同学理论，通过梳理金融创新的发展历程，分析了广义虚拟经济时代金融创新的主要趋势，根据合理性、可操作性、全面性和可比较性原则选取了金融创新和经济增长子系统的指标体系，构建了以两个子系统序参量的协同机制模型，并实证分析了2005—2012年金融创新与经济增长子系统的有序度和复合系统的协同度，最后根据BP神经网络模型预测了2013年金融创新与经济增长系统的协同度，提出了广义虚拟经济视角下金融创新与经济增长的协同模式。王永钦和祁鼎（2020）通过抵押资产一般均衡方法研究金融创新如何影响各国资产价格、经济增长及金融危机的国际传导，研究发现金融一体化会提高发达经济体资产价格和产出水平，也就是当发达与新兴市场经济体金融发展差距较小时，金融一体化会提高新兴市场经济体资产价格和产出水平。张超和钟昌标（2021）基于2012—

2017年中国30个省际面板数据测度金融创新和经济高质量发展指数，重点考察金融创新对经济高质量发展的影响及其作用机制，研究结果表明金融创新可以通过产业结构高级化带动经济高质量发展，而产业结构合理化的中介效应并不显著；中西部省份的金融创新对经济高质量发展的促进作用比东部省份更为显著，金融改革创新试点省份金融创新对经济高质量发展的促进作用比非试点省份更大。李鹏宇（2021）基于中介效应模型，实证检验了金融创新与商贸流通提质增效之间的关联性及其作用机制，研究结果表明：金融创新有利于推动商贸流通效率的增长，这种正向影响是通过减少商贸流通企业的融资约束、加快商贸流通业的市场化进程、促进商贸流通行业的技术进步三种渠道得以实现。滕飞和秦建文（2021）利用面板平滑转换模型（PSTR），基于2006—2018年我国31个省份的数据实证分析商业银行金融创新与实体经济增长的关系及影响差异，结果显示：商业银行金融创新对实体经济增长具有促进作用且逐渐增强，说明我国商业银行金融创新整体是适度的。

3. 金融创新风险防控研究

崔志伟（2019）对区块链金融创新、风险及其法律规制进行了研究。罗萍（2020）利用2007—2018年我国商业银行金融创新财务数据和基于尾部依赖度量的系统性风险，分析了商业银行金融创新对系统性风险的影响。马草原和张昭（2020）通过构建演化博弈模型，考察了金融创新及金融风险监管当中，金融部门与政府部门之间的博弈，探讨了政府部门进行金融监管的理想边界。潘显姝（2021）认为金融创新带来了更多未知的风险和挑战，对维护金融安全提出了更高的要求，在当今技术驱动的创新时代，研究金融创新如何真正为包容性经济服务，同时严格管理金融风险并实现创新金融与金融安全的辩证统一，具有十分重要的意义。周小梅和黄婷婷（2021）分析了依托互联网金融形成的新模式、新产品存在的主要风险与监管体系存在的问题，认为面对互联网金融的发展，政府应在实现金融监管转型的基础上，构建互联网金融市场征信体系，利用“智慧监管”改善互联网金融风险监测预警机制，完善保障互联网金融消费者权益的法律法规。

1.3 本书主要内容

第1章为绪论。主要介绍了改革开放以来我国经济社会取得的辉煌成就以及金融在此过程中扮演的关键角色。在肯定成绩的同时，也指出了我国不同群体的金融可得性差距较大，金融创新发展迅猛但风险并存，亟须加强防控。本书在此基础上对湖南省近年来地方金融创新发展及风险防控现状进行考察，并提出了湖南省普惠金融创新与风险防控的重点领域和发力方向，为本书后续研究提供纲领性框架。

第2章为湖南省普惠金融创新发展现状统计考察。本章从普惠金融服务的基础设施、使用情况、质量三个维度构建了湖南省普惠金融指标体系，根据构建的指标体系收集相关的数据对湖南省区域普惠金融发展水平进行测度与分析，在此基础上对湖南省普惠金融发展的空间演化与收敛性进行研究。

第3章为湖南省村镇银行发展现状统计考察。本章从湖南省村镇银行发展沿革出发，系统梳理了湖南省村镇银行发展历程，并基于2019年湖南省村镇银行发展数据，对湖南省村镇银行发展现状及存在的问题进行了研究。在此基础上，本章还探讨了湖南省村镇银行布局存在的问题，并凝练了国外村镇银行发展的成功经验，提出了湖南省村镇银行绿色健康发展的对策建议。

第4章为湖南省小微金融机构发展现状统计考察。本章基于2015—2019年湖南省小微金融机构发展数据和DEA - Malmquist模型对湖南省小微金融机构发展沿革、存量与增量、影响因素、风险预警与市场定位、国内外比较与经验借鉴进行了研究，在此基础上提出了湖南省小微金融机构高质量发展的政策建议。

第5章为基于营利性和普惠性的湖南省新型农村合作金融发展调适研究。本章回顾了湖南省新型农村合作金融发展沿革，对湖南省新型农村合作金融发展存量与增量进行了统计考察，对湖南省新型农村合作金融发展的影响因素进行了分析，并结合国外农村合作金融发展经验，基于营利性和普惠性视角对湖南省新型农村合作金融发展的市场定位进行了调适。

第 6 章为湖南省数字普惠金融创新发展现状统计考察。本章从数字普惠金融覆盖广度、使用深度和数字化程度三个维度构建了数字普惠金融发展水平评价指标体系，测度了 2011—2018 年湖南省数字普惠金融发展水平，并对湖南省数字普惠金融发展的时空演变特征和收敛性进行了研究。

第 7 章为湖南省正规金融与非正规金融协同发展研究。本章通过推算法测算出 2008—2018 年湖南省正规金融与非正规金融的规模，从时间与空间两个维度分析了湖南省正规金融与非正规金融的发展现状。通过 σ 收敛与 β 收敛的方法评估了湖南省正规金融与非正规金融发展的敛散性研究。建立多元回归模型分析了湖南省正规金融、非正规金融以及二者的交互作用对湖南省经济增长、农村减贫以及社会保障三个维度的影响。

第 8 章为湖南省农商行发展与风险防控研究。本章对 2019 年湖南省农商行发展现状进行了考察。从引导机构坚守定位、高风险机构处置效果、指导防控信用风险、指导管控资金业务风险、合规管理和案件风险管控、部分重点领域风险管控、指导完善公司治理机制和行业管理服务等方面分析了湖南省农商行存在的问题，在此基础上提出了湖南省农商行发展监管重点。

第 9 章为强化湖南地方金融风险防控的政策建议。

第2章　湖南省普惠金融创新发展现状统计考察

2.1　问题的提出与文献综述

提高金融服务质量和水平，扩大金融服务对象的范围尺度，实现金融高效均衡发展已成为世界经济协调可持续发展的关键问题。在这种背景下，联合国2005年提出的金融包容（Financial Inclusion）已成为世界许多国家政策的优先选择。中国历来重视普惠金融体系的建设。2012年，中国国家领导人在G20峰会上首次解读了普惠金融。2015年11月9日，习近平总书记在中央全面深化改革领导小组第十八次会议上指出，发展普惠金融，目的就是要提升金融服务的覆盖率、可得性、满意度，满足人民群众日益增长的金融需求，特别是要让农民、小微企业、城镇低收入人群、贫困人群和残疾人、老年人等及时获取价格合理、便捷安全的金融服务。习近平总书记强调，要深化金融供给侧结构性改革，强化金融服务功能，找准金融服务重点，以服务实体经济、服务人民生活为本；要建立普惠金融体系，加强对小微企业、“三农”和偏远地区的金融服务，推进金融精准扶贫。发展普惠金融，既是服务实体经济、服务人民生活的落脚点，也是金融供给侧结构性改革的重要任务。2013年，《中共中央关于全面深化改革若干重大问题的决定》正式提出“发展普惠金融”，这标志着在中国普惠金融的发展进入一个全新的阶段。与此同时，中国也一直积极吸取国际上普惠金融的发展经验，并参与国际规则的制定和执行。2014年在全球普惠金融联盟（AFI）年会上，中国承诺发展普惠金融并公布了行动计划。2015 年 11 月 3 日，《中共中央关于制定国民经济和社会发展第十三个五年规划的建议》中，又提出发展普惠金融，这是中国第一次将普惠金融发展明确列入五年规划之中。2015 年 10 月，党的十八届五中全会明确指出，若要在 2020 年实现建成全面小康社会的发展目标，必须贯彻“创新、协调、绿色、开放、共享”的理念，坚持发展普惠金融，增强为“三农”、小微企业和低收入人群服务的力度，将普惠金融定为“十三五”时期金融改革的六大重点领域之一，并将普惠金融发展提高至国家战略层面。2015 年 12 月 31 日，国务院印发《推进普惠金融发展规划（2016—2020 年)》，规划中首次明确提出了中国发展普惠金融的总体思路、指导思想、基本原则、总体目标等，这是中国第一个专门推进普惠金融发展的规划，这标志着中国已将普惠金融发展提升至国家战略层面。2016 年，G20 第十一次峰会在中国杭州举行，中国作为 G20 峰会主办国，将数字普惠金融列为本次峰会重要议题之一，会议通过了《G20 数字普惠金融高级原则》《G20 普惠金融指标体系》升级版及《G20 中小企业融资行动计划落实框架》三个文件。其中《G20 数字普惠金融高级原则》是国际社会首次在该领域推出的高级别指引性文件，是全球普惠金融发展的重要里程碑。从 2016 年开始的三年内，中国将以主要领导者身份参与 GPFI 的工作，主导普惠金融国际规则的制定和推进其行动计划。2017 年《政府工作报告》提出，鼓励大中型商业银行设立普惠金融事业部。2017 年 5 月银监会等 11 部委联合印发《大中型商业银行设立普惠金融事业部实施方案》，9 月人民银行发布了《关于对普惠金融实施定向降准的通知》，进一步落实了普惠金融的鼓励政策。2017 年 7 月，习近平总书记在全国金融工作会议上进一步明确表示，国家鼓励发展普惠金融，并以此作为推动金融“脱虚向实”，支持实体经济发展的重要抓手；在十九大报告中，习近平总书记更是强调要建设普惠金融体系，加强对小微企业、“三农”和偏远地区的金融服务。李克强总理在 2017 年《政府工作报告》中提出，鼓励大中型商业银行设立普惠金融事业部，国有大型银行要率先做到。2018 年《政府工作报告》再次指出，支持金融机构扩展普惠金融业务，并要求下大力气降低小微企业的融资成本。2019 年《政府工作报告》更强调，要完善金融机构内部考核机制，激励加强普惠金融服务，切实使中小微企业融资紧张状况有明显改善，综合融资成本必须有明显降低。政策层对普惠金融的重视程度和推动力度不断提高。2020 年是《推进普惠金融发展规划（2016—2020 年）》实施的关键之年和攻坚之年。党的十九届五中全会对构建金融有效支持实体经济的体制机制、提升金融科技水平、增强金融普惠性等工作提出了明确要求，为新阶段做好金融工作指明了方向。

国内外关于普惠金融研究的文章有很多，首先是普惠金融的测度方法。Cournede. Boris（2015）认为金融是经济增长的重要动力，当金融的普及度越高时，对私营部门的信贷压力会减少，可以为弱势群体提供金融服务，同时也研究了弱势群体与强势群体在普惠金融中的溢价效应，提出普惠金融的健康增长需要强劲的资本准备。Nehru. Vikram K（2015）也有相同观点，认为金融部门是一切经济体的命脉，金融部门的平稳运行对快速普惠的经济增长十分重要，良好的金融系统不仅需要做到有效地在信贷双方做好中介，还要在金融普及程度方面做到十分优秀，为社会群体提供公平有效的金融服务，同时也认为金融系统实现以上两个目标的前提是拥有充足的准备金，不单单是为了开展金融服务，也是为了应对金融系统可能面对的风险。

关于普惠金融的指数测度，很多相关文章都提出了自己的观点。较为经典的测度方法是 Sarma（2008）提出的用国际金融机构指数（IFI）来衡量各个经济体之间的金融包容程度的全面衡量标准。IFI 是一个多维指数，用介于 0 和 1 之间的数字来表达对金融普惠各个方面的度量，IFI 中还引入了标准化逆欧氏距离，以 0 表示对金融普惠程度的最低标准，1 表示对金融普惠程度的最高标准。针对 IFI 可能遗漏掉的金融体系相关方面，Sarma（2015）提出了改进的 IFI，在原有的基础上加上了金融服务的质量和使用，以及金融机构的渗透性、可用性等。这些指标在单独使用时会提供经济体中金融机构范围的不完整信息，综合使用时会提供金融的普惠性指标。Cámara（2014）用普惠金融供求双方的信息来衡量发达国家以及不发达国家的一级金融普惠程度，金融普惠程度的划分由三个维度决定：使用目的、金融普惠的障碍、获取普惠金融的机会，三个维度的权重分配方法是由双阶段主成分分析的内部条件所决定的，可行之处在于对各个维度之间的权重进行了合理性分配以及可替换性。熊军凯（2019）则是从普惠金融发展指标体系中金融服务的渗透性、使用情况以及服务质量等三个维度选取了相应的指标对普惠金融发展水平做出测度，同时使用相关控制变量分析了湖南省普惠金融发展水平与湖南省城乡收入差距之间的关系度量，研究表明湖南省普惠金融发展水平能够缩小城乡收入差距，同时使用湖南省区域数据验证了实证结果的稳健性。戴云龙（2018）则是使用普惠金融设施便利性、资金渗透性、使用的效应性三个维度测度了湖南省普惠金融发展水平，区别于熊军凯的研究，戴云龙选择使用湖南省各区（县）的数据对普惠金融发展水平与城乡收入差距之间进行了研究分析，得出的结果与熊军凯类似，同样是普惠金融发展能够缩小城乡收入水平差距。

其次是普惠金融发展收敛性研究。孙慈航（2018）构建了普惠金融发展水平的评价指标体系，运用因子分析法分别测度了中国 31 个省份 2010—2016 年的普惠金融发展水平，并对东、中、西部普惠金融发展水平进行了比较分析。进而在发展水平的基础上使用收敛性研究分析，发现中国省级区域普惠金融发展存在绝对 β 收敛和相对 β 收敛情况。丁李平（2019）同时研究了中国普惠金融发展的空间分布以及收敛性，通过构建普惠金融发展水平指标体系进行普惠金融发展水平测度，使用非参数核密度估计方法对各地区普惠金融发展的分布动态进行现状分析，同时在考虑空间效应的基础上，对普惠金融发展的影响变量作出统计分析。此外，使用与孙慈航相同的空间收敛模型对普惠金融发展水平的收敛性进行了分析，研究表明对控制信息技术发展水平、经济发展程度、政府支持程度、社会环境等方面进行限制后，各区域均呈现出明显的 β 收敛，说明以上四个方面是影响普惠金融发展的主要因素，各地区应着力提升这四个方面的水平。

基于以上研究成果以及研究基础，本章节综合考虑前人建设的普惠金融发展水平指标体系，构建了湖南省普惠金融发展指标体系，根据指标体系所选择的数据并结合普惠金融计算公式对湖南省区域普惠金融水平进行测度，同时分析湖南省普惠金融发展的空间动态分布，在研究空间动态分布时考虑使用高斯核估计方法。在进行普惠金融发展空间动态分析时结合相关研究文献中剔除的空间收敛性模型，分别对湖南省以及湖南省区域普惠金融水平进行收敛研究。最后则是考虑分析了普惠金融创新发展带来的三维效应，从经济、减贫、收入效应三个角度出发，分析湖南省区域普惠金融创新发展带来的影响测度。其中区域普惠金融创新发展能够促进区域经济水平增长，区域普惠金融创新发展能够有效地缓解区域内低收入人群的贫困现象，最后区域普惠金融创新发展能够缩小城乡收入差距。

2.2　湖南省普惠金融发展水平测度

2.2.1　普惠金融指标体系构建

普惠金融发展水平的测度需要综合考虑经济水平发展和普惠金融发展水平现状，在参考相关文献后，本章节从指标完整性、指标发展性、指标客观性和指标可得性四个原则构建湖南省普惠金融指标体系，用于测度湖南省普惠金融发展水平。

首先是指标的完整性。指标的完整性不单单局限于研究问题所需要的相关指标，而是综合选取研究领域中最为重要的指标并尽可能地多选取与研究问题相关的指标，避免在指标的选取时陷入选择盲区。基于湖南省普惠金融发展水平测度指标体系目前尚未统一的情况下，选取研究指标时应该在借鉴前人研究成果的基础上综合湖南省自身的发展特性，以便在指标构建时能够对湖南省普惠金融测度进行准确评价。

其次是指标的发展性。指标的发展性是指研究问题是动态的，自普惠金融概念提出以来，已在湖南省取得了不错的发展成就。此外湖南省普惠金融与经济水平随时间的发展而不断发展，而且不同区域内的发展水平由于要素差异而发展不均衡，因此在选取普惠金融指标时应该综合考虑时间以及空间上的异质性，同时考虑异质性情况下的指标适用性，最后则是所构建的指标是否能够随着时间的推移而不断契合新的时代背景以及金融环境。

再者是指标的客观性。指标的客观性指的是在指标体系设计时应该遵循客观事实，避免个人主观因素在指标选择时对指标进行有意识的筛选和剔除。人的主观性在对问题的分析和研究时往往是存在的，由于人的主观意识大多是由个人喜恶和熟悉程度所决定的，因此在指标体系选取时可能会对研究问题造成一定的偏差。此外个人能力是有限的，单凭个人主观意识进行指标选择无法保证指标的完整性，从而导致指标体系缺乏科学性。综合以上原因，在构建指标时应该遵循客观性原则，尽可能地保障研究问题的科学性。

最后则是指标的可得性。指标的可得性主要是指所选取的指标数据应当保障数据的可获取性，尽管在有关普惠金融指标体系构建中很多相关学者提出了自己的建议，但在本章节的指标选择中应该考虑指标数据是不是可获得的。对那些无法获取数据的指标或与湖南省实际发展情况无关的指标进行剔除。在数据的收集中尽可能地选择官方渠道、专业的数据库和金融机构，避免使用问卷数据和非官方数据，以保证数据的质量。

基于以上指标选取原则和相关研究基础，应结合湖南省普惠金融与经济水平发展，选取普惠金融服务基础设施、普惠金融服务使用情况和普惠金融服务质量水平三个维度构建湖南省普惠金融指标体系，具体的指标体系如表 2.1 所示：

表 2.1　湖南省普惠金融指标体系

维度	指标组成	单位
普惠金融服务基础设施	单位人口金融机构网点数量	个/万人
	单位人口金融从业人员数量	人/万人
	单位面积金融机构网点数量	个/平方公里
	单位面积金融从业人员数量	人/平方公里
	金融机构资产总额	亿元
普惠金融服务使用情况	人均存款	万元
	人均贷款	万元
	保险深度	%
	保险密度	元/人

续表

维度	指标组成	单位
普惠金融服务质量水平	涉农贷款占比	%
	精准扶贫贷款占比	%
	小微企业贷款占比	%

表 2.1 中的普惠金融服务基础设施维度中，金融机构网点数量以及从业人员数量增加了居民享受金融普惠服务的机会，并降低了获取金融服务的成本。此外为了分析湖南省内普惠金融服务基础建设的情况，分别对金融机构网点数量以及从业人员数量进行了地理空间和人口密度度量。普惠金融服务使用情况维度中，信贷服务是金融机构所提供的最基本的使用功能，因此将人均存款和贷款纳入普惠金融服务使用情况维度中。普惠金融服务不但具有传统金融服务的基础功能，还提倡与保险业相结合发展保险金融服务，与此同时在湖南省政府的扶持下，保险业也在迅速地发展，湖南省 2019 年保险深度已达到 3.5%，故普惠金融服务使用情况维度中综合考虑了信贷服务和保险服务两方面。指标体系的最后一个则是普惠金融服务质量水平维度，由于普惠金融的目的为降低金融服务门槛，进而为需要金融服务支持的群体提供必要的金融支持，因此质量水平维度从涉农贷款占比、精准扶贫贷款占比、小微企业贷款占比三个角度出发，衡量普惠金融服务在农业、扶贫工作、小微企业三个方面的支持力度，并将这三个角度普惠金融服务使用情况作为度量普惠金融服务质量的标准。考虑到湖南省缺少具体的官方组织机构对普惠金融数据进行收集处理，并且每个机构收集处理数据的原则和测度单位存在不同，因此以上构建湖南省普惠金融指标数据可能存在一定的现实误差。

2.2.2　普惠金融发展水平测度

在上一小节中我们已经对湖南省普惠金融指标体系做出相应的构建，此小节是基于构建的指标体系对普惠金融水平进行相应的测度。在进行相应的测度之前需要对数据进行预处理工作，首先是使用变异系数法确定每个指标在普惠金融指数中的重要性程度，根据重要性程度确定相应的权重系数；其次是根据普惠金融计算公式对普惠金融指数进行相应的维度测算，最终结合给出的权重系数综合计算湖南省普惠金融指数。

选择出合适的普惠金融指标体系之后，使用变异系数法对每个测度普惠金融的各个指标的变异系数公式为 $V_i = \frac{\sigma_i}{\bar{x}_i}$，其中 V_i 表示第 i 项指标的变异系数，σ_i 是第 i 项指标的标准差，$\bar{x}_i$ 为第 i 个指标的平均数，各项指标的权重为 ω_i，权重越低代表该项指标的重要性越低，具体权重的计算公式如下：

$$\omega_i = \frac{V_i}{\sum_{i=1}^{n} V_i} \tag{2-1}$$

在权重计算公式中，为了消除各项指标由于性质、计量单位和量纲不同所造成的差异，需要对性质不同的数据进行单位归一化处理，此处采用 min - max 标准化方法对各项指标进行归一化处理，使得数据各个指标处于同一数量级，归一化方法如下：

$$k_{i,j} = \frac{T_{i,j} - T_{\min}}{T_{\max} - T_{\min}} \tag{2-2}$$

公式中，$k_{i,j}$为第 i 个指标归一化处理之后的指标值，$T_{i,j}$为实际指标值，$T_{\max}$为指标中的最大值，$T_{\min}$为指标中的最小值。$k_{i,j}$归一化之后取值为 0 到 1 之间。

由第 i 维指标的 $1 \times k$ 维向量空间中，第 i 维指标构成的向量空间取值为（0，0，…，0）和（1，1，…，1）之间。通过计算第 i 维指标同最值之间的欧氏距离来度量普惠金融指数，结合变异系数所得的权重 ω_i 合成普惠金融指数 IFI 公式为：

$$\mathrm{IFI}_i = 1 - \frac{\sqrt{\omega_{i,1}^2 (1-k_{i,1})^2 + \omega_{i,2}^2 (1-k_{i,2})^2 + \cdots + \omega_{i,k}^2 (1-k_{i,k})^2}}{\sqrt{\omega_{i,1}^2 + \omega_{i,2}^2 + \cdots + \omega_k^2}} \tag{2-3}$$

从 $1 \times k$ 维向量空间扩展到 $k \times k$ 维向量空间，可以获得整个维度最终的普惠金融指数 IFI：

$$IFI_i = 1 - \frac{\sqrt{\omega_1^2\ (\max\ (IFI_i)\ - IFI_1)^2 + \omega_2^2\ (man\ (IFI_i)\ - IFI_2)^2 + \cdots + \omega_k^2\ (\max\ (IFI_i)\ - IFI_n)^2}}{\sqrt{\omega_1^2 + \omega_2^2 + \cdots + \omega_k^2}} \tag{2-4}$$

其中，max（IFI）表示第 i 维度普惠金融指数的最大值，$\omega_{i,j}$ 和 ω_i 分别表示第 i 个维度中第 j 个指标的权重和第 i 维度的权重。采用变异系数法度量普惠金融指数，可以分析不同指标对普惠金融指数的贡献率和影响程度，可以很好地反映普惠金融指数的合理性和科学性。

本次研究选取的样本为湖南省和湖南省所辖的 14 个市（州），数据跨度为 2011 年到 2019 年。其中选取的湖南省地区生产总值、辖区行政面积、年末常住人口、金融机构本外币存贷款余额等数据来源于湖南省统计局，普惠金融服务的基础设施和普惠金融服务的使用情况来源于中国人民银行长沙中心支行。湖南省辖下的 14 个市（州）数据来源于各自的《国民经济与社会发展统计公报》与《中国城市年鉴》。

根据上文介绍的权重计算公式与指标体系组成，计算得出各项指标的权重占比如表 2.2 所示：

表 2.2　湖南省 2011—2019 年普惠金融指标体系描述性统计

	最小值	最大值	均值	标准差	变异系数	权重
每万人金融从业人员数（人）	24.2727	33.0639	28.3998	3.0871	0.1087	0.0372
每万人金融机构网点数（个）	3.4942	8.8862	6.1906	1.7833	0.2881	0.0985
单位面积金融营业网点数（个）	0.0429	0.0464	0.0449	0.0014	0.0308	0.0105
单位面积金融营业从业人员数（人）	24.2727	33.0639	28.3998	3.0871	0.1087	0.0372
金融机构资产总额（亿元）	24933.0000	65062.0000	44951.6556	13337.5570	0.2967	0.1014
涉农贷款占比（%）	0.2496	0.3290	0.3102	0.0251	0.0807	0.0276
精准扶贫贷款占比（%）	0.0385	0.1305	0.0891	0.0307	0.3443	0.1177
小微企业贷款占比（%）	0.0210	0.2092	0.1435	0.0586	0.4083	0.1396
人均存款比值	2.7540	7.1924	4.9877	1.5525	0.3113	0.1064
人均贷款比值	1.8729	5.7931	3.5086	1.2463	0.3552	0.1214
保险深度（%）	2.1000	3.5000	2.7567	0.5318	0.1929	0.0659
保险密度（元/人）	675.3000	2018.0000	1204.8778	481.8702	0.3999	0.1367

根据表 2. 2 对湖南省普惠金融指标体系数据描述性统计结果分析后得出，指标体系中普惠金融服务使用情况维度中的保险密度指标、人均贷款比值，普惠金融服务质量水平维度的小微企业贷款占比、精准扶贫贷款占比所占的权重是比较大的。变异系数定义的权重公式表明某核心解释指标所占的权重越大即表明该指标的离散性程度越高，表中的权重结果表明湖南省普惠金融服务使用情况和质量存在较大的离散性，这说明湖南省普惠金融发展水平存在一定的地区差异，这与实际情况相符。

接着使用普惠金融计算公式测度湖南省普惠金融发展水平，前文中已经对指标体系权重进行了计算，因此将计算公式和权重相结合测度出普惠金融指数 IFI。图 2. 1 展示的是湖南省 2011—2019 年省级普惠金融指数，可以看出 2011 年到 2019 年普惠金融指数是在不断地增长，从一开始的 0. 0079 增长至 2019 年的 0. 9402。从图形趋势可以得知湖南省普惠金融指数呈现整体稳定增长的趋势，其中 2015—2017 年的普惠金融指数增速最为明显，这说明湖南省普惠金融服务体系正在不断地完善与发展，未来发展态势仍然可期。

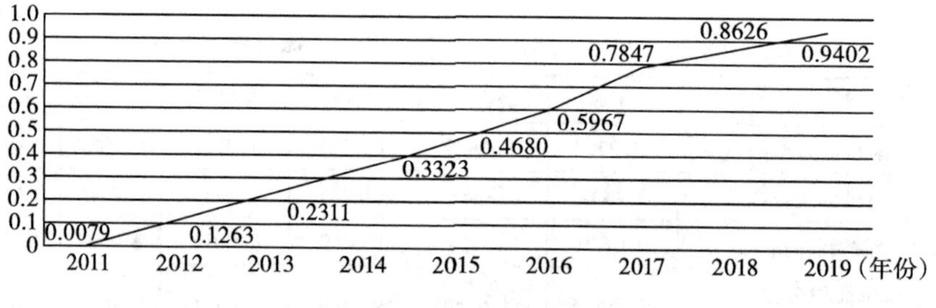

图 2. 1　2011—2019 年湖南省普惠金融指数

2. 3　湖南省普惠金融发展的空间动态分布

上一小节中我们构建了湖南省普惠金融指标体系，针对所构建的体系使用变异系数法确定了每个指标所占的比例，结合指标权重并使用普惠金融计算公式测度了湖南省整体的普惠金融指数，此处进一步对湖南省 14 个市（州）的普惠金融指数进行测度。表 2. 3 是计算得出的湖南省 14 个市

（州）的普惠金融指数，按照湖南省统计局对湖南省区域城市划分标准将全省划分为四个城市群，分别为长株潭城市群、环洞庭湖城市群、湘南城市群和大湘西城市群。从表 2.3 的数据中可以看到，2011 年湖南省各城市的普惠金融指数都比较低，经过 9 年的发展，各城市的普惠金融指数都得到了很大的发展，各城市之间也逐渐开始出现差异，其中最高的为长沙市 94.75%，最低的为怀化市 65.25%。湖南省各城市之间出现普惠金融发展程度的差异是由多种因素决定的，其中湖南省区域经济水平发展不均衡、人口分布不均衡和资源分布不均衡是造成普惠金融发展失衡的主要因素。

表 2.3　湖南省各市州普惠金融指数（2011—2019 年）

城市群	城市	2011 年	2012 年	2013 年	2014 年	2015 年	2016 年	2017 年	2018 年	2019 年
长株潭城市群	长沙	0.0460	0.1704	0.2845	0.3897	0.5084	0.6306	0.8354	0.8849	0.9475
	株洲	0.0428	0.1857	0.2891	0.4014	0.5188	0.6728	0.6282	0.7414	0.8265
	湘潭	0.0131	0.1346	0.2337	0.3391	0.4807	0.6157	0.8068	0.8314	0.8625
环洞庭湖城市群	岳阳	0.0429	0.2111	0.2598	0.3734	0.4755	0.6089	0.6343	0.5960	0.7640
	常德	0.0188	0.1845	0.2515	0.3534	0.4735	0.6400	0.7765	0.8353	0.8468
	益阳	0.0119	0.1389	0.2039	0.3222	0.4362	0.5670	0.7857	0.8139	0.8340
湘南城市群	衡阳	0.0251	0.1607	0.2425	0.3429	0.5388	0.6404	0.8152	0.6542	0.7569
	郴州	0.0448	0.1703	0.2750	0.3779	0.5048	0.6299	0.8195	0.8323	0.8690
	永州	0.0346	0.1539	0.2456	0.3458	0.4640	0.5777	0.7509	0.7893	0.8463
大湘西城市群	邵阳	0.0188	0.1245	0.1959	0.2938	0.4128	0.5257	0.7123	0.7610	0.8222
	怀化	0.0611	0.1614	0.2477	0.3404	0.4430	0.5739	0.6958	0.6440	0.6525
	娄底	0.0111	0.1714	0.2604	0.3470	0.4530	0.5871	0.7106	0.7964	0.7858
	湘西	0.0697	0.2032	0.2478	0.3307	0.4773	0.5295	0.6761	0.6755	0.8184
	张家界	0.0307	0.1453	0.2075	0.3028	0.4412	0.6134	0.7780	0.8250	0.8525

根据表 2.3 继续计算湖南省四大主要城市群普惠金融指数的平均值，将计算结果展示在图 2.2 中。从图 2.2 的结果中同样可以看出，湖南省四大城市群普惠金融指数在 2011 年的发展水平几乎相似，经过 9 年的时间后城市群普惠金融发展水平开始呈现区域差异性，到 2019 年长株潭城市群的普惠金融指数名列第一，其次是湘南城市群和环洞庭湖城市群，最后则是大湘西城市群。长株潭城市群中长沙市是湖南省政治经济文化中心，湘潭和株洲同样是湖南省知名的工业制造基地，因此综合长沙、株洲和湘潭的

普惠金融指数在四大城市群内排名第一。湘南城市群中衡阳是中南地区重镇，其 GDP 在 2019 年位居湖南省内第四，同时也是湖南省内的交通枢纽之一，郴州和永州则是湖南省南部和西南部的门户，区域内的矿产资源丰富，因此湘南城市群的普惠金融指数在湖南省中位居第二。环洞庭湖城市群由岳阳、常德和益阳组成，岳阳和常德的 GDP 2019 年分别位居湖南省第二和第三，区域经济发展水平相对于其他城市要高，但由于构建的普惠金融指标是多维度的指标体系，不单单只是考虑到了区域经济发展水平，而是综合考虑了区域金融水平因素，如涉农贷款、小微企业贷款、扶贫贷款和金融基础设施建设中的金融机构数和从业人员数。从表 2.3 中可得出岳阳的普惠金融指数为 76.4%，低于常德和益阳的普惠金融指数，因此综合来说，环洞庭湖城市群的普惠金融指数在湖南省四大区域中位列第三，但与湘南城市群的普惠金融指数相差不大。大湘西城市群包含邵阳、怀化、娄底、湘西和张家界，其中除了邵阳和娄底的 GDP 发展水平相对高一些且位居湘中腹地，其余城市均位于湖南省西部地带，区域经济发展水平较低且人口和资源相对较少，导致区域内的普惠金融发展水平较低，最终拉低大湘西城市群的普惠金融发展水平，位列最后一名。

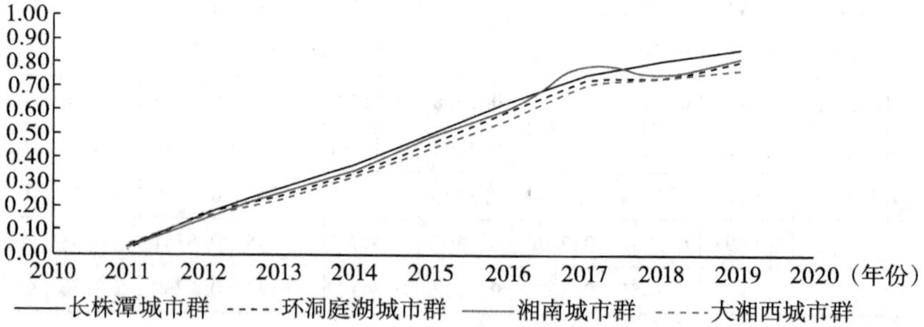

图 2.2　湖南省四大城市群普惠金融指数

以上是针对湖南省 14 个市（州）和四大城市群做的普惠金融发展水平测度，为了能够更加直观地反映出湖南省各区域内普惠金融发展水平在 2011—2019 年的动态演化，使用了非参数核密度估计方法来展现湖南省普惠金融发展的空间动态分布。该方法不但可以直接展示出湖南省各区域内普惠金融发展水平在 2011—2019 年的动态演化趋势，而且该方法为非参数方法，不需要对数据有诸多限制条件，从而尽可能降低与真实数据趋势之间的差异性。故接下来设定核密度方法中对普惠金融指数密度函数的限定以观察普惠金融指数的时空变化趋势，进而分析不同区域、不同年份普惠金融发展水平之间的差异性。

$$f(x) = \frac{1}{N\sigma}\sum_{i=1}^{n} K\left(\frac{\text{IFI}_i}{\sigma}\right) \tag{2-5}$$

$$K(x, x') = e^{-\frac{||x-x'||2}{2\sigma2}} \tag{2-6}$$

式 2-5 为 IFI 的核密度估计函数形式，N 为观测对象的年份，核函数 σ 为带宽，K 为核密度函数，IFI 为函数估计的随机变量，此处使用高斯核函数作为核密度函数的具体表现形式。式（2-6）涉及两个向量的欧式距离（L2 范数）计算，高斯核函数是两个向量欧式距离的单调函数。σ 是带宽，控制径向作用范围，换句话说，σ 控制高斯核函数的局部作用范围。使用高斯核函数对湖南省区域普惠金融指数进行核密度估计后，相比于未使用高斯核函数的核密度图更加平滑，因此使用高斯核函数进行核密度估计，最终得到湖南省整体普惠金融发展在不同年份间的核密度图与四大主要城市群普惠金融发展的核密度图。

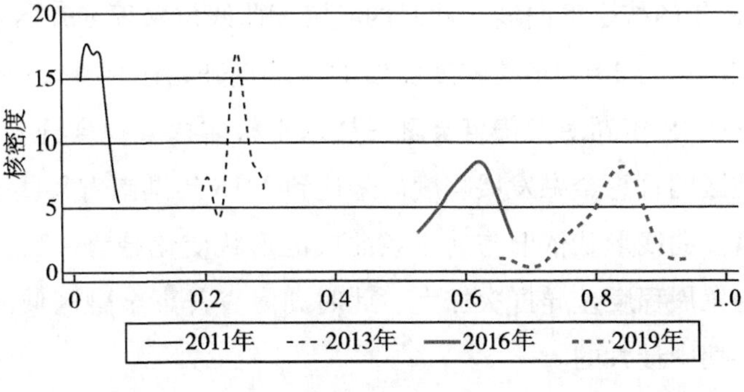

图 2.3　2011—2019 年湖南省普惠金融指数动态演进

图 2.3 中，四条核密度曲线从左到右依次为湖南省各城市群 2011 年、2013 年、2016 年和 2019 年 IFI 值动态演进，可以看到四条核密度曲线的形状大致相似，曲线趋势都为先增高再降低的尖峰分布。此外随着时间的推移可以看到曲线开始向右边移动，每次移动的幅度较为明显，核密度曲

线的位移同时也导致了曲线的峰值移动，因此可以看到湖南省普惠金融指数是在逐年上升的。首先看到2011年的核密度曲线，可以看到曲线的形状是比较窄的，这表明在2011年时湖南省各区域的普惠金融指数大小差异较小，同时曲线的峰值也是四条曲线中最高的，即各区域普惠金融指数分布较为集中，综合曲线的形状和峰值可以得出结论：2011年湖南省区域普惠金融发展程度区别不明显。当时间推移到2013年，核密度曲线的形状开始发生变化，曲线开始变得相对宽起来，这代表着湖南省区域普惠金融发展水平开始出现差异。与此同时，2013年核密度曲线的峰值开始降低，即各区域普惠金融指数分布开始变得分散起来，各城市之间普惠金融发展程度的不同开始导致普惠金融指数分布的不均衡。接着看2016年的核密度曲线，可以看到相对于2013年核密度曲线的位移程度，此时核密度曲线的位移逐渐加大，同时核密度曲线的峰值也再次降低。2016年核密度曲线的位移变化程度表明2013—2016年，湖南省区域普惠金融水平整体发展态势持续良好，且提升的幅度在三个阶段（2011—2013年、2013—2016年、2016—2019年）中最高。2016年核密度曲线形状变化趋势与2013年类似，同样为变宽且峰值降低，说明区域间普惠金融发展程度差异再次加大。最后则是2019年的核密度曲线，此时的核密度曲线位移程度开始缩小，核密度曲线的左端点与2016年核密度曲线的右端点开始出现在x轴上的交集，表明2016—2019年湖南省普惠金融发展水平整体提升幅度开始有所减缓，甚至个别地区的普惠金融发展程度尚未达到2016年湖南省某些区域普惠金融发展程度。曲线形状依旧与前三条曲线的形状变化趋势一致，说明区域间普惠金融发展程度差异再次加大，此时湖南省普惠金融区域的发展差异为样本观察期中最大的。

图2.4中四条核密度曲线分别展示了湖南省四大城市群在2011—2019年普惠金融发展的动态演进。从图中可以看到四条核密度曲线形状大致相似，大致存在两个峰值点。其中大湘西城市群的核密度曲线与其余城市群核密度曲线的差异表明，2011—2019年普惠金融指数分布的集中程度相对于其他曲线要更集中。大湘西城市群核密度曲线的峰值点为四条曲线中最高的，说明在普惠金融发展时，大湘西城市群的发展动力弱于其余城市

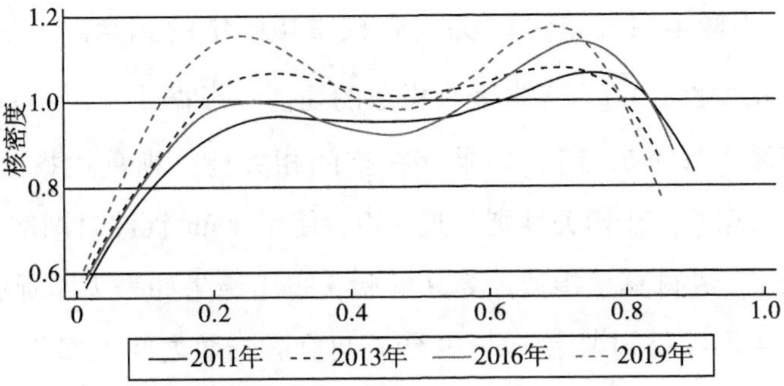

图 2.4 湖南省四大城市群普惠金融指数动态演进

群，数据停滞期长于其余城市群。四条曲线的左端点即四大城市群初始普惠金融发展程度差异不大，但在曲线的右端点开始出现差异，其中长株潭城市群的右端点 x 轴明显高于其余地区，且长株潭城市群核密度曲线的波峰为四条曲线中最不明显的，说明长株潭城市群普惠金融发展动力持续强劲，为湖南省四大城市群中普惠金融发展水平最高的地区。湘南城市群和环洞庭湖城市群的核密度曲线初始形状大致相同，但最终湘南城市群的右端点 x 轴高于环洞庭湖城市群。

2.4 湖南省普惠金融发展的收敛性研究

2.4.1 湖南省普惠金融发展水平空间相关性研究

在研究分析湖南省普惠金融的收敛性之前需要对湖南省各市（州）之间普惠金融发展程度的空间相关性进行检验，以判断是否存在空间依赖性。空间依赖性是进行空间计量分析的前提条件。此部分研究普惠金融发展的收敛性的方法结合了空间计量分析，因此需要对空间计量的前提条件进行验证，即判断空间相关性。通常测度空间相关性的指标为莫兰指数和吉尔里指数，由于莫兰指数的应用频率较高，因此使用莫兰指数检验空间相关性，莫兰指数具体的计算公式见式（2-7）。

$$I = \frac{\sum_{i=1}^{N}\sum_{j=1}^{N} w_{i,j}(\text{IFI}_i - \overline{\text{IFI}})(\text{IFI}_j - \overline{\text{IFI}})}{S^2 \sum_{i=1}^{N}\sum_{j=1}^{N} w_{i,j}} \tag{2-7}$$

其中 S^2 为样本内方差，$w_{i,j}$ 为地理权重矩阵中的元素，用于衡量空间单元之间的相关性，$\overline{IFI}$ 为普惠金融指数的均值。根据式（2-6）可以推断莫兰指数值域为［-1，1］，如果存在空间相关性，则莫兰指数的绝对值越趋近于1，若不存在相关性则趋近于0。使用 stata 软件对湖南省 2019 普惠金融指数 IFI 进行莫兰指数计算并检验，得出结果如表 2.4 所示。

从表 2.4 可以得知湖南省 2019 年普惠金融指数之间大部分地区存在空间正相关性，其中衡阳、常德、益阳、郴州和娄底的莫兰指数为负，但均未通过显著性水平检验，因此很难判断这些地区的空间相关性。除此类地区外，邵阳、张家界、永州、娄底等区域的莫兰指数为正，但未能通过显著性水平检验，因此此类地区的空间相关性暂时也无法确定。只有长沙、株洲、湘潭、岳阳、怀化、湘西等区域的莫兰指数值为正且通过显著性水平检验，可以认定此类地区存在空间正相关性。根据莫兰指数值的正负以及显著性可以认定湖南省区域普惠金融发展水平存在局部空间相关性。

表 2.4　2019 年湖南省各州市莫兰指数值

城市	Ii	E（Ii）	sd（Ii）	z	p-value *
长沙	1.3350	-0.0770	0.3850	3.6650	0.0000
株洲	0.9970	-0.0770	0.6840	1.5710	0.0580
湘潭	1.0300	-0.0770	0.6530	1.6950	0.0450
衡阳	-0.0140	-0.0770	0.2100	0.2990	0.3820
邵阳	0.1400	-0.0770	0.2650	0.8200	0.2060
岳阳	0.2880	-0.0770	0.2420	1.5110	0.0650
常德	-0.0280	-0.0770	0.2700	0.1800	0.4290
张家界	0.1540	-0.0770	0.2550	0.9050	0.1830
益阳	-0.3200	-0.0770	0.2540	-0.9590	0.1690
郴州	-0.0020	-0.0770	0.2470	0.3040	0.3800
永州	0.1630	-0.0770	0.2710	0.8850	0.1880
怀化	0.5720	-0.0770	0.3230	2.0110	0.0220
娄底	-0.0450	-0.0770	0.2200	0.1450	0.4420
湘西	0.6250	-0.0770	0.3520	1.9950	0.0230

进一步绘制空间相关性指数莫兰散点图识别某一时间点内空间单元与

其余单元的空间相关性，若散点图集中分布在第一象限，则表明这一单元的空间聚集性水平较高且邻近单元的聚集性水平同样也高（HH）；若散点图集中分布于第二象限，则说明此单元的聚集性水平较低而邻近单元的聚集性水平高（LH）；若分布在第三象限，则此单元与邻近单元的聚集性水平同样较低（LL）；若分布在第四象限，则此单元集聚水平高而临近单元集聚水平低（HL）。

此处以 2019 年数据为例，分别使用地理距离矩阵绘制湖南省各市（州）普惠金融指数莫兰散点图，绘制结果见图 2. 5。从图 2. 5 中可以看到，湖南省普惠金融指数的莫兰指数值为 0. 35，莫兰散点图中长沙、株洲、湘潭、岳阳位于第一象限（HH），表明此单元中空间聚集性水平较高且邻近单元的聚集性水平同样也高；益阳位于第二象限（LH），郴州和常德位于第四象限（HL），其余地区均位于第三象限（LL）。莫兰散点图中的结果与莫兰指数值检验结果相似，可以否定湖南省区域普惠金融发展程度不存在空间相关性的原假设。

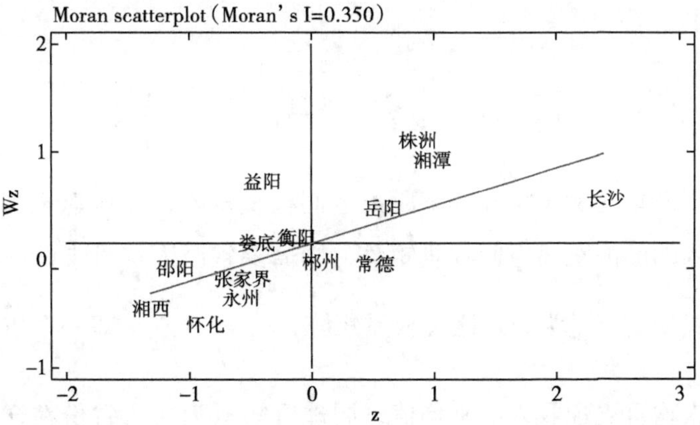

图 2. 5　2019 年湖南省各市（州）IFI 莫兰散点图

莫兰指数的计算中应用到了空间权重矩阵，此处对空间权重矩阵的类型和选择做出相应的介绍，空间权重矩阵作为空间计量模型中的重要组成部分，在参考相关文献后发现现有的空间权重矩阵主要分为空间邻接矩阵、地理距离矩阵和经济距离空间权重矩阵三种，接下来详细介绍三种空间权重矩阵的构建方法。

首先是空间邻接矩阵，数学形式为01矩阵，使用0和1来表示不同单元之间的相邻关系，定义矩阵中的空间单元与自身不相邻，即矩阵的对角线元素为0，具体的构建公式见式（2－8）。

$$W=\begin{cases}1，\text{当区域 } i \text{ 与区域 } j \text{ 相邻}\\0，\text{当区域 } i \text{ 与区域 } j \text{ 不相邻}\end{cases}\quad(i\neq j)\tag{2-8}$$

其次是地理距离矩阵，矩阵中的元素表示为每个空间单元之间的地理距离平方的倒数，通常是使用空间单元的行政中心之间的距离作为地理距离，与邻接矩阵相似定义空间单元之间的地理距离为0，即对角线元素均为0，数学表达形式见式（2－9）。

$$W_{geo}\begin{cases}1/d^2，& i\neq j\\0，& i=j\end{cases}\tag{2-9}$$

最后则是经济距离空间权重矩阵，此矩阵在地理距离权重矩阵的基础上进行完善，由于大多数的经济问题与地区之间的经济相关性有联系，故考虑使用经济距离空间权重矩阵来研究空间计量经济问题，数学表达式见式（2－10）。

$$W_{eco}=W_{geo}diag\left(\frac{\overline{y}_1}{\overline{y}},\frac{\overline{y}_2}{\overline{y}},\cdots,\frac{\overline{y}_n}{\overline{y}},\right)\tag{2-10}$$

举一个简单的例子构建经济距离空间权重矩阵，若构建全国省级人均可支配收入的经济距离空间权重矩阵，则需要省级人均可支配收入的面板数据，公式中的 W_{geo} 为地理距离权重矩阵，$\overline{y}_1=\frac{1}{n}\sum_{t=t_0}^{t=t_1}y_1$ 即一个省份在样本期间居民人均可支配收入的平均值，同理可知 $\overline{y}$ 为所有省份在样本考察期间的居民人均可支配收入，然后将数据代入公式中进行计算，最终可以得到所需要的经济距离空间权重矩阵。

2.4.2 湖南省普惠金融发展水平空间溢出效应分析

在上一小节中已经得出湖南省普惠金融发展水平存在部分空间相关性，为此进一步研究分析2011—2019年湖南省区域普惠金融发展水平的空间溢出效应，需要构建空间计量模型来对溢出效应进行分析。

上一小节中同样也介绍了三种空间矩阵的构建方法，此处选择使用地理距离矩阵作为空间矩阵，使用空间杜宾模型考量影响不同地区间普惠金融发展程度因素是否对区域外的普惠金融发展程度造成影响，此处考虑的影响变量主要有地区人均生产总值、城镇居民人均可支配收入、农村居民人均可支配收入、城镇化率和进出口贸易总额，结合湖南省各市（州）之间的地理距离研究分析是否存在溢出效应，所使用的空间杜宾模型结构如下：

$$\text{In}\ (ifi_{i,t}) = \alpha \text{In} X_{i,t} + \rho \sum_{j=1}^{N} w_{i,j} \text{In} X_{i,t} + \mu_i + \lambda_i + \varepsilon_{i,t},\ \varepsilon \sim N\ (0,\ \sigma_{i,t}) \tag{2-11}$$

在式（2－11）中，$ifi_{i,t}$为湖南省第 i 区域第 t 年的普惠金融指数，为消除不同指标量纲的影响，对文中研究的变量全部进行对数化处理。公式中 $X_{i,t}$为影响各地区普惠金融发展程度的变量，主要包含了人均地区生产总值（PGDP）、城镇居民人均可支配收入（City）、农村居民人均可支配收入（Urban）、城镇化率（Cityzen）、进出口贸易总额（Export）和政府财政支出（Gov），下标中的 i 和 t 确定的是地区和时间。公式中 μ_i 表示地区之间存在的无法观察到的个体异质性，$\varepsilon_{i,t}$为服从正态分布的随机扰动项干扰，$w_{i,j}$为空间权重矩阵 W 的第 i 行第 j 列数据元素，它主要度量空间单元结构之间的相关程度，此外式中还引入了 λ_i 时间固定效应。为了研究 $X_{i,t}$中的变量对普惠金融发展的作用方向，首先做一个简单的 OLS 回归以判断变量的作用方向，选取 OLS 的回归方程见式（2－12）。

$$\text{In}\ (ifi_{i,t}) = \beta_0 + \beta_i \text{In} X_{i,t} + \mu_i + \varepsilon_{i,t},\ \varepsilon \sim N\ (0,\ \sigma_{i,t}) \tag{2-12}$$

与式（2－11）相比，OLS 回归方程未引入空间矩阵和 λ_i 时间固定效应，增加了常数项 β_0，其余的自变量和因变量的选择都相同。在自变量 $X_{i,t}$的选择中，选取的是湖南省 2011—2019 年 14 个市（州）的面板数据，数据来源于各市（州）的经济运行公报。此外为了研究分析 OLS 模型和空间杜宾模型适用于固定效应还是随机效应，首先对以上模型进行了豪斯曼检验，检验结果显示豪斯曼统计量的结果为 32.1624，p 值为 0.0014，通过了显著性水平检验，因此在模型中使用固定效应来进行分析。在确定使用固定效应分析后分别运行 OLS 回归模型和空间杜宾（SDM）模型，得出的实证结果见表 2.5。

表 2.5 OLS 模型与 SDM 模型固定效应分析

	(1) OLS	(2) SDM
main		
lnpgdp	2.111** (2.31)	1.838*** (4.03)
lncity	-0.345 (-0.55)	-0.482* (-1.75)
lnurban	1.367** (2.46)	-0.111 (-0.47)
lncityzen	-0.0813 (-0.97)	-0.0311 (-0.92)
lnexport	-0.166* (-1.27)	-0.0982* (-1.81)
lngov	0.781* (1.21)	0.516* (1.79)
_cons	-36.30*** (-6.85)	
Wx		
lnpgdp		-0.989 (-1.25)
lncity		1.001* (1.65)
lnurban		2.504*** (4.16)
lncityzen		-0.0668 (-0.51)
lnexport		-0.340** (-2.13)
lngov		0.564*** (4.14)

续表

	(1) OLS	(2) SDM
Spatial		
rho		0.740*** (16.00)

注：$*p < 0.1$，$**p < 0.05$，$***p < 0.01$

首先从表 2.5 中的第 1 列结果开始，此结果展示的是 OLS 回归结果，其中地区人均生产总值 lnpgdp 的系数为 2.111，并在 5% 显著性水平通过检验，因此可以判断地区人均生产总值对普惠金融发展有正向的作用。除此之外，农村居民人均可支配收入 lnurban 的系数为 1.367，并且通过了 5% 显著性水平检验，因此可以判断农村地区居民人均可支配收入对普惠金融发展程度的作用方向与人均地区生产总值一致。第一列回归结果中，政府财政支出 lngov 的系数同样为正并且通过显著性检验，故可以判断政府财政支出同样对普惠金融发展水平有正向的作用方向。OLS 回归结果中，城镇化率 lncityzen 和进出口贸易总额 lnexport 的系数为负且通过显著性水平检验，说明城镇化率与进出口贸易总额对普惠金融发展有着反向的作用方向。城镇居民人均可支配收入和城镇化率的系数未能通过显著性水平检验，因此系数的影响作用方向不具备统计学意义。

其次看到表 2.5 中 SDM 实证结果，可以得知与 OLS 回归结果相比少了个常数项结果，人均 GDP 的系数结果为 1.838 且通过显著性水平检验，虽然系数略微有所减小但总体作用方向仍然与 OLS 保持一致。SDM 实证结果中，政府财政支出的系数相比与 OLS 回归系数结果同样略微减小，但仍旧显著，因此表明政府财政支出对普惠金融发展有着正向的作用。此时的城镇居民可支配收入和进出口贸易总额的系数为负，进出口贸易总额的系数方向和显著性水平与 OLS 结果相比变化不大，但城镇居民人均可支配收入的系数变得显著，表明在空间计量模型中对普惠金融发展水平的作用方向为负。此外城镇化水平的系数方向和显著性依旧没发生变化，但农村居民人均可支配收入的系数变得不显著。SDM 实证结果第二部分为引入了空间矩阵后的结果，可以看到地区人均生产总值的系数为负且不显著，而城乡居民人均可支配收入系数为正且显著，说明城乡居民人均可支配收入水平的提高会加速普惠金融发展水平，这与发展普惠金融的初衷一致。城镇化率的系数为负但同样不显著，进出口贸易总额的系数为负且显著，说明进出口贸易总额对普惠金融发展水平起到反向的作用。政府财政支出对区域普惠金融水平的系数为0.564且通过显著性水平检验，说明政府财政支出对本区域内的普惠金融发展水平有着正向的作用。最后则是空间杜宾模型中的参数ρ，可以看到参数显著为正，说明存在一定的空间溢出效应。因此接着对空间溢出效应进行分解，根据分解后的结果判断某区域的自变量对本区域普惠金融发展水平的直接效应以及区域外自变量对本区域内普惠金融发展水平的间接效应，详细的结果见表2.6。

表2.6展示的是空间溢出效应的分解结果，依次为直接效应、间接效应和总效应分析。在直接效应中，当显著性水平为1%时，地区人均生产总值系数为1.963，进出口贸易总额的系数为-0.220，此时系数的方向表明地区人均生产总值对区域内普惠金融发展水平有着正向的影响作用，而进出口贸易总额对区域普惠金融发展水平有着反向的影响。地区经济水平的发展确实能带动普惠金融发展程度，而进出口贸易将会挤兑普惠金融服务体系中有限的资源从而对普惠金融发展水平带来不利的影响。当显著性水平达到5%时，农村地区人均可支配收入和政府财政支出的系数分别为0.640和2.138，表明农村地区人均可支配收入和政府财政支出将会提高普惠金融发展程度，由于普惠金融的工作重心之一是降低金融服务门槛，因此对农村地区普惠金融建设方向有所倾斜，此外政府财政支出同样逐步加大了对普惠金融的建设投入，综合这两个因素，可以发现农村地区人均可支配收入与政府财政支出能够提高普惠金融发展水平。直接效应中除以上变量显著外，其余变量均不显著。

表2.6中的间接效应部分，显著检验结果与系数方向大致与直接效应部分相似，除地区人均生产总值变为不显著外，其余变量的显著性与直接效应一致。在间接效应中，当显著性水平为1%时，农村地区居民人均可支配收入、进出口贸易总额和政府财政支出通过显著性水平检验，系数分

别为 8.631、-1.462 和 -0.748。间接效应中其余变量的系数结果均不显著，此时的结果表明，区域外农村居民人均可支配收入水平的高低将会为区域内普惠金融水平的发展带来正向作用。由于扶贫工作是政府工作内容之一，各辖区内的扶贫情况是政绩考核条件之一，因此区域外的农村居民人均可支配收入的提高将会使得区域内普惠金融发展水平提高从而提高本区域内扶贫绩效。同时进出口贸易总额对普惠金融发展水平的反向影响程度再次加大，此时区域外政府财政支出的增加会形成一定的虹吸效应，吸引普惠金融资源向区域外集聚，因此区域外政府财政支出对区域内普惠金融发展水平的作用方向显著为负。

最后则是分析影响普惠金融发展水平因素的总效应水平，从总效应部分可以得出影响普惠金融发展水平因素的显著性与间接效应相一致，其中农村地区人均可支配收入和政府财政支出对普惠金融发展水平的系数依旧为正，而进出口贸易总额对普惠金融发展水平的影响系数为负，地区人均生产总值、城镇居民人均可支配收入和城镇化率的系数不显著可能存在的原因在于经济发展水平不均衡和城乡收入差距对普惠金融资源的分布造成了一定的影响，因此不能很好地判断出此类变量对普惠金融发展水平的作用方向。

表 2.6　空间溢出效应分解分析

	lnifi
LR_ Direct	
lnpgdp	1.963 *** (3.74)
lncity	-0.310 (-0.90)
lnurban	0.640 ** (2.41)
lncityzen	-0.0557 (-0.91)
lnexport	-0.220 *** (-3.09)

续表

	lnifi
lngov	2.138** (0.38)
LR_ Indirect	
lnpgdp	1.286 (0.48)
lncity	2.200 (1.02)
lnurban	8.631*** (5.10)
lncityzen	-0.289 (-0.59)
lnexport	-1.462*** (-2.85)
lngov	-0.748*** (-3.20)
LR_ Total	
lnpgdp	3.248 (1.11)
lncity	1.890 (0.79)
lnurban	9.271*** (5.03)
lncityzen	-0.345 (-0.64)
lnexport	-1.682*** (-2.98)
lngov	1.886*** (1.94)
R^2	0.412
N	126

表 2.7　不同类型的固定效应分析

	地区固定效应	时间固定效应	双向固定效应
Main			
lnpgdp	1.838 *** (4.03)	0.142 (1.16)	1.491 *** (3.23)
ncity	−0.482 * (−1.75)	−0.563 ** (−1.97)	−0.624 ** (−2.05)
lnurban	−0.111 (−0.47)	0.308 * (1.66)	0.162 (0.70)
lncityzen	−0.0311 (−0.92)	−0.0295 (−1.11)	−0.0424 (−1.28)
lnexport	−0.0982 * (−1.81)	−0.00821 (−0.23)	−0.0404 (−0.76)
lngov	0.516 * (1.79)	−0.0775 (−0.71)	0.233 (0.80)
Wx			
lnpgdp	−0.989 (−1.25)	−0.514 (−1.21)	−1.043 (−0.79)
lncity	1.001 * (1.65)	−0.0879 (−0.13)	−0.490 (−0.38)
lnurban	2.504 *** (4.16)	1.441 * (1.69)	2.933 ** (2.18)
lncityzen	−0.0668 (−0.51)	−0.0828 (−0.71)	−0.125 (−0.90)
lnexport	−0.340 ** (−2.13)	−0.153 (−1.46)	0.0825 (0.40)
lngov	0.564 *** (4.14)	0.763 *** (2.70)	3.784 *** (4.60)
Spatial			
rho	0.740 *** (16.00)	0.0311 (0.20)	0.137 (0.90)

在确定使用固定效应模型的基础上进一步提出假设，即地区固定效应、时间固定效应以及双向固定效应，三种效应模型哪个最适合本文的研

究。分别将三种不同效应模型进行实证分析得出结果如表 2.7 所示。表 2.7 为不同类型的固定效应空间计量结果，表 2.7 依次对应的是地区固定效应、时间固定效应和双向固定效应。

从表中的结果可以得知应当使用地区固定效应进行计量分析，表中的地区固定效应结果与前文保持一致。从表中第一部分系数以及显著性结果可看出，时间固定效应中只有城乡居民人均可支配收入水平显著，而双向固定效应中地区人均生产总值和城镇居民人均可支配收入水平显著，二者的系数显著，个数小于地区固定效应。其次是引入空间权重矩阵后的系数结果，三种效应模型中的地区人均生产总值均不显著，但地区固定效应中的城镇居民人均可支配收入水平系数显著为正而其余两种效应模型系数为负且不显著，因此就城镇收入可支配水平而言，地区固定效应模型更能解释对地区普惠金融发展水平的度量。城镇化水平中仅仅只有地区固定效应模型系数通过了 10% 显著性水平检验，故地区固定效应更能解释城镇化水平对地区普惠金融发展水平的影响。农村地区居民可支配收入三种效应模型的系数均为正，但地区固定效应模型中的显著性水平最高，进出口贸易总额中同样也是地区固定效应模型系数最高且通过了 5% 显著性水平检验，政府财政支出中三种效应模型的系数均为正且显著。最后则是空间杜宾模型中的参数 ρ，可以看到只有地区固定效应模型中参数显著为正。综合三种不同模型中系数的显著性个数以及空间杜宾模型中的参数 ρ 的显著性，故应当选择地区固定效应模型进行实证分析，固定效应模型实证分析已在前文中进行了详细的分析。

2.4.3 湖南省普惠金融发展水平的收敛性实证研究

在前文 2.3 湖南省普惠金融发展的空间动态分布部分中，已经使用了非参数核函数方法对湖南省各区域的普惠金融发展动态进行了分析，从分析结果可以得知，湖南省区域间普惠金融发展水平是存在较大差异的，为进一步分析普惠金融发展水平中的区域差异，结合前文中已经阐述的空间相关性对湖南省区域普惠金融发展水平进行收敛性研究。

收敛性在经济研究领域中意味着经济发展水平越低的地区，其发展速度越快，最后所有地区的经济发展水平将会达到稳定的水平。收敛性主要有三种不同的研究形式，分别为 σ 收敛、β 收敛以及俱乐部收敛，在此处选择 β 收敛进行研究。前文中已经证实湖南省区域普惠金融发展水平具有空间相关性，因此选择空间计量模型对收敛性进行研究，分析湖南省普惠金融发展的 β 收敛。

β 收敛又分为 β 绝对收敛和 β 条件收敛，在经济研究领域中绝对收敛意味着区域经济水平的发展速度由区域期初的发展水平决定，若期初的经济水平较低则初始的发展速度也就越快，但最终所有区域的经济发展水平将会稳定在某个阈值内。条件收敛则表明区域经济水平的发展速度不仅仅是由区域期初的发展水平决定，而是综合考虑区域本身的相关属性特征，即不同地区发展速度的差异与期初经济水平的高低相关。但发展速度还是会因自身属性特征的差异性而存在差异，而这种属性特征的差异性不但导致了发展速度的差异，最终也将导致发展水平的差异性。普惠金融的绝对收敛指的是各地区普惠金融发展速度与期初普惠金融发展水平的高低相关，但最终所有地区普惠金融发展水平将位于同一范围内，不受其他干扰因素的影响，存在的区别仅仅只是发展速度的快慢。普惠金融的绝对收敛在现实生活中很难实现，地区间普惠金融发展速度与发展水平往往受到除期初发展水平外其余因素的干扰影响，因此引入普惠金融发展的条件收敛。普惠金融的条件收敛是指区域间普惠金融发展水平受到区域经济条件的影响，区域间经济条件差别不大的普惠金融发展水平速度以及最终的发展程度将会大致相同，此外区域间经济条件的区别是普惠金融发展水平的决定性因素之一。综合前文的研究基础，使用地区人均生产总值（PGDP）、城镇居民人均可支配收入（City）、农村居民人均可支配收入（Urban）、城镇化率（Cityzen）、进出口贸易总额（Export）和政府财政支出（Gov）等相关因素作为普惠金融发展收敛性研究中的控制变量，数据的来源已在前文中做出过阐述，根据选取的变量可以基于空间滞后模型（SLM）和空间误差模型（SEM）构建相应的条件收敛模型。

$$\frac{1}{T}\ln\left(\frac{ifi_{i,t}+T}{ifi_{i,t}}\right)=\alpha+\beta\ln ifi_{i,t}+\sum{}_{j=1}^{N}\alpha_j\ln X_{i,t}^{j}+\varepsilon_{i,t},\quad \varepsilon_{i,t}=\lambda\left[\sum{}_{i=1}^{n}\varepsilon_{i,r}\right]+\mu_{i,r}\tag{2-13}$$

$$\frac{1}{T}\ln\left(\frac{ifi_{i,t}+T}{ifi_{i,t}}\right)=\alpha+\beta\ln ifi_{i,t}+\sum{}_{j=1}^{N}\alpha_j\ln X_{i,t}^{j}+\rho\left[\sum{}_{i=1}^{n}W_{i,r}\ln\left(\frac{ifi_{i,t}+T}{ifi_{i,t}}\right)\right]\varepsilon_{i,t}\tag{2-14}$$

式（2－13）和式（2－14）分别为β条件收敛时的SEM和SLM模型，从公式中可以看到$ifi_{i,t}$仍然为湖南省第i区域第t年的普惠金融指数，$W_{i,t}$为空间权重矩阵，T为时间间隔，根据研究问题为1，$X_{i,t}^{j}$为前文中提到的影响普惠金融发展水平的控制变量，分别为地区人均生产总值（PGDP）、城镇居民人均可支配收入（City）、农村居民人均可支配收入（Urban）、城镇化率（Cityzen）、进出口贸易总额（Export）和政府财政支出（Gov），最后$\varepsilon_{i,t}$为随机扰动项干扰。在收敛性实证分析结果中，如果参数β显著为负，则表明存在β条件收敛，因此在实证分析研究中$\ln ifi_{i,t}$是需要关注的核心解释变量。

表2.8　湖南省整体以及长株潭城市群普惠金融发展β条件收敛空间模型

	(1) SEM	(2) SLM	(3) SEM	(4) SLM
lnifi	−0.938*** (−83.08)	−0.931*** (−96.71)	−0.992*** (−42.17)	−0.933*** (−38.46)
lnpgdp	0.339*** (5.25)	0.0238** (2.32)	0.415* (1.74)	−0.0436 (−0.79)
lncity	0.0457 (1.29)	0.00422 (0.16)	−0.000806 (−0.02)	0.0811*** (3.06)
lnurban	−0.0607* (−1.93)	−0.0201 (−1.28)	−0.0668 (−0.33)	−0.191 (−0.92)
lncityzen	0.00175 (0.43)	−0.00190 (−0.93)	0.795 (1.52)	−0.636 (.)
lnexport	−0.00282 (−0.40)	0.00568** (2.30)	0.000133 (0.00)	0.0982** (2.24)

续表

	(1) SEM	(2) SLM	(3) SEM	(4) SLM
lngov	0.0468 (1.27)	-0.00489 (-0.72)	0.236 ** (1.98)	0.0749 ** (2.04)
Rho/ lambda	0.816 *** (0.72)	0.00348 (0.11)	0.0190 *** (0.67)	0.00317 (0.71)
LogL	74.26	64.90	68.93	71.84
R^2	0.969	0.992	0.872	0.989
N	126	126	27	27

表 2.9 环洞庭湖、湘南、大湘西城市群普惠金融发展 β 条件收敛空间模型

	(5) SEM	(6) SLM	(7) SEM	(8) SLM	(9) SEM	(10) SLM
lnifi	-0.951 *** (-26.16)	-0.895 *** (-20.88)	-0.784 *** (-22.93)	-0.731 *** (-10.28)	-0.944 *** (-81.49)	-0.937 *** (-60.73)
lnpgdp	0.486 *** (3.03)	0.430 ** (2.25)	-0.219 ** (-2.37)	0.226 (1.07)	0.0799 * (1.96)	0.314 *** (4.19)
lncity	0.0997 (0.95)	0.187 (1.26)	0.144 (1.60)	0.483 (1.61)	-0.234 (-1.46)	0.296 ** (2.32)
lnurban	-0.0159 (-0.17)	0.0173 (0.17)	0.0345 (0.70)	0.162 (0.58)	-0.0510 (-0.86)	0.217 *** (2.58)
lncityzen	0.460 (1.11)	0.00328 (0.44)	0.0135 *** (3.46)	1.220 *** (3.25)	-0.102 (-0.46)	-0.762 *** (-2.62)
lnexport	-0.0102 (-0.50)	0.00370 (0.12)	0.0379 * (1.80)	0.0203 (0.98)	0.0121 * (1.91)	-0.00657 (-0.66)
lngov	0.0443 (0.40)	-0.103 (-0.54)	-0.222 ** (-2.52)	-0.161 * (-1.81)	-0.00462 (-0.21)	0.101 (1.10)
Rho/lambda	0.0312 *** (0.79)	0.0270 *** (0.57)	-0.141 (0.91)	0.00885 *** (0.64)	0.104 *** (0.76)	0.0578 ** (0.81)
LogL	88.56	87.64	71.29	74.22	69.27	66.90
R^2	0.980	0.986	0.989	0.932	0.985	0.991
N	27	27	27	27	45	45

表 2.8 和表 2.9 为湖南省整体以及长株潭城市群普惠金融发展 β 条件

收敛空间模型和环洞庭湖、湘南、大湘西城市群普惠金融发展β条件收敛空间模型实证结果，为了确保实证结果的稳健性，现对湖南省整体普惠金融发展β条件收敛空间模型进行实证，然后再根据前文所设定的湖南省四大城市群对湖南省区域普惠金融发展水平进行β条件收敛空间模型实证分析。此外，表2.8和表2.9分别使用了SEM模型和SLM模型进行了收敛性实证分析，(1)~(2)为湖南省普惠金融发展β条件收敛实证结果，(3)~(4)为长株潭城市群普惠金融发展β条件收敛实证结果，(5)~(6)为环洞庭湖城市群普惠金融发展β条件收敛实证结果，(7)~(8)为湘南城市群普惠金融发展β条件收敛实证结果，(9)~(10)为大湘西城市群普惠金融发展β条件收敛实证结果。首先从湖南省普惠金融发展β条件收敛实证结果来看，在控制地区人均生产总值（PGDP)、城镇居民人均可支配收入(City)、农村居民人均可支配收入（Urban)、城镇化率（Cityzen)、进出口贸易总额（Export）和政府财政支出（Gov）等相关控制变量后，SEM模型和SLM模型中的β系数均为负且通过显著性水平检验，这说明湖南省普惠金融发展水平出现明显的β条件收敛，同时也表明在控制相关影响普惠金融发展水平的经济因素后，湖南省普惠金融发展水平有可能会出现β绝对收敛状态。为进一步验证实证结果的稳健性，同时也探究分析湖南省四大城市群普惠金融发展是否与湖南省普惠金融发展出现同样的β条件收敛，分别对湖南省四大城市群进行收敛性研究。在表2.8(3)~(4)长株潭城市群普惠金融发展β条件收敛实证结果中，在控制地区人均生产总值(PGDP)、城镇居民人均可支配收入（City)、农村居民人均可支配收入(Urban)、城镇化率（Cityzen)、进出口贸易总额（Export）和政府财政支出（Gov）等相关控制变量后，SEM模型和SLM模型中的β系数均为负且通过显著性水平检验，这与湖南省普惠金融发展β条件收敛实证结果类似，说明长株潭城市群普惠金融发展水平出现明显的β条件收敛。在表2.9(5)~(6)环洞庭湖城市群普惠金融发展β条件收敛实证结果中，同样控制了地区人均生产总值（PGDP)、城镇居民人均可支配收入（City)、农村居民人均可支配收入（Urban)、城镇化率（Cityzen)、进出口贸易总额(Export）和政府财政支出（Gov）等相关变量，SEM模型和SLM模型中的

β 系数显著为负，这与湖南省普惠金融发展 β 条件收敛实证结果类似，同样说明环洞庭湖城市群普惠金融发展水平出现明显的 β 条件收敛。从表 2.9 中(7) ~ (8)湘南城市群普惠金融发展 β 条件收敛实证结果得知，在控制了地区人均生产总值（PGDP）、城镇居民人均可支配收入（City）、农村居民人均可支配收入（Urban）、城镇化率（Cityzen）、进出口贸易总额（Export）和政府财政支出（Gov）等相关变量，SEM 模型和 SLM 模型中的 β 系数显著为负，再次契合了湖南省普惠金融发展 β 条件收敛实证结果，同样说明湘南城市群普惠金融发展水平出现明显的 β 条件收敛。最后则是大湘西城市群的 β 条件收敛实证结果，与其他城市群以及湖南省整体的 β 条件收敛实证结果类似，同样是具有明显的 β 条件收敛。对比 SEM 模型和 SLM 模型的 β 条件收敛实证结果可知，在控制了相关变量后，SEM 模型中的 β 系数更能体现湖南普惠金融发展 β 条件收敛情况。同时实证结果中出现了某些不显著的控制变量，说明选择的控制变量并不完全是影响普惠金融发展水平的决定性因素，若能完全选择相关的影响湖南省普惠金融发展水平因素，并对其进行控制，则湖南省普惠金融发展可能出现绝对收敛情况。当出现绝对收敛情况时，在排除相关影响因素后，湖南省区域普惠金融发展速度将取决于区域初始普惠金融发展水平，往往是初始水平较低的区域发展速度较快，随着时间的推移，各区域间的普惠金融水平差距将会逐渐缩小，最终所有的区域普惠金融水平将会稳定在某个阈值范围内。

2.5　湖南省普惠金融创新发展的三维效应研究

在上一节中研究分析了湖南省普惠金融发展的空间相关性、溢出效应测度以及收敛性分析，所研究的核心为普惠金融发展的自身特性，而本节主要是对普惠金融创新发展带来的三维效应进行研究分析，从经济、减贫、收入效应三个角度出发，分析湖南省区域普惠金融创新发展带来的影响测度。由于普惠金融发展目的之一是提高区域经济水平，因此首先构建的是普惠金融发展给湖南省经济水平带来的效应测度，使用最小二乘法对经济效益进行测度，以湖南省地区人均生产总值作为被解释变量，普惠金融指数作为核心解释变量，控制城镇居民人均可支配收入（City）、农村居民人均可支配收入（Urban）、城镇化率（Cityzen）、进出口贸易总额（Export）和政府财政支出（Gov）等相关变量，分析普惠金融发展水平对区域经济水平的影响。

普惠金融发展的另一个重要目的是为贫困人群提供金融保障服务，从而减少贫困现象，因此分析普惠金融发展对湖南省的减贫效应，同样是使用最小二乘法对效应进行估计，以农村地区居民人均可支配收入作为被解释变量，普惠金融指数作为自变量，控制变量为地区人均生产总值（PGDP）、城镇居民人均可支配收入（City）、城镇化率（Cityzen）、进出口贸易总额（Export）和政府财政支出（Gov）等相关变量，分析普惠金融发展水平的减贫效应。

最后则是分析普惠金融发展水平与收入之间的相互关系，近年来研究普惠金融与收入之间的相互关系一直是热门话题，在参考相关研究基础之上分析湖南省普惠金融发展与城乡收入差距之间的相互关系。

综合以上提出的研究方案，在接下来的篇幅中将依次分析湖南省普惠金融创新发展给经济、减贫、收入差距带来的三维效应，同时为了实证结果的稳健性将会依次分析湖南省整体与湖南省四大城市群之间的三维效应。

2.5.1 湖南省普惠金融创新发展与区域经济水平

在上一部分已经对普惠金融创新发展与区域经济水平模型进行了介绍，变量选择已经做了详细的描述，此部分则是对模型进行数学表达式构建，并对模型进行实证分析，公式见式（2-15）。公式中的控制变量已经做了介绍以及说明，μ_i 和 $\varepsilon_{i,t}$与前文中的含义一致，在前文中已经对固定效应和随机效应之间做出选择，因此使用固定效应进行实证分析，具体分析的结果见表2.10。

$$\text{In}\ (pgdp_{i,t}) = \beta_0 + \beta_1 \text{Ini}fi_{i,t} + \beta_2 control_{i,t} + \mu_i + \varepsilon_{i,t},\ \varepsilon \sim N\ (0,\ \sigma_{i,t}) \tag{2-15}$$

表 2.10　普惠金融创新发展与区域经济水平实证研究结果

	湖南省	长株潭	环洞庭湖	湘南	大湘西
lnifi	0.0547 *** (3.29)	0.0723 * (1.09)	0.269 *** (3.71)	-0.0264 (-0.40)	0.0334 ** (0.92)
lncity	0.119 ** (2.04)	0.0404 ** (0.46)	0.964 *** (3.85)	0.575 ** (2.36)	-0.0321 (-0.06)
lnurban	0.0113 (0.24)	0.432 (1.12)	-0.460 (-1.70)	0.00484 (0.04)	-0.00985 (-0.02)
lncityzen	0.0101 (1.55)	0.655 (0.43)	0.378 (0.79)	0.0121 * (1.92)	0.406 (0.48)
lnexport	0.0291 *** (2.71)	0.0229 ** (0.35)	0.0265 * (0.98)	0.0636 *** (1.65)	0.0456 * (1.95)
lngov	0.0924 * (1.69)	-0.126 (-0.66)	-0.137 (-1.01)	0.0430 ** (0.21)	0.00851 ** (0.04)
_ Cons	8.516 *** (12.68)	4.635 (0.60)	5.294 * (2.01)	3.927 (1.46)	8.714 (1.54)
R^2	0.979	0.988	0.998	0.997	0.978
N	126	27	27	27	45

表2.10是普惠金融创新发展与区域经济水平实证研究结果，分别展示了湖南省整体、长株潭城市群、环洞庭湖城市群、湘南城市群和大湘西城市群区域普惠金融创新发展与经济水平之间的关系。从表2.10中第一行可以看到，湖南省整体、长株潭城市群、环洞庭湖城市群和大湘西城市群的普惠金融指数系数显著为正，表明在这些区域中普惠金融创新发展对区域经济水平增长有着正向的积极作用。湘南城市群的普惠金融指数的系数虽然为负但未能通过显著性水平检验，因此无法准确描述湘南城市群中普惠金融创新发展与区域经济水平之间的相互关系。表2.10第二行为城镇居民人均可支配收入与经济收入水平之间的相互关系，可以看到除大湘西城市群的系数不显著外，其余区域的系数显著为正，区域系数显著为正意味着此区域城镇居民人均可支配收入水平的增长对区域经济增长有正向效应。农村地区人均可支配收入对区域经济水平增长的系数均不显著，而进出口贸易总额的系数均显著为正，出现此现象的原因可能是农村地区并非为我

国经济活动进行的主要地区，因此湖南省农村地区可支配收入水平与区域经济水平增长之间的效应不明显，但进出口贸易总额作为拉动经济增长的要素之一，能够显著增长区域经济水平。城镇化率中仅有湘南城市群的系数显著为正，表明城镇化率在湖南省区域经济增长中的效应并不明显。最后则是政府财政支出，湖南省整体、湘南城市群和大湘西城市群的系数显著为正，表明此地区的政府财政支出会对区域经济增长有着积极作用，而长株潭城市群和环洞庭湖城市群的系数为负且不显著，因此无法判断政府财政支出在长株潭城市群和环洞庭湖城市群区域经济水平中的作用方向。综合表 2. 10 的实证结果，由于关注研究的为湖南省普惠金融创新发展与区域经济水平之间的相互关系，因此表 2. 10 第一行的实证结果表示湖南省普惠金融创新发展对区域经济水平增长有正向作用。

2. 5. 2　湖南省普惠金融创新发展与减贫效应

在上一部分介绍了普惠金融创新发展与区域经济水平模型，此处是对湖南省普惠金融创新发展与减贫效应进行实证分析。与式（2 - 15）类似，进行 OLS 回归模型的建立，模型的表达式见式（2 - 16），与式（2 - 15）有区别的是被解释变量以及控制变量的选择。式（2 - 16）选择的被解释变量为农村地区居民人均可支配收入水平，控制变量在此不做赘述，同样选择固定效应进行实证分析，具体分析的结果见表 2. 11。

$$\text{In}\ (urban_{i,t}) = \beta_0 + \beta_1 \text{Inifi}_{i,t} + \beta_2 control_{i,t} + \mu_i + \varepsilon_{i,t},\ \varepsilon \sim N\ (0,\ \sigma_{i,t}) \quad (2-16)$$

表 2. 11　普惠金融创新发展与区域减贫效应实证研究结果

	湖南省	长株潭	环洞庭湖	湘南	大湘西
lnifi	0. 0396 **	0. 0232 **	0. 0775 **	0. 0901 *	0. 0677 ***
	(2. 46)	(1. 04)	(2. 75)	(2. 02)	(3. 21)
lnpgdp	0. 00754	0. 950 ***	0. 187	0. 770 *	-0. 0952
	(0. 05)	(3. 49)	(0. 46)	(1. 93)	(-0. 53)
lncity	0. 347 ***	0. 0393	0. 673 ***	0. 697 **	-0. 0261
	(3. 44)	(0. 44)	(3. 20)	(2. 18)	(-0. 09)

续表

	湖南省	长株潭	环洞庭湖	湘南	大湘西
lncityzen	-0.00118 (-0.08)	-1.164 (-1.35)	0.739 (0.73)	-0.0103 (-0.56)	2.131 *** (3.72)
lnexport	-0.00834 (-0.37)	0.0666 (1.17)	-0.00577 (-0.12)	0.0462 (0.64)	-0.0332 (-1.36)
lngov	0.602 *** (6.39)	0.373 ** (2.33)	-0.0674 (-0.25)	1.198 *** (5.08)	0.318 (1.67)
_ Cons	2.311 ** (2.18)	1.080 (0.45)	-1.835 (-0.65)	3.083 (1.65)	0.468 (0.27)
R^2	0.942	0.982	0.974	0.931	0.979
N	126	27	27	27	45

表 2.11 为普惠金融创新发展与区域减贫效应实证研究结果，分别展示了湖南省整体、长株潭城市群、环洞庭湖城市群、湘南城市群和大湘西城市群区域普惠金融创新发展与减贫效应之间的关系。从表中第一行可以看到，湖南省整体、长株潭城市群、环洞庭湖城市群、湘南城市群和大湘西城市群的普惠金融指数系数显著为正，表明在这些区域中普惠金融创新发展能够有效地缓解区域内的贫困现象。表 2.11 第二行为地区人均生产总值与减贫效应之间的相互关系，可以看到除长株潭城市群和湘南城市群的系数显著为正外，其余区域系数有正有负但均不显著，此时的实证结果表明，在构建的模型中地区人均生产总值对长株潭城市群和湘南城市群减贫工作有着积极作用。表 2.11 第三行为城镇居民人均可支配收入与减贫效应之间的相互关系，可以看到除长株潭城市群和大湘西城市群的系数不显著外，其余区域的系数显著为正，区域系数显著为正代表此区域城镇居民人均可支配收入水平的增长促进区域减贫工作的实施。城镇化率中只有大湘西城市群的系数显著为正，其余地区的系数有正有负但均不显著，因此城镇化率在区域减贫工作起到积极作用的只有大湘西城市群。进出口贸易总额中系数均不显著，这与表 2.10 中的实证结果不同，因此无法判断进出口贸易总额在区域扶贫工作中起到的作用。最后则是政府财政支出，湖南省整体、长株潭城市群和湘南城市群的系数显著为正，表明此地区的政府财

政支出会对区域扶贫工作有积极作用，而环洞庭湖城市群和大湘西城市群的系数有正有负但均不显著，因此无法判断政府财政支出在环洞庭湖城市群和大湘西城市群区域扶贫工作中的作用方向。综合表 2. 11 的实证结果，由于关注研究的为湖南省普惠金融创新发展与区域扶贫之间的相互关系，因此表 2. 10 第一行的实证结果表示湖南省普惠金融创新发展对区域扶贫有着积极的作用。

2.5.3 湖南省普惠金融创新发展与收入差距

由于此部分研究分析的是湖南省普惠金融发展水平与城乡收入差距之间的关系度量，首先需要对城乡收入差距进行计算。城乡收入差距（GAP）作为研究所需的被解释变量，受到多种变量的作用。度量城乡收入差距的办法大体上分为两种：第一种是采取基尼系数来度量城乡收入差距，基于洛伦兹曲线判断收入平等，基尼系数是国际上通用的度量指标，基尼系数趋近于 0 表示收入分配越趋向平等，基尼系数趋近于 1 则表示收入分配极其不平等。第二种是采用信息论中常用的熵概念来计算收入差距，由于是泰尔 1967 年首次使用，所以又称为泰尔指数，度量城乡收入差距的泰尔指数计算公式如下：

$$GAP_t = \left(\frac{p_{1,t}}{p_t}\right) In\left(\frac{\frac{p_{1,t}}{p_t}}{\frac{z_{1,t}}{z_t}}\right) + \left(\frac{p_{2},\ t}{p_t}\right) In\left(\frac{\frac{p_{2,t}}{p_t}}{\frac{z_{2,t}}{z_t}}\right) \qquad (2-17)$$

公式 2 - 17 中，p_t 表示居民在时期 t 内的可支配收入，z_t 表示 t 时期的人口总数；$p_{1,t}$、$p_{2,t}$表示的是城镇居民和农村居民的可支配收入；$z_{1,t}$，$z_{2,t}$分别表示城镇和农村的总人口数。计算居民收入差距的另一种方法也是使用较为广泛的计算方法——分组计算法，类似于定积分定义计算积分的方法，在 x 轴上寻找 n 个分点，将洛伦兹曲线下方的曲线划分为 n 等分，每部分以直方代替曲边计算近似面积。计算收入差距时基尼系数将收入人群进行划分，由基尼系数计算方法可知，基尼系数对中间收入人群的收入水平很敏感，而对低收入和高收入人群则不能很好地度量收入差距。泰尔指数不仅能计算城乡收入差距之比，还能对城乡人口结构进行度量，综合考虑了人口结构和城乡收入双重因素，能够很好地度量基于城乡二元结构下的收入差距变化，因此我们选择泰尔指数作为度量城乡收入差距的测度方法。将城乡收入差距纳入研究模型中得到式（2－18），由于泰尔指数的计算涉及城乡居民人均可支配收入和城镇化率等相关指标，因此在控制变量的选择中需要对以上变量进行剔除，使用地区人均生产总值（PGDP）、进出口贸易总额（Export）和政府财政支出（Gov）作为控制变量，实证结果见表 2. 12。

$$\text{In}\ (GAP_{i,t}) = \beta_0 + \beta_1 \text{In}ifi_{i,t} + \beta_2 control_{i,t} + \mu_i + \varepsilon_{i,t},\ \varepsilon \sim N\ (0,\ \sigma_{i,t}) \tag{2-18}$$

表 2. 12 普惠金融创新发展与城乡收入差距实证研究结果

	湖南省	长株潭	环洞庭湖	湘南	大湘西
lnifi	-0. 0167 *	0. 0048 *	-0. 0267 *	-0. 0620 *	-0. 0363 **
	(-0. 57)	(1. 92)	(-1. 91)	(-1. 89)	(-2. 35)
lnpgdp	0. 00369	-0. 296	-0. 0941	-0. 0404	-0. 126
	(0. 02)	(-0. 85)	(-0. 67)	(-0. 26)	(-0. 94)
lnexport	-0. 0140	-0. 160 *	-0. 0389 *	0. 0219	0. 00401
	(-0. 75)	(-2. 23)	(-1. 87)	(1. 03)	(0. 22)
lngov	-0. 0624 *	0. 274	-0. 214 **	-0. 361 ***	-0. 353 ***
	(-0. 67)	(1. 28)	(-2. 22)	(3. 66)	(-3. 70)
_ Cons	4. 950 ***	14. 05	2. 711 **	-11. 63 ***	3. 877 ***
	(2. 69)	(1. 63)	(2. 42)	(-8. 04)	(4. 10)
R^2	0. 966	0. 902	0. 958	1. 000	0. 954
N	126	27	27	27	45

表 2. 12 为普惠金融创新发展与城乡收入差距实证研究结果，分别展示了湖南省整体、长株潭城市群、环洞庭湖城市群、湘南城市群和大湘西城市群区域普惠金融创新发展与城乡收入差距之间的关系。从表中第一行可以看到，湖南省整体、环洞庭湖城市群、湘南城市群和大湘西城市群的普惠金融指数系数显著为负，表明在这些区域中普惠金融创新发展能够有效地缓解区域内的城乡收入水平差距。在表 2. 12 中第一行的长株潭城市群实证结果中，可以看到长株潭城市群的普惠金融创新发展系数显著为正，有

异于其他地区的实证结果，表明普惠金融创新发展对长株潭城市群中的收入水平差距有细微的正向作用，出现此情况的原因可能是长株潭城市群作为湖南省经济政治文化中心，城乡区域经济水平发展不均衡以及金融资源投入资源分布不均造成了城乡收入差距的再次扩大。表 2.12 中第二行为地区人均生产总值与城乡收入差距之间的相互关系，可以看到此部分系数均不显著。在表 2.12 进出口贸易部分，长株潭城市群和环洞庭湖城市群的系数显著为负，其余地区的系数均不显著，这表明在长株潭城市群和环洞庭湖城市群中进出口贸易能够缩小城乡收入差距。长株潭城市群对进出口贸易的需要为区域内居民提供了更多就业岗位从而缩小了区域城乡收入差距，而环洞庭湖城市群则是受地理区位条件影响，因为环洞庭湖城市群是湖南省进出口贸易往来较为频繁的区域，因此能够创造新的区域就业从而缩小城乡收入差距。最后则是政府财政支出部分，除长株潭城市群的系数不显著外，其余地区系数显著为负，这表明政府财政支出能够降低区域城乡收入水平差距。

综合表 2.10 到表 2.12 的实证结果可以看到湖南省区域普惠金融创新发展在区域经济水平、减贫以及收入差距中起到的效用，其中区域普惠金融创新发展能够促进区域经济水平增长，有效地缓解区域内低收入人群的贫困现象，缩小城乡收入差距。从经济、减贫、收入等角度分析湖南省区域普惠金融创新发展的三维效应，综合此三维效应表明普惠金融创新发展能够有效地促进此三维效应向着有利的方向发展。

2.6 结论与启示

本章首先从普惠金融服务的基础设施、使用情况、质量三个维度构建了湖南省普惠金融指标体系，并根据构建的指标体系收集相关数据进行湖南省区域普惠金融发展水平的测度。综合湖南省 2011—2019 年普惠金融发展的测度结果，湖南省普惠金融在 9 年时间内经过一段快速发展的时期，截至 2019 年湖南省普惠金融发展已经达到较高的水平。接着对湖南省普惠金融发展的空间动态分布分别进行了湖南省整体和区域研究，根据已建立的指标体系分别计算了湖南省区域普惠金融发展水平，然后是按照湖南省经济区域划分标准对湖南省 14 个市（州）进行区域普惠金融发展水平研究，研究结果表明湖南省区域普惠金融发展水平的高低依次为长株潭城市群、湘南城市群、环洞庭湖城市群和湘南城市群。紧接着是进行非参数评估，对湖南省四大城市群使用高斯核函数分别按照时间和空间两个维度对湖南省普惠金融发展的空间动态分布进行分析，非参数估计方法分析结果与前文的测度结果一致。其次是对湖南省普惠金融发展进行收敛性研究，在进行收敛性研究之前使用莫兰指数证实了湖南省普惠金融发展水平有着空间相关性，同时也证实了区域普惠金融发展存在溢出效应，根据空间计量模型构建了 β 条件收敛的空间滞后模型（SLM）和空间误差模型(SEM)，实证的结果也表明湖南省普惠金融发展水平存在 β 条件收敛现象。最后则是分析了普惠金融创新发展带来的三维效应，从经济、减贫、收入效应三个角度出发，分析湖南省区域普惠金融创新发展带来的影响测度。其中区域普惠金融创新发展能够促进区域经济水平增长，有效地缓解区域内低收入人群的贫困现象，缩小城乡收入差距。从经济、减贫、收入等角度分析了湖南省区域普惠金融创新发展的三维效应，综合此三维效应表明普惠金融创新发展能够有效地促进此三维效应向着有利的方向发展。

基于以上研究结论主要提出几点建议，结论中的收敛性部分已经表明普惠金融发展与区域间自身属性特征相关，这与现实情况相符，即金融基础设施建设资源短板以及区域金融资源分配不均是普惠金融发展中不可避免的问题。因此需要对金融整体市场进行优化设计，努力健全金融制度以加强金融资源分配的公平性以及公开性，强化农村地区以及欠发达地区的金融能力水平建设，全面刺激普惠金融快速发展以降低金融服务的门槛，主要的建议如下：

首先是改善经济不发达地区的金融生态环境。金融生态环境在促进普惠金融创新发展过程中发挥着主体作用，金融扶贫是普惠金融发展的目的之一。经济欠发达地区尤其是农村地区金融生态环境的进一步改善会使得居民享受金融服务机会增加，对于农村地区的金融生态环境建设以保障性金融为主，商业险金融为辅，以金融生态环境发展较好的地区带动金融生态环境欠发达地区，在保障此类地区基本生活条件后进一步提升居民收入，缓解此类地区的生存问题和生活问题，增加弱势群体享受金融服务的机会和渠道，高效利用货币政策工具快速获得农村金融发展资源，在一定程度上降低涉农、扶贫等普惠金融政策落实的监管要求，进一步刺激金融主体积极开展普惠金融业务，最终促使区域普惠金融发展水平趋向平稳。

其次是在发挥普惠金融优势地区表率作用的同时加强区域间协作水平，不仅可以为本区域内的普惠金融发展提供动力支持，还可以刺激区域外普惠金融的建设情况，尽量避免因普惠金融资源竞争造成的恶劣影响。此外需要加强金融人才培养制度，普惠金融的发展离不开金融人才的支持。相比发达地区，湖南省现有的经济水平以及相关人才政策很难吸引金融人才聚集，因此湖南省现有金融人才资源的储备较低。要想提高湖南省金融人才资源水平，应当注重金融人才的培养工作，省内高校积极与相关金融部门共同开展金融人才培养，同时重视人力资源的开发，提高从业人员素质。政府应当发挥引导作用，继续优化金融市场就业环境，强化金融人才公共服务职能，完善金融人才引进政策。对引进的高端、领军金融人才予以较大力度的政策支持，在落户、就医、子女就学等方面提供便利和帮助。此外湖南省政府需要制定相应的人才引进政策，吸引金融专业应届生留湘就业。

最后则是因地制宜根据湖南省各区域的特性制定有针对性的普惠金融发展政策，湖南省农村地区和城市地区普惠金融资源分布不均衡已经是事实，所以需要将普惠金融建设中心向农村地区偏移，降低农村地区金融服务门槛，适时地降低涉农、扶贫等普惠金融门槛，进一步刺激农村地区积极开展普惠金融业务，以期达到普惠金融增加农村地区贫困居民的收入水平的目的。

此外对湖南省四大城市群普惠金融发展水平以及收敛性研究表明，长株潭城市群、湘南城市群和环洞庭湖城市群的普惠金融发展水平较高，且各自区域内制约普惠金融发展水平的要素条件差别不大，因此在这三大区域内需要重点加强普惠金融创新发展机制，而大湘西城市群目前的普惠金融水平相对于前者而言比较低，故在大湘西城市群中需要继续加强普惠金融发展，湖南省普惠金融建设工作重心同时也向大湘西城市群做出一定的偏移。

参考文献

[1]Arora RU,2010. Measuring Financial Access[J]. *Griffith University*, Discussion Paper in Economics,(7).

[2]Gupte R, Venkataramani B, Gupta D, 2012. Computation of Financial Inclusion Index for India[J]. *Social and Behavioral Sciences*,(37).

[3]Germana Corrado, Luisa Corrado, Inclusive Finance for Inclusive Growth and Gevelopment[J]. *Current Opinion in Environmental Sustainability*,2017,24.

[4]Islam, Ezazul (2015). Inclusive Finance in the Asia - Pacific Region: Trends and Approaches. MPDD Working Paper WP/15/07.

[5]Imboden, Kathryn. "Building Iinclusive Financial Sectors: The Road to Growth and Poverty Reduction." Journal of International Affairs 58, No. 2 (2005): 65 - 86.

[6]Cournede, Boris and Denk, Oliver and Hoeller, Peter, Finance and Inclusive Growth (June 1, 2015). OECD Economic Policy Paper, No. 14.

[7]陈啸,陈鑫．普惠金融数字化对缩小城乡收入差距的空间溢出效应[J]．商业研究,2018(8):167 - 176.

[8]李志军,张名誉．普惠性金融发展与收入差距的非线性关系研究[J]．统计与决策,2015(22):158 - 161.

[9]杨文华．普惠金融视角下的农村金融发展与城乡收入差距关系研究[J]．统计与决策,2016(17):164 - 166.

[10]顾晓安,庄晓栋,沙一心．普惠金融发展对城乡居民收入差距的影响研究——基于我国省级面板数据的门槛效应分析[J]．海南金融,2019(7):3 - 13.

[11]熊军凯．普惠金融发展对湖南省城乡收入差距的影响研究[D]．长沙:湖南大学,2019.

[12]戴云龙. 湖南省普惠金融发展对城乡收入差距影响研究[D]. 长沙:湖南大学,2018.

[13]王清扬. 湖南省金融发展对城乡收入差距的影响研究[D]. 长沙:湖南师范大学,2019.

[14]吴刚. 湖南省农村金融发展对城乡收入差距影响分析[D]. 长沙:中南林业科技大学,2015.

[15]孙慈航. 区域普惠金融发展的差异与收敛性研究[D]. 哈尔滨:哈尔滨工程大学,2018.

[16]丁李平. 中国普惠金融发展的空间分布及收敛性研究[D]. 长沙:湖南大学,2019.

[17]胡宗义,丁李平,刘亦文. 中国普惠金融发展的空间动态分布及收敛性研究[J]. 软科学,2018,32(9):19-23.

第3章　湖南省村镇银行发展现状统计考察

村镇银行是农村金融的新兴力量，在填补农村金融服务空白、缓解县域信贷供求矛盾、推动城乡普惠金融等方面具有独特优势和关键作用。随着中国金融市场基础建设不断增强，交易和监管机制不断完善，金融已然成为市场经济的重要组成部分，是推动经济发展的关键所在。相比于城市的金融发展水平而言，我国农村地区的金融业普遍存在着发展缓慢、资金供给不足、人员服务水平不高以及金融生态环境滞后等问题。为推动社会主义新农村建设，实现全面小康社会的发展目标，中央从多方面对农村金融市场进行改革，以此来提高农村地区的金融发展水平。在此背景下，村镇银行作为提高农村金融服务质量的重要举措而出现在大众面前，村镇银行的产生不仅体现了中央对农村金融领域的高度重视，同时也丰富了农村金融市场体系，进一步推动了农村经济的健康可持续发展。随着村镇银行试点措施在全国范围内开展，湖南省于2008年3月开始建设第一家村镇银行，湖南省村镇银行开始进入发展进程。

湖南省第一家村镇银行于2008年3月26日在湘乡市成立，名称为湘乡市村镇银行。根据湖南省村镇银行协会数据显示，到2019年底，湖南省共有59家村镇银行，包括近两年新成立的中方新阳村镇银行、沅陵新阳村镇银行、蓝山神农村镇银行等。从2008年到2020年，湖南省村镇银行经历了12年的发展，已经基本覆盖了湖南省各个区县。但相对于我国成熟的金融市场体系来说，村镇银行属于新生事物，仍然存在着许多问题有待解决，如银行市场定位不明确、硬件设施不完善、缺乏大众认知度等难题。尤其是湖南地区的村镇银行发展环境十分复杂，不仅有国有的商业银行、邮政储蓄银行和农村商业银行（以前称为农村信用社）与其竞争，还面临着资金来源不足的窘境。本章基于这样的环境背景下，对湖南省村镇银行的发展现状进行统计研究，旨在为湖南地区村镇银行未来的健康发展提供理论支撑，使其在金融市场中具备一定的核心竞争力，与此同时为政府以后的政策制定提供相关依据。

3.1 中国村镇银行发展沿革

3.1.1 村镇银行的内涵

中国银行业监督管理委员会于2007年1月正式发布了《村镇银行管理暂行规定》，该规定中包含了村镇银行的具体定义、成立需要满足的条件以及银行业务范围等各项管理条约。文件还指出，村镇银行的正式成立需要中国银行业监督管理委员会的批准以及符合国家和当地的法律条文规定，银行出资人可以是境内自然人、境内非金融机构的企业法人以及境内外的金融机构。村镇银行的主要服务区域在农村地区，机构设立在农村，区别于一般商业银行设立在农村地区的分支机构，村镇银行拥有一级法人资格，目的是盈利，服务对象是农民、农业发展、农村经济发展。

在《村镇银行管理暂行规定》中，村镇银行的设立需满足以下条件：

一是村镇银行设立地点只能是县（市）和乡（镇）两级行政区域，开展存款贷款等业务的行政区域也只能是县（市）级以下行政区域。

二是放宽注册资本最低限额，全国性的商业银行最低限额为10亿元，城市商业银行的最低资本也要1000万元，而在村镇等地区建立村镇银行其注册资本最低为100万元，在县、市区域设立村镇银行其最低资本为300万元，降低了村镇银行的入门资本。

三是关于股权的设立，村镇银行的股权结构呈现出多元化的特征，简单来说，由于村镇银行的出资人条件非常宽松，无论是境内自然人、境内非金融机构的企业法人，还是境内外的金融机构都可以成为村镇银行出资人。但规定中指出，只有银行业金融机构才能成为最大股东或主发起人；

坚持股权分散，发起人及大股东必须为银行业金融机构，持股比例必须大于等于 20%，其他单一自然人股东持股比例需满足小于等于 10%（见表 3.1）。

表 3.1　村镇银行的设立条件

建立村镇银行的具体区域	镇、乡、县、市四个区域
注册资本	村镇等地区建立村镇银行其注册资本最低为 100 万元
	县、市区域设立村镇银行其最低资本为 300 万元
经营管理范围	存款、贷款服务
	经营国内结算，办理同业拆借
	代理发行、兑付、收付款业务
	办理银行卡业务
	国家债券服务、保险业务
	银保监会中规定的其他业务
股权设置	放宽出资人条件，股权分散
	最大股东和发起人所持股份占总股本的比例必须在 20% 以上（含 20%）
	自然人股东持股比例不高于 10%

规定中还给出了村镇银行具体的业务范围，包括银行基本的存贷款业务，吸收存款，发放长期、中期、短期贷款；可经营国内结算业务，办理同业拆借业务；可办理票据贴现以及承兑业务；用户可在村镇银行办理银行卡业务、保险业务；办理代收款付款业务；办理政府债券发行、兑付和承销业务等。与此同时，按照银监会及国家的相关规定，村镇银行可以代理如政策性银行、村镇银行、证券公司、保险公司等其他金融机构的业务。

3.1.2　村镇银行的特点

自 2007 年 3 月中国第一家村镇银行四川仪陇惠民村镇银行建立以来，后续成立的村镇银行多数是由大型国有商业银行、农村商业银行、城市商业银行等金融机构发起，同时也包括企业法人与自然人作为出资人。村镇银行与股份制商业银行类似，是自主经营、自负盈亏的金融机构，是独立的企业法人。但与传统的商业银行经营管理模式相比较而言，村镇银行的市场定位主要是县、镇区域，服务于基层农村金融市场。其主要特点有以下几点：

（1）属于商业性质的金融机构

村镇银行属于新型农村金融机构，与传统的贷款机构和农村资金互助社比较而言，村镇银行性质定位为股份制的银行类金融机构，具有大数额的注册成立资金，业务范围十分广泛，政策性的推广信用贷款，降低了商业风险。此外，与其他股份制银行类金融机构类似的是，村镇银行以营利为目的，属于商业性质的金融机构。

（2）扁平化的治理模式

村镇银行属于单独的企业法人，明确了银行内部各管理层次的责任和权力分布，规定董事会在做相应的市场决策时需满足一定的规则和程序。扁平化的管理模式要求村镇银行只成立董事会，其他管理部门根据相应的市场条件、运营背景来成立，这种能大大提高银行主观能动性的商业治理模式不仅能够提高内部管理效率和管理层的应变能力，也能够让村镇银行更快地满足当地的社会需要，使产品服务更加贴近当地的实际情况，有利于实现“支农支小”这一目标。治理结构扁平化还可以有效监管行内管理人员的行为，有利于完善村镇银行治理体系，保证村镇银行的可持续发展。

（3）经营模式灵活多样

村镇银行是以“支农支小”的服务模式而成立的，因此具有灵活多样的经营管理模式，村镇银行比一般的商业银行对当地的金融需求更为了解，这样就降低了金融信息的收集成本。此外，因为村镇银行具有自身机构小、经营模式与决策机制灵活多样的优势，能够结合当地实际需求，提供有效的金融服务，促进农业与农村的经济发展。

（4）村镇银行属于基础农村金融市场

村镇银行主要建立在县、镇地区，服务对象为农村地区的中低收入、贫困居民或者是小微型企业，为当地“三农”服务。村镇银行的放贷原则为“小额，分散”，对同一借贷者，规定其贷款余额不得超过资本净额的

5%，对同一集团企业客户，规定其授信余额不得超过资本净额的10%。

3.1.3　村镇银行设立的意义

完善农村地区的基础金融市场，不仅需要国家层面的政策导向，还需要各领域的大力支持。村镇银行的成立是中国基础金融市场的创新突破，从十几年的实践成果来看，有效提高了农村地区的金融发展水平，补全了农村金融服务市场体系的缺陷，增加了农村地区金融市场的资金涌入数额，其设立对中国金融业，尤其是对农村金融市场有着极其重要的意义。

完善湖南省农村地区金融市场资金短缺的问题。农村地区的“三农”问题一直是国务院的首要关注焦点，带动农村地区经济的发展离不开资金的流入。从暂行规定给村镇银行的设立条件来看，服务农村基层地区的金融市场是其市场定位，目的是为农村金融提供资金，改善农村资金短缺的状况，推动湖南省中小企业发展，在一定程度上缓解农村地区发展的金融需求，解决湖南省农村金融供给不足的现实窘境。

规范湖南省农村地区民间资金的运行渠道。阻碍农村地区快速发展的首要问题是资金短缺，这个现实问题催生出许多不合理的民间借贷机构，由于缺乏统一管理，民间资金的借贷关系十分复杂、混乱。村镇银行的设立打破了长久以来的资金乱流现象，带动了一批社会资本涌入农村金融市场，民间资本从此可以借助村镇银行这一正规机构来进行相关的金融活动，合理引导民间资本流向农村地区，改善了农村地区资金不足的状况，促进了农村经济的发展。

提高湖南省农村地区金融市场活力度。在村镇银行未建立前，农村信用合作社（现称农村商业银行、农村合作银行）是农村地区唯一的银行类金融机构，也是一直以来农村金融改革的重点改造对象。但从近些年来国家对农信社的改革结果来看，对农村基础金融市场起到的正向作用并不太大。对于这种结果，有关学者分析是因为农信社长期以来在农村地区处于银行类金融机构的垄断地位，缺少“竞争对手”，导致农信社改革成效并不显著。而村镇银行的加入犹如在满桶的沙丁鱼中加入一条鲶鱼，给农村地区的金融机构注入了新活力，提高了农信社的改革动力。村镇银行作为新型的银行类机构，它的加入必将给农信社带来压力，从而会加快农信社的改革步伐，提高农村金融市场的竞争性，完善农村金融体系。

促进湖南省农村地区金融改革。近些年来，我国经济快速发展，农民收入水平不断提高，随之而来的是对农村地区金融产品服务体系的不断完善。相比于城市金融，农村金融还存在许多缺点，比如，农村金融网点布局不合理、银行类机构覆盖率普遍偏低、缺失创新改革动力、竞争体系不完善等。村镇银行作为农村金融市场改革的重大突破手段，具有资金来源灵活、准入门槛低、经营管理模式灵活、治理结构扁平化等特点，可以从根本上完善农村金融体系，为农村金融注入新鲜血液，加快农村金融改革的步伐。

加快湖南省农村地区新农村建设。2005 年，中国共产党十六届五中全会《关于制定国民经济和社会发展第十一个五年规划的建议》中指出，要扎实推动社会主义新农村建设。国家政策导向让人民越来越关注农村地区的全方位建设，而村镇银行的出现更是近些年来我国农村金融改革的创新之举，因此村镇银行受到了社会各界人士的普遍关注。从第一家村镇银行建立以来，对农村基层金融市场产生了巨大影响。它不仅完善了农村金融市场体系，提高了农民收入水平，给农民生活带来了新的活力，还积极推动了农村地区的经济发展，大大提高了农民群众的幸福感。

3.1.4 村镇银行发展的相关理论

（一）农业信贷补贴理论

农业信贷补贴理论是 20 世纪 80 年代以前处于主导地位的农村金融理论，该理论指出，由于农村地区多数农民尤其是贫困农民没有家庭积蓄，缺乏偿还能力，导致传统的商业银行不愿为他们提供借贷服务。基于当时的背景，为解决农村地区资金不足的问题，国家层面需建立专业的金融服务机构，以低于市场的利率来对农村地区实行资金投入，以满足农村经济发展的资金需求。在 20 世纪 60 年代到 70 年代间，多数发展中国家都以农业信贷补贴理论为农村金融政策制度的指导背景理论，在一定程度上促进了农村地区金融市场的有效发展，解决了农民收入过低的问题。但是，该理论未从根源上解决农村地区资金短缺的问题，外部地区的资金涌入只是让农村金融市场暂时地缓解了资金问题，但随之而来的依赖过度、资金利用率不足、不良贷款多等问题，浪费了大量的资金，导致农村金融发展陷入困境。该理论验证了中国一句老话，它只做到了授人以鱼，没有做到授人以渔。最终结果是农民抵触商业性金融机构进入农村金融市场，所以不能形成一个合理的农村金融体系，也就无法从根本上解决农村地区资金短缺的问题。通过研究农业信贷补贴理论，我们可以看出，湖南省村镇银行在信贷配给中存在问题，并找到解决对策，实现资源有效配置，不断健全完善了湖南省农村金融市场。

（二）农村金融市场论

20 世纪 80 年代以后，市场上开始抵制政府干预农村经济的政策，兴起崇尚自由价值观的自由主义思想，恰逢当时的美国斯坦福大学经济学教授罗纳德·麦金农和爱德华·肖在 1973 年提出金融深化理论，强调由市场自发形成利率，解除对金融机构和金融市场的严格营制，全面实行金融自由化。结合这两种实际背景，农村金融市场理论以金融深化理论为基础，开始逐渐取代有缺陷的农业信贷补贴理论，该理论强调的是市场机制，甚至是完全依赖市场机制，极力反对政策性金融对市场的扭曲，特别强调利率的市场化。该理论还认为，利息补贴应对补贴信贷活动的一系列缺陷负责，而利率自由化可以使农村金融中介机构补偿其经营成本。这样就可以要求它们像金融实体那样运行，承担适当的利润限额；利率自由化也可以鼓励金融中介机构有效地动员农村储蓄，使它们更加不依赖于外部的资金来源，同时更尽责地去管理自己的资金。

（三）不完全竞争市场理论

1990 年的东南亚金融危机让人们开始意识到，单纯地靠市场调节是不正确的金融市场管理模式，人们开始重新思考政府干预与市场调节之间的内在联系。最终认为在出现市场调节失灵的情况下，加入政府干预才是最为明智的做法，这就是不完全竞争市场理论的产生背景。该理论认为，作为不完全竞争市场，农村金融市场上存在着信息不对称现象，金融机构无法完全了解农民的信息，导致市场失灵，所以需要政府在适当的时候进行干预，政府干预只是一种补充手段，不能取代市场自身调节作用。

3.1.5 湖南省村镇银行发展历程

（一）试点探索期（2008 年 3 月—2009 年 10 月）

2006 年村镇银行第一批试点在四川、湖北等地开始实施，湖南省作为全国的农业大省，农村地区的经济发展十分缓慢，为推进社会主义新农村建设，解决地区资金不足的问题，湖南省于 2008 年初，在湘乡、桃江、祁阳以及韶山四个地区试点建设村镇银行，详情见表 3.2。

表 3.2 湖南省试点的 4 家村镇银行基本情况

银行名称	具体成立时间	注册资本（万元）	主发起行	主发起行出资（万元）	主发起行所占比例（%）
湘乡市村镇银行	2008. 03	4900	湘潭市商业银行	2550	52. 04
桃江建信村镇银行	2008. 12	5000	中国建设银行	2550	51
祁阳村镇银行	2008. 12	5000	长沙银行	2550	51
韶山光大村镇银行	2009. 10	5000	中国光大银行	3500	70

自湖南省 4 家试点村镇银行成立以来，各银行均按照暂行规定，积极服务于“三农”对象，探索社会主义新农村下的金融市场机构特点，结合当地的经营模式，推广相应的金融产品，努力实现商业与服务“三农”可持续发展的双重目标。4 家试点银行从建立到 2009 年末，总计贷款数额 6. 13 亿元，其中涉农贷款 3. 24 亿元，占贷款总额的 52. 85%。从数据中可以看出，4 家银行业务范围多数围绕“三农”服务，尤其是韶山光大村镇银行涉农贷款达到总贷款比例的 97. 06%。截至 2009 年末，4 家试点银行不仅为湖南省后续村镇银行的筹建起到了很好的模范带头作用，还进一步带动农村地区金融市场的资金流入，促进了当地经济的发展。

(二)快速发展期(2009年11月—2012年)

湖南省村镇银行的试点成果丰硕,结合探索期的经验摸索,2009年底,湖南省政府决定扩大村镇银行的覆盖范围,大力推广村镇银行建设。截至2012年末,湖南省村镇银行数量已达到29家,注册资本总计超过18亿元。查阅湖南省村镇银行协会的数据,整理得表3.3。

表3.3 截至2012年末湖南省村镇银行成立信息

银行名称	成立时间	注册资本(万元)	成立地点
湘乡市村镇银行	2008年	4900	湘潭市
桃江中银富登村镇银行	2008年	5000	益阳市
祁阳村镇银行	2008年	5000	永州市
韶山光大村镇银行	2009年	5000	湘潭市
资兴浦发村镇银行	2009年	5000	郴州市
平江汇丰村镇银行	2010年	1000	岳阳市
湘西长行村镇银行	2010年	20000	湘西州
宜章长行村镇银行	2011年	20000	郴州市
汨罗中银富登村镇银行	2011年	10000	岳阳市
株洲县融兴村镇银行	2011年	5000	株洲市
耒阳融兴村镇银行	2011年	5000	衡阳市
常宁珠江村镇银行	2011年	5000	衡阳市
宁乡沪农商村镇银行	2011年	10000	长沙市
武冈包商村镇银行	2011年	6500	邵阳市
临武浦发村镇银行	2012年	5000	郴州市
衡阳县沪农商村镇银行	2012年	5000	衡阳市
沅江浦发村镇银行	2012年	5000	益阳市
涟源沪农商村镇银行	2012年	5728.35	娄底市
临澧沪农商村镇银行	2012年	5000	常德市
醴陵沪农商村镇银行	2012年	5000	郴州市
慈利沪农商村镇银行	2012年	5000	张家界市
永兴沪农商村镇银行	2012年	5000	郴州市
茶陵浦发村镇银行	2012年	5000	株洲市
澧县沪农商村镇银行	2012年	5000	常德市
石门沪农商村镇银行	2012年	5000	常德市

续表

银行名称	成立时间	注册资本（万元）	成立地点
桂阳沪农商村镇银行	2012 年	5000	郴州市
衡南浦发村镇银行	2012 年	5000	衡阳市
双峰沪农商村镇银行	2012 年	5000	娄底市
星沙沪农商村镇银行	2012 年	10000	长沙市

注：桃江建信村镇银行、汨罗国开村镇银行现已更名为桃江中银富登村镇银行、汨罗中银富登村镇银行。

从表 3.3 中可以看出，湖南的村镇银行由 2009 年的 4 家增加至 2012 年末的 29 家，3 年时间增加 25 家，平均每年新增 8 家村镇银行，数量在稳步提升中。这些村镇银行通过自身的优势，如贷款的发放速度快、运行迅速、决策制定与执行快速以及贷款利率低等，稳定地扎根于湖南省各个角落，进一步开拓了市场，提高了农村金融行业的服务能力，促进了农村地区基层金融市场的发展。

（三）发展停滞期（2013—2014 年）

根据湖南省村镇银行协会的官方数据，从 2013 年至 2014 年末，湖南省村镇银行未新增一家，稳定在 29 家，发展进入停滞阶段。原因之一是国家政策扶持力度不高。根据《村镇银行管理暂行规定》的设立要求，村镇银行的成立需要符合条件的银行金融机构发起。同时，银监会将村镇银行的设定地点定位在中西部以及欠发达的农村地区，导致大中型金融机构发起设立的热情不高。其次，在已经营业的村镇银行中，出现许多问题，如农村地区信用环境较差、贷款风险难以得到控制、资金来源不足、存款结构不平衡等。

（四）稳定发展期（2015 年至今）

随着国家对金融市场的规范化要求，国务院通过多次调整经济政策来不断完善金融市场，尤其在农村金融这一块。2014 年，中央一号文件中提到村镇银行相关发展的问题，文件中指出，要全面落实全国各市县村镇银行的覆盖问题，解决农村金融机构不足的缺陷。为响应国家政策导向，湖南省积极加快村镇银行的建设速度，计划于 2017 年实现村镇银行在各市县的全覆盖。

同时，文件中还为后续村镇银行的发展目标给出指导意见，也成为湖南省村镇银行的建设、服务指导支持。截至2019年底，湖南省已建立村镇银行59家，实现在13个市（州）的全覆盖，村镇银行在湖南省进入稳定发展模式。在已建立的村镇银行中，不仅包括了大型的商业银行，如城市商业银行、国有商业银行、农村商业银行等，还包括政策性银行等。同时，湖南省的村镇银行还将企业的资金收入与个人的收入结合起来，通过资金链接成立公司，如独资公司、股份制公司等。在2018年公布的湖南省统计年鉴中，2017年湖南省村镇银行本外币存款年末余额为492.9亿元，相比于年初增加了109.16亿元。村镇银行主要服务于经济能力较弱的村镇地区，为村镇经济的发展提供了强大助力，推动农村金融的快速发展。

3.2 湖南省村镇银行的发展存量与增量

3.2.1 湖南省村镇银行发展主要工作及成效

2006年末，国家开始重点关注农村基层金融市场的建设，并相应地放松政策条件，金融类机构开始大量涌入农村地区，与此同时，银监会正式发表了对村镇银行建设的相关意见，开始村镇银行的区域试点。将四川、湖北、吉林等省设为第一批试点省份，村镇银行的建立开始踏出第一步。随后，村镇银行试点推广，2007年已初步成立19家，2008年快速增加到91家，相比于2007年的成立数量，2008年村镇银行的成立速度是一次巨大的提升。到2009年，村镇银行的增长速度变得缓慢，在这一年间成立了57家，总数达到148家。截至2013年末，全国村镇银行总数达到1071家，其中开业的有987家，正在建立的有84家。同年，村镇银行已经全面覆盖全国31个省份，并已经在1083个县（市）成立了第一家村镇银行，占全国各县（市）的57.6%。截至2019年末，全国村镇银行组建数量达到1637家，开业数量1630家，覆盖了全国31个省份的1306个县（市、旗），县域覆盖率达70%，且新设机构主要集中在中西部地区。村镇银行资产负债规模增速居银行业首位。2018年和2019年末，全国村镇银行资产总额分别为1.51万亿元、1.69万亿元，负债总额分别为1.33万亿元、1.5万亿元，总资产、总负债两年的平均增速为14.52%、15.09%，较银行业金融机构整体平均增速分别高出3.9个和5.1个百分点，居传统银行业金融机构首位，整体发展态势良好。自2008年湖南省第一家村镇银行——湘乡市村镇银行成立以来，湖南省村镇银行发展方兴未艾，整体运行稳健，风险可控。

村镇银行“全覆盖”工作取得突破性进展。自2008年湖南省第一家村镇银行——湘乡市村镇银行成立以来，湖南省已开业、批筹和备案同意规划村镇银行共74家，覆盖87个县市，覆盖率100%。其中，新开业村镇银行1家，已开业村镇银行61家，覆盖68个县市；批筹村镇银行2家，覆盖8个县市。多次召开由怀化市及相关7个县政府、主发起行参加的“多县一行”制村镇银行试点推进会，监管约谈省联社、长沙农商行，强力推动全国首批试点且覆盖县域数量最多的怀化市洪江县“多县一行”制村镇银行的批筹；剩余11个县（市）村镇银行的设立规划全部获银保监会备案同意，实质启动组建9家。

业务规模稳步增长且结构进一步优化。一是经营规模企稳回升。资产、负债、贷款、存款总额分别为597.31亿元、517.11亿元、326.03亿元、470.75亿元，分别较年初增长7.15%、6.89%、13.57%、6.90%。二是回归信贷主业趋势明显。贷款占资产比例上升3.08个百分点，达到54.58%；存贷比上升4.07个百分点，达到69.26%。三是负债来源稳定性上升。储蓄存款余额增长20.72%，达到211.2亿元；储蓄存款占比上升5.13个百分点，达到44.86%。四是经营效益优于全国村镇银行整体水平。所有者权益、净利润分别为80.20亿元、6.74亿元，增长8.8%、13.57%，分别高于全国村镇银行平均水平2.85、12.82个百分点，开业一年以上村镇银行均实现盈利。

金融风险防控与处置成效明显。全省村镇银行资本充足率24.46%、不良贷款率1.27%、拨备覆盖率324.95%、逾贷比95.75%，分别优于全国村镇银行平均水平7.3、2.4、208.7、1个百分点。一是不良贷款“双降”。全年处置不良贷款3.58亿元，占新增不良贷款的101%。不良贷款余额4.14亿元、不良率1.27%，较年初分别减少0.12亿元、降低0.21个百分点，单体机构不良率均降至5%以下。二是重点机构风险有效化解。涟源沪农商村镇银行提升资本充足率9.6个百分点，达到9.9%；压降不良率3.71个百分点，达到2.79%，全面完成高风险机构处置。实时盯防武冈包商村镇银行，严防包商银行被接管后的次生风险。三是以专项整治促合规建设。开展巩固治乱象成果、案件警示教育等工作，组织全面自查、督查和对14家村镇银行开展现场检查，共发现问题308个、金额119.08亿元，整改率达到54.54%。

公司治理水平及能力有效增强。一是加强党的领导。推动60家村镇银行把党的领导写入章程。二是扎实开展股权与关联交易整治，共发现问题194个、涉及金额3.3亿元，整改率达到41.8%。严查徐四顺及其关联方违规入股行为，对1家违规村镇银行实施行政处罚20万元。三是稳步推进股权托管。23家村镇银行完成托管，36家村镇银行完成内部决策程序。四是科学审慎开展年度利润分配。提前介入指导村镇银行制定利润分配方案，引导3家机构降低分红比例。五是规范主发起行履职。对5家主发起行开展履职评价，提出监管意见46条；对上海农商行、中银富登等多家主发起行进行监管会谈。

“支农支小”服务质效持续提升。普惠型小微企业贷款、涉农贷余额分别为152亿元、134.89亿元，较年初增长12.54%、13%。积极参与“百行进万企”行动，对接企业709家，发放贷款1.3亿元。组织融资收费排查，共发现问题77个；推动村镇银行取消、精简、降低收费项目682个，减免利息、收费1.3万户1587.2万元，开展无还本续贷799笔15亿元。

3.2.2 村镇银行的总量规模

从2006年开始，为了促进村镇经济发展，建设新型农村，国家逐渐放宽了村镇银行的准入资格，为村镇银行的发展创造适宜环境。到了2008年初，村镇银行股份有限公司正式在湖南省湘乡市成立，开始对外营业。发展到2009年9月，这家银行通过取得金融许可证成为湖南省唯一一家获得金融许可证的村镇银行支行。截至2018年末，湖南省村镇银行的数量和规模均呈现出飞跃式增长，据有关数据显示已有59家银行营业机构，详情见图3.1、3.2所示（具体情况见附录1）。

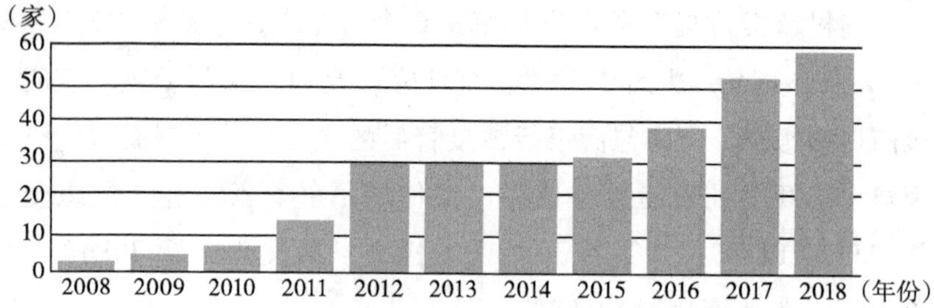

图3.1　2008—2018年湖南省村镇银行成立情况

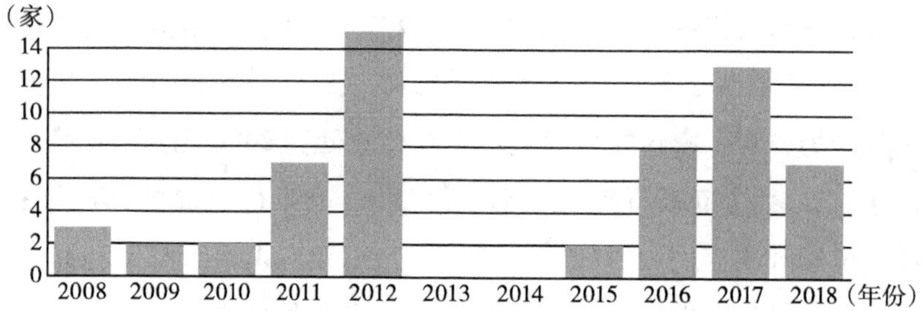

图3.2　2008—2018年湖南省村镇银行发展数量

3.2.3　湖南省村镇银行的地域结构

图3.3汇总情况所示，邵阳市和郴州市在2008—2018年建立村镇银行最多，数量为7家；其次为常德市，总数为6家；张家界市和湘西自治州数量最少，仅有1家。村镇银行在湖南省14个地级市均有覆盖。

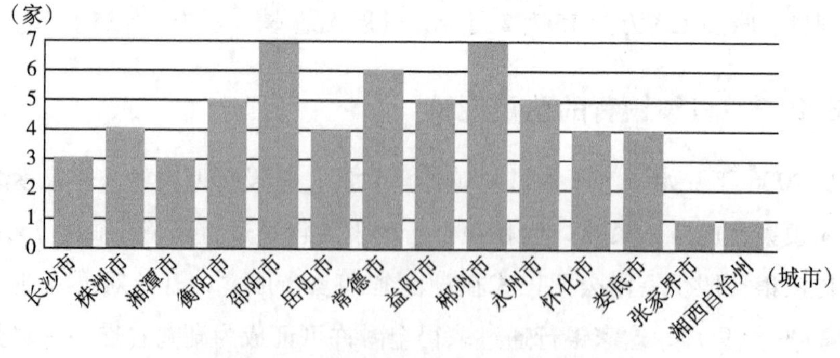

图3.3　湖南省村镇银行地域分布

3.2.4　湖南省村镇银行的主要问题及风险

稳健经营基础薄弱，可持续发展压力大。一是部分机构存款流失，资产负债增长不及预期。总资产、总负债增速分别低于全省银行业平均水平 2.15、2.39 个百分点，低于全国村镇银行平均水平 5.1、6.21 个百分点。10 家村镇银行存款流失超过一成，主要是对公存款。二是住房按揭贷款占比高，贷款增长动力不足。贷款增速同比下降 4.97 个百分点，新增贷款的 65.36% 投向住房按揭领域，住房按揭贷款余额 87.73 亿元，占贷款总额的 26.91%。19 家村镇银行住房按揭贷款占比超过 50%。三是盈利能力弱化，部分机构人员流失。拨备前利润为 11.50 亿元，较年初下降 13.40%。成本收入比上升 5.51 个百分点，达到 45.54%，高于全省银行业平均水平 11.54 个百分点。15 家村镇银行员工人数合计减少 33 人。

风险隐患底数不清，信用风险防控承压。一是贷款分类准确性不足。整体逾期 90 天以上贷款占不良贷款比例为 95.75%，高于全省银行业平均水平 18.99 个百分点。4 家村镇银行落实准确贷款分类要求不力、4 家村镇银行存在人为操作风险分类的问题。二是少数机构风险隐患加大。16 家村镇银行不良贷款“双升”；4 家村镇银行不良率超过 3% 的预警线；2 家村镇银行拨备覆盖率逼近监管红线；1 家村镇银行资本充足率不达标。三是贷款质量下迁压力大。逾期贷款余额 7.72 亿元，增长 6.53%。4 家机构关注类贷款占比超过 5%，其中 2 家超过 20%。

内控合规建设滞后，依法审慎经营意识淡薄。一是内控机制不健全。7 家村镇银行仍未设置相对独立的合规、风险、审计“三大”岗位。二是重点领域违规问题突出。普遍存在授信管理不到位、贷款三查不尽职等问题；个别村镇银行存在委托主发起行代开异地银行承兑汇票、未处置抵押物即核销不良贷款且关联关系人直接参与核销审批等问题。三是员工管理不到位。部分村镇银行员工合规意识淡薄，个别人员向关系人发放贷款，形成案件风险；个别人员涉毒被公安机关行政拘留。

业务结构问题突出，流动性风险隐患不容忽视。一是资产负债期限错配程度高。中长期贷款占比为 63.9%，活期及 1 年期以下定期存款占比达

80.27%，流动性水平低。二是资金来源依赖大额客户，稳定性低。储蓄存款占比低于农商行、全国村镇银行平均水平35.88、19.86个百分点；34家村镇银行最大十户存款占比超过50%；23家村镇银行核心负债依存度低于60%，而资金运用以贷款为主，变现能力差，可能会因少数大额存款客户流失而陷入流动性困境。三是大量存差资金集中存放他行，17家村镇银行同业单一客户大额风险暴露占一级资本净额的比例超过80%。

主体履职欠完善，公司治理有效性不足。一是股东和股权管理有待加强。部分村镇银行存在股东资质恶化且寻找合格股东难度大、使用非自有资金入股、主要股东参股村镇银行数量超过2家等问题。二是关联交易管理薄弱。部分村镇银行存在关联交易制度建设不完善、关联关系穿透识别不足、内部审计缺失等问题，少数村镇银行甚至通过不当关联交易进行利益输送。三是主发起行履职不规范。部分主发起行干预村镇银行自主经营；科技信息支撑不足，系统落后、功能薄弱；部分省内农商行重视不够，发起设立村镇银行发展不均衡。

市场定位存在偏差，“支农支小”有待进一步加强。一是未完成普惠型金融服务考核目标。普惠型小微企业、涉农贷款余额较年初增长12.53%、13%，分别低于各项贷款平均增速1.04、0.57个百分点。二是特色指标不及全国平均水平。贷款占资产比、存贷比分别低于全国村镇银行平均水平8.18、9.27个百分点；户均贷款37.90万元，高于全国村镇银行平均水平的4.50万元。三是民营及小微企业服务政策执行不力。3家村镇银行未落实尽职免责和容错纠错机制；个别村镇银行未设置民营和小微企业不良贷款容忍度。

3.3 湖南省村镇银行发展的影响因素分析

改革开放以来，我国农村金融经历过多次改革，目前逐渐形成了农业银行、农村商业银行、邮政储蓄银行、村镇银行等组成的农村金融体系，村镇银行作为新型金融机构，旨在解决农村消费者借贷需求，增加农村商品流通贷款，最终帮助广大农民通过创业发展来增加收入，拉动内需，从根源上来解决社会产能过剩问题。对此，研究分析村镇银行中的影响因素就显得尤为重要。本小节将会从村镇银行的内外影响因素出发，分析村镇银行在发展过程中所遇到的制约因素。

3.3.1　村镇银行发展的内在制约因素

（一）村镇银行设立发起行的制约

《村镇银行管理暂行规定》中要求，村镇银行的发起者必须为银行机构，也就是说，许多民间资本以及实体企业不满足发起条件，村镇银行成立资金受到限制，阻碍了其数量发展。因此，未来能否按照公平原则，放宽主发起行的条件，让其他金融资本、证券机构、保险机构参与到村镇银行的主发起人行列将是村镇银行普及化的因素之一。

（二）村镇银行法人管理权制约

村镇银行管理跟多数金融机构银行类似，均按照《公司法》和监管部门的要求进行法人治理建设。但不同的是，由于主发起行强大的资金影响，村镇银行独立法人的决策权力无法体现出来，往往一项决策会受到发起银行与其他股东的场外干扰，甚至有部分村镇银行在董事会名额分配、产品服务方面很难与主发起行形成统一意见。因为主发起银行的地位过于强势，对于其他股东而言，村镇银行的管理属于完成“政治任务”，对其发展前景不甚关心，无法调动管理层的积极性。

（三）村镇银行的政策扶持制约

村镇银行的服务对象在农村偏远地区，产品目标为“三农”群体。建立初期，在政策扶持的力度下，村镇银行管理层能够坚持以“服务三农”为宗旨，严格执行有关政策与法规。随着时间进程的加快，村镇银行的产权结构过于复杂，包含了各种资本，如国内外银行资本、国内产业资本与民间资金，它们投资的目的在于获取高额利润。而偏远地区的农民作为弱势群体，农业是最为弱势的产业经济。投资者无法从他们的服务人群中获取足够多的利润，进而改变了银行的服务宗旨，动摇初心，改变市场定位，选择利润最高的人群目标。因此在利润平衡点上，国家政策如何掌握这一平衡点是至关重要的。

（四）村镇银行的人才制约

从村镇银行人员来源来看，发起行高管人员对于发起行文化、产品、市场定位都非常熟悉，但不熟悉当地新的环境，真正做到为农村服务将面临很大的挑战。本地招聘的高管有较多的本地客户资源，但对于发起行文化、产品、市场定位理解不够透彻，需要时间进行学习。本地从业人员其中一部分是来自村镇银行所在地，对当地情形有较清楚的认识，但毕竟业务知识、能力不过关，不利于银行业务的开展；另一部分是新毕业的大学生，没有任何银行工作经验，真正培养村镇银行发展经营所需的专业人才还需要很长时间。

3.3.2 村镇银行发展的外在制约因素

（一）村镇银行贷款售后得不到有效保障

对于农村存款客户而言，有一种定性思维，大型金融机构银行的信誉是以国家信用作为保障，农村商业银行（农村信用社）口碑是以地方政府的信用作为支撑。而作为新型金融机构的村镇银行在广大存款用户心中得不到有效信任，其原因是村镇银行作为股份制有限责任公司，公司信誉完全依赖于投资人。其次，在运营的村镇银行中，多数注册资本为5000万元，只有少数几家超过1亿元，若出现金融危机和资金周转危机，会导致客户存款资金发生重大流失风险，存款人的利益得不到有效保障，而且在目前的村镇银行规定中并未有解决该问题的制度政策。

（二）农村地区信用环境较差

农村地区的信用环境体现在以下三点：一为农村地区企业逃避金融债权现象普遍严重，在这种环境下，村镇银行的运营积极性，尤其在信贷方面将会受到一定的影响。二为农村地区征信体系不够完善，导致村镇银行在风险把控方面收集不到有效信息，烂账、坏账数量增多，风险控制盲点得不到清除。三为村镇银行的支付结算体系建设落后。由于村镇银行普遍规模较小，现有的支付结算体系又十分复杂，结算渠道是直接纳入当地人民银行还是通过其他金融机构代理，需要结合地区实际背景并加以明确规定，以便统一规范管理和提高支付结算效率。而且按照目前的发行库管理制度规定，绝大多数村镇银行明显不符合要求。

（三）地方政府干预

制度经济学中提到，地方政府干预金融市场的行为具有惯性。一些地方政府部门干预村镇银行人权体系和事权体系，影响银行管理的正常运营，从而导致银行内部积累过多的不良资产，最终走向破产。因此中央政府需建立一套完整而有效的制约体系来对地方政府进行监督。

（四）村镇银行认知度制约

村镇银行成立的时间较短，农村居民对其缺乏了解，与国有商业银行、邮政储蓄银行、农村信用社相比，农村居民对村镇银行的认可程度大打折扣。最后，由于村镇银行是按照市场化开展业务的，其设立时间较短，应对市场风险的能力较差，在目前全球贸易战的背景下，客户很难放心地将资金放入村镇银行，用户对村镇银行的认知度低将直接导致其发展困难。

3.4　湖南省村镇银行选址合理性

村镇银行的设立与选址是两个不可分割的概念关联，设立村镇银行必须先选址，选址是设立的必要条件。村镇银行的建立与选址往往会受到多方面因素的影响，如银行的市场定位因素、成立时的注册资本因素、发起行战略目标因素等。甚至还要考虑选址当地的经济发展状况、农村金融服务水平等相关因素。因此通过研究湖南省村镇银行选址的合理性，才能从根源上去把控、平衡村镇银行设立之初的各种影响因素，才能最优地发挥出村镇银行对湖南省农村地区的现实意义。

3.4.1　湖南省村镇银行布局分析

村镇银行跟大型商业银行类似但也有不同，前者是指两者都属于商业网点，都以营利性为商业目标；后者是指村镇银行是有国家政策任务背景，即服务“三农”，其布局必须考虑公共服务性因素，而这种公共服务性与商业银行有很大的不同。商业银行往往针对的是经济发达地区，它们的空间布局一般会满足两个特征，即经济导向性和城市导向性，以便建立更多的营业网点。衡量一个地区是否发达通常用人均 GDP 表示，因此，为了解湖南省村镇银行分布情况跟地级市是否发达的关系，画出了 2018 年湖南省村镇银行布局与各市（州）人均 GDP 图，在图 3.4 中，我们可以看出，人均 GDP 最高的长沙市仅有三家村镇银行，分别位于宁乡、星沙、浏阳三处相对经济密度低的县市。人均 GDP 不高的张家界市与湘西自治州也仅有一家村镇银行，分别位于慈利县和吉首市。最后我们可以得出结论，湖南省村镇银行布局与人均 GDP 并无直接联系，即并不是人均 GDP 低的地区村镇银行数量布局少，人均 GDP 高的地区村镇银行布局数量多，村镇银行没有明显的倾向选择经济发达市作为集聚重点。反而在人均 GDP 中低等区域凸显了村镇银行的数量布局，这样的布局可以明显看出是受到国家

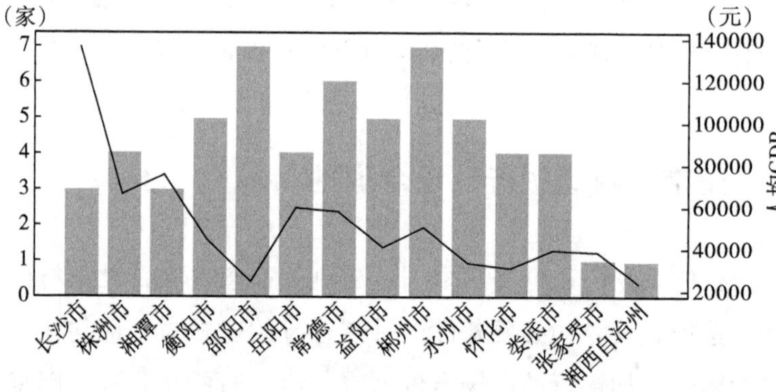

图 3.4　2018 年湖南省村镇银行布局与各市（州）人均 GDP

支农政策的影响。除了经济发达因素是多数商业银行的布局考虑特征，人口密度因素通常也是其布局的重要指标。商业银行普遍会选择人口密度高的地区作为银行的设立点，因为高人口密度的地区往往会给它们带来更多的人流量，有机会争取到更多的潜在客户。同时，人口密度指数也是衡量一个地区商业化程度、城市化水平的重要指标。本小节收集了湖南省 2018

年各市（州）的人口密度，绘制出图 3.5。从图中我们可以看出，各地区人口密度与村镇银行数量之间存在着微弱的负向关系，即人口密度低的区域村镇银行布局数量多。但这种关系不是很显著，在人口密度最大的湘西自治州，就仅设立了一家村镇银行。而在人口密度排名第四的衡阳市，村镇银行数量有 5 家。人口密度与村镇银行布局数量的关系也明显反映了村镇银行服务“三农”的特性。

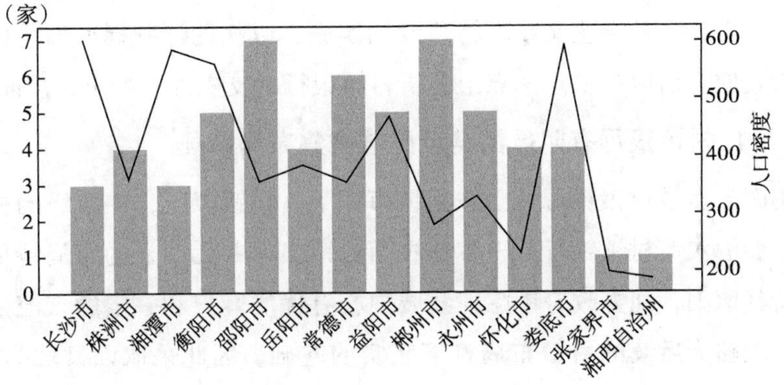

图 3.5　2018 年湖南省村镇银行布局与各市（州）人口密度

3.4.2　湖南省村镇银行布局存在的问题

在分析湖南省村镇银行的布局现状后，我们发现了几个问题，其一是村镇银行布局的影响因素并不明显，类似于商业银行的设立模式，又区别于它的服务类型。其二为村镇银行的支农性特征不明显，湖南省村镇银行的布局在一定程度上是根据服务“三农”宗旨来设立，但影响效果微乎其微。另外，在分析湖南省村镇银行地域分布特征时，我们发现多数村镇银行聚集在县域城市的中心区域，设立倾向有着明显的商业中心趋势。

（一）村镇银行选址影响因素不明显

在传统商业银行的布局影响因素中，经济总量和人口密度是传统商业银行布局的两个首选指标，然而在村镇银行的选址因素上，两个指标并没有显著的影响关系。因为村镇银行的注册资本普遍偏低，多数为5000 万元，资产规模较小。同时在村镇银行中，主发起行占据绝对的主导地位，它们往往会考虑将它们发起的村镇银行聚集在一块区域内，导致地域化趋势明显。由于这样特殊的集聚效益，导致村镇银行布局因素似乎无法真正的量化。

（二）村镇银行无明显的支农性倾向

湖南省村镇银行从2008年试点的4家银行到2019年末的59家，在整体布局上有支农特征，但不明显，解释其原因，按照传统经济学因素，经济总量低、人口密度小的地区会被评判为农村区域。但随着我国对农村经济的大力支持和社会主义新农村建设的实施，以往的评判标准不足以判定是否为支农。所以单从这两点上分析村镇银行的支农性有严重的片面性。

（三）村镇银行有明显的县域区域聚集布局特征

湖南省多数村镇银行设立在县级市以下、村镇以上，在市级的村镇银行如星沙沪农商村镇银行、宁乡沪农商村镇银行并无明显的布局特征。深入分析其原因，地方政府考虑到县域中心有优质客户和一定的人流量，县域聚集能够为后续的村镇布局打下坚实的基础。因此采取以县域为中心，向四周村镇发散的发展策略。

（四）村镇银行布局聚集商业银行区域

在县级市开设的湖南省村镇银行周围往往有许多的商业银行县级网点及政府机关，而由于商业银行网点及政府机构的集聚，该地区往往就成为城市中心市场，按照中心地理论，覆盖周围的农村地区。村镇银行的这一布局特色与商业银行无差别，所以从选址优化的角度，深入分析该现状是否满足中心地理论，能帮助村镇银行与商业银行进行良性竞争。

3.4.3 湖南省村镇银行选址因素

村镇银行的选址过程跟大型商业银行类似，需要充分考虑选址因素，尤其是银行网点，对于社会以及经济因素尤为重视。村镇银行的选址一般会遵循四个原则：前瞻性原则、客户优先原则、全面性原则和持续性原则。同时，结合地区背景实地考察，在多处选址点实证改进，选择最优的地址。选址因素具体分为地理因素、门店因素、经济因素、社会因素等。

（一）地理因素

1. 人口因素

传统的商业银行选址在人口因素方面要考虑多种指标，如人口数量、人口密度、人均受教育程度。商业银行往往会青睐于人口数量密集、人口密度大以及受教育程度高的区域。这样的区域会稳定地为银行提供源源不断的潜在优质客户。湖南省村镇银行多数布局在县市区域，相对于镇村区域来讲，人口密度更大。但是，村镇银行的成立初衷在于解决农村基础金融问题，村镇银行如何在考虑人口因素的前提下，向各镇、村地区发展、建立，还有待深入研究。

2. 地理环境

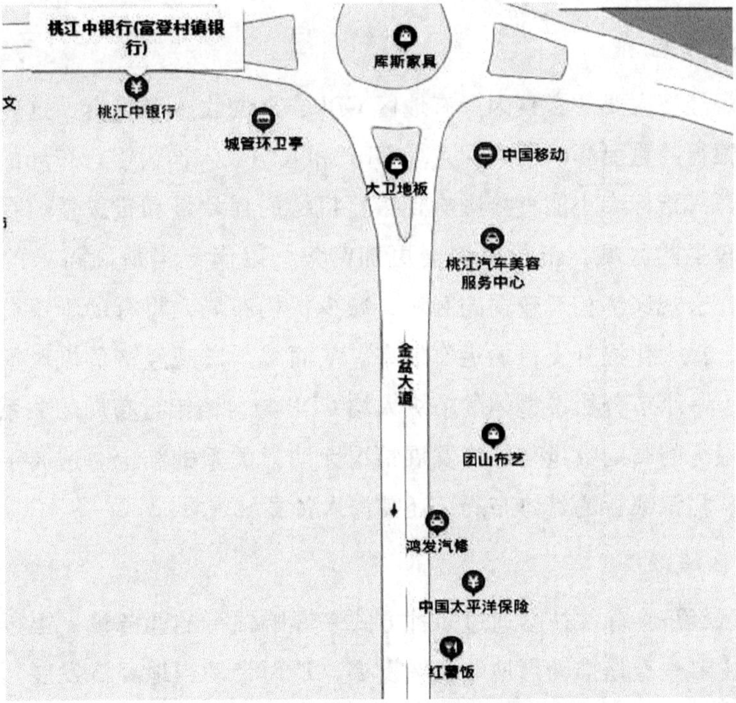

图 3.6　桃江中银富登村镇银行地图覆盖力影响图

在银行选址中，地理环境因素往往考察的是区域的地理覆盖影响力，即是否可以通过地理环境优势来吸引到足够多的客户流量，同时通过地理环境因素能够将客户细分更加准确，如细分为流动客户群和固定客户群。举个例子，桃江中银富登村镇银行的周围，就会有保险机构网点和汽车汽修网点（见图3.6）。这类机构能为银行带来一些固定的机构存款，同时机构员工也有潜在概率成为居民储蓄客户。

3. 城市规划

城市规划涉及当前城市的经济目标和社会发展潜力，规划有关土地利用、空间布局的各项建设的综合部署安排。尤其在最近几年，农村城镇化趋势加快，土地规划将成为农村地区重要的改革目标。商业银行网点的选址很早便将城市规划划入外部因素之一，如考虑城市的商圈建设，商圈的选址规划通过刺激当地经济，也为银行网点选址带来一定的益处。

（二）经济因素

1. 宏观经济

宏观经济主要的考察因素有地区GDP、人均收入等指标，这些因素也是村镇银行的重要影响因素。人均GDP和人均收入作为银行布局的基础经济指标，其指标大小能直接影响到银行机构的存款量和贷款量。在宏观经济相对较强的区域，银行机构会更加密集，以满足当地高需求的金融服务。而在宏观经济相对较弱的区域，减少机构布局，将有助于银行减少自身成本，最大化提升支行的运作效率，从而减少宏观经济危机对银行业的影响。上一小节分析了整体的市级人均GDP与村镇银行布局的关系，得出了村镇银行的布局数量与经济发展情况无明显关系的结论。这属于宏观调查分析，村镇银行的具体布局，还需深入各县域查看。

2. 区域经济

地区经济指标往往会通过多种方式来影响银行的业务量，银行的建立目标最主要一点是推动当地的金融发展，从而带动当地经济发展。在地区经济得到发展的同时将反馈银行机构，带动银行业务量的增加。而区域经济总量必然关联于金融机构布局情况。传统金融机构的布局极其依赖经济发达程度，全国范围内经济发达程度高的省份及城市中相应的金融机构密度也高。

（三）门店因素

1. 门店形象因素

村镇银行在群众眼中的直观印象是通过营业厅的门面形象来直接反馈的。参考传统商业银行的做法，为提升自身网点的档次，商业银行总部选址普遍在当地的地标性商业中心，网点则选址在交通要道区域。此外，传统商业银行的内在装修、装潢十分精美，这种类似于无形资产的宣传手段是每一家商业银行遵循的选址规律。湖南省村镇银行的建立主要位于县域中心，以后将扩张到各镇村区域。为了给群众留下不落后于商业银行的“人设”，村镇银行必须在网点外在形象及内部装修上“做文章”。如何在农村金融中突出自身形象特色，又创造出新的无形形象价值是湖南省各村镇银行在布局时需要重点考虑的问题。

2. 网点硬件因素

银行网点硬件主要有网点面积、网点形状、网点方向等相关指标。在传统商业银行中，这类指标通常都被标准化，如银行网点面积为 600 平方米最佳，既不显得客户拥挤，又不显网点冷清。对于村镇银行来说，标准化的商业网点硬件指标是否同样适合，需结合当地县镇区域的实际情况来做相应更改，使其适用于村镇银行的支农背景。

（四）社会因素

1. 社会业务定位

银行的社会区域和服务目标人群是银行网点选址的重要区位因素，商业银行多数选在相对经济发达的城市，即考虑的是该地区选址的地域优势。村镇银行不同于商业银行，其业务重点为“三农”，因此村镇银行选址主要分布在县（市）区域，借此来服务与农业项目相关的业务。社会业务定位的不同会对选址有主导性的影响，业务重点是否为广大农民、是否需要排除那些低收入的农民服务对象，这些都是村镇银行选址的具体问题。

2. 金融需求

银行机构的主营业务为存贷款，随着我国金融市场的快速发展，已经逐渐变为多种业务相结合的业务模式，如本币结算、外汇买卖、投资理财等。所以对银行具体业务进行详细分类，会使商业银行的网点布局更加层次化、多元化。村镇银行是新型的金融银行机构，目前的主营业务为吸收公众存款，发放短期、中期和长期贷款，同时还承销政府债券，买卖政府债券、金融债券等服务。商业银行的选址对于初始的村镇银行有一定的参考导向，但随着后续金融需求的变化，未来村镇银行的布局将以满足金融需求为第一要务，这样才能更加贴近现实。

3. 竞争环境

村镇银行在选址初始就要明确竞争意识。需考虑主要竞争对手的种类、数量以及业务重点。对于竞争对手的了解程度将成为银行发展的关键因素。在激烈的竞争环境背景下，村镇银行需找到自己的核心优势，确定核心竞争力，才能不被市场淘汰，才能最终赢得客户以及市场的长期青睐。

3.5 湖南省村镇银行发展的风险预警与市场定位

湖南省自2008年成立第一家村镇银行发展至今，效果较为理想，并且在一定程度上推动了区域和县域经济的发展。但是，村镇银行在发展过程中也会存在相应风险，如信用风险、流动性风险、操作风险以及市场政策风险等。为了湖南省村镇银行的可持续发展，对上述风险进行详细了解，并对其相应的风险进行控制是非常有必要的。

村镇银行的市场定位将决定银行发展潜力的大小，同时也是制约银行发展的重要因素。村镇银行暂行规定给出的市场定位是以“服务地方，服务三农”为主，但湖南省村镇银行的管理模式大多是参照传统的商业银行，出现了市场偏差。因此，分析、找准村镇银行具体的市场定位，才能不断创新，才能造就村镇银行的核心竞争力。

3.5.1　村镇银行面临的风险

（一）信用风险

目前村镇银行的主要客户来源于中小企业和农户，如湖南省武冈包商村镇银行从成立至今，已累计贷款 22.06 亿元，其资金全部用于促进武冈三农、小微企业和居民的消费水平发展。但对于这些主源客户，银行既没有他们的过往信用记录，也没有完善的财务评估，更没有专业的资产评估机构来对其进行具体估值。尤其是农户客户，多数是无财产抵押。同时，部分农民缺乏信用意识，容易跟风不良风气，拒绝还款。尽管多数村镇银行的不良贷款记录为零，但随着时间的推移以及竞争的加快，未来银行的客户更多将会是中小型企业和农户，这是不可避免的发展趋势。

针对上述的信用风险，解决方案需从根源上出发，夯实农村经济和金融基础。前者重点关注四个方面：加强乡村基础设施建设、提高农业自主创新商品、保护农村生态资源环境、健全农村信用体系。金融基础建设包括银行网点建设、完善业务结算体系、加强交通通信体系、打击不良贷款风气。协助人民银行解决村镇银行支付结算问题。同时，银行人员也需对前沿技术有所熟知，如热门的区块链技术等。这样才能在后续的信用风险预警中脱颖而出。

（二）流动性风险

村镇银行规模较小，受到了严格的地域限制，即不能跨区域进行业务操作。这样的“封闭式”交易模式极其容易产生流动性风险。尤其是农信社经历多次改革后，放贷能力受到一定限制。而农村地区日益增长的金融需要得不到满足，就会把目光转移到村镇银行，迫切地要求村镇银行加大贷款金额比例。部分村镇银行在营利性的驱使下，放宽监管红线，使得贷款比例超过红线的 75%，个别银行甚至超过了 100%，有的还动用资本金来发放贷款。在这样的情况下，流动性风险产生的概率将大大增加。其次，村镇银行的主流客户有着明显的季节性存贷款特征，春季贷款人和储户同时来银行取钱，造成银行来源资金减少和需求资金变高，流动性风险更为突出。

预防流动性风险首先要严格控制村镇银行的贷款比例，不能让银行触碰到监管红线。其次，村镇银行要加强存款吸收能力，发挥出“立足本地、服务三农”的服务特点，同时紧靠主发起行的银行背景，将民间资金、农产、农村企业等资金吸引到自己银行之中。最后，需加强监管部门对村镇银行的监管力度，有效降低流动性风险。

（三）操作风险

从目前大多村镇银行的人员结构来看，一般是由大股东派董事会人员，行长、前后台工作人员一般在当地招聘，经培训后上岗。单点村镇银行基本上就是两级管理的扁平结构，这种结构的特点是效率高，但也带来了容易产生操作风险的可能。首先，从农村当地招聘的业务人员素质相对不高，合规操作意识差，风险意识相对淡薄，尤其是在只有两三个人组成的业务部门工作，容易出现以感情代替内控制度，排斥“认制度不认人”的法理性控制机制的现象，从而产生风险。其次，由于村镇银行尚处于起步阶段，业务发展和同业竞争压力较大，在经营理念上容易出现重营销、轻管理的理念偏差，盲目追求业务发展规模，而忽视风险管理和防范，留有风险隐患。

防控操作风险首先要加强对员工的培训。湖南省村镇银行协会多次举办中高管培训班，一般全省60家村镇银行的130多名管理人员都会参加培训，培养员工的风险意识和责任意识，使他们对操作风险有所了解。其次要找到各项业务的关键风险点，一般会邀请大型银行的风险控制人员来对银行员工进行讲解，带他们梳理各项操作流程，排除易出现的风险点和重要风险点。最后，提高检测质量，落实整改工作，完善问责机制。

（四）行业、政策风险

首先，农业是众多产业中最为弱势的产业，它的兴盛与否一方面取决于农民的生产积极性，另一方面则依赖自然环境。自然环境这种不可控的外界因素很难被预测到。一旦发生洪水、干旱，将会造成农业的巨大损失。湖南省村镇银行主要集中在县域区域，农业、工商业类型比较单一，主营业务主要集中于当地的几个特色产业，若发生风险，银行不易进行对冲和管理。其次，现阶段的农村处于多变的农村政策变革期，易于变化的政策会导致产业结构的变化，增加了风险。同时，地方企业多数为技术落后、对生态环境有破坏的国家政策限制企业。但地方政府为了经济发展，现阶段还无法对这类产业进行升级优化处理。同时这类产业属于当地村镇银行的主力客户，若国家政策对这类企业加以限制，将可能引发更大的政策风险。

防范对策需从加强农业相关的保险业出发，要让农业摘掉“弱势”产业的“帽子”。对村镇银行和农民来说，都是一件非常有益的举措，需要政府和各企业联手配合才能完成这项艰巨的任务。

3.5.2　市场定位

截至 2018 年末，湖南省共计有 59 家村镇银行，多数银行出现市场定位偏差。主要体现在三个方面：地域偏差、客户定位偏差和竞争地位偏差。村镇银行的设立是为了补全农村基础金融市场，扎根于农村地区，贴近农民生活。但是，绝大部分村镇银行冠以“村镇”的姓，落地却在县域中心区域。大多数银行将总部设立在县城繁华的商业中心，出现了“城市人不敢存，农村人存不了”的窘境，产生了地域偏差。客户定位偏差是指村镇银行在面对经济利益和小额贷款的选择时，多数村镇银行选择前者，将资金贷给经营规模较大的中小型企业，很少会贷给风险较大的农业企业。部分村镇银行选择向农户贷款，但农户必须找到某企业为其进行信用担保，真正的贫困农户很难贷到款。客户定位偏差严重偏离了村镇银行的初心，导致农村金融需求没有得到实质性改善。竞争地位偏差是指村镇银行本应该扮演农村金融市场的竞争者，本意是缓解农村金融市场严重失衡的供需关系，但实际上，村镇银行更多扮演的是补充者。多数村镇银行完全照搬传统商业银行运营模式，逐渐使小银行的经营模式演变为商业经营的同质化。如果未来村镇银行继续按照商业银行的模式发展，将会彻底偏离“三农”目标，再次成为“抽水机”。

为对村镇银行进行定位“矫正”，提出以下几个方面的建议：

一是放宽主发起人限制，银行股权多元化。首先，向民间资本真正的开放，让大批的“草根银行”得到发展，提高管理层的管理积极性。其次，尝试地方政府与资本合资的运营模式，让地方政府通过金融资本来对村镇银行进行更大力度的扶持，推动其回归“服务三农”的初心。最后，尝试用城市金融辐射农村金融发展，引导城市金融向农村发展。

二是加强金融创新，实现差异化定位。差异化的经营模式具体分为三类：拓展抵押品种、拓宽业务品种、获取范围经济。差异化经营可以尝试设计一些具有单笔额度小、季节性强、分期还本付息、利随本清、农户贷款可获得性高、产业资本需求旺盛等特点的产品。抵押品种可以扩大到农产品、林（果）权和运输工具等资产实物。村镇银行可以结合当地背景，推出适合农村的金融产品、保险业务、理财咨询等多元化成果。

三是政府督促，监管归位。政府需针对市场定位偏差的情况，给出相关的优惠政策，将村镇银行的市场定位“矫正”。如颁发一些涉农贷款补贴，给予初建立的村镇银行免息福利，放宽农村利率要求等利农政策。

3.6 村镇银行发展的国内外比较与经验借鉴

我国的村镇银行设立灵感来源于孟加拉国乡村银行的成功创建，孟加拉国的乡村银行又被称为“穷人的银行”。国家组建村镇银行的初衷在于为广大农民提供贷款资金，让他们利用资金进行农村创业，带动地方经济的发展。在本小节我们将分析孟加拉国和美国社区银行的成果经验，并对国内村镇银行的发展情况做出相应比较。

3.6.1 孟加拉国乡村银行

孟加拉国乡村银行是2006年诺贝尔和平奖得主尤努斯在19世纪80年代创立的，创立背景是当时的孟加拉国，许多穷人因为没有足够多的抵押物而无法向银行贷款，穷人没有贷款资金就无法改变穷苦的命运。尤努斯基于这样的环境背景下，成立了全球第一家乡村银行——格莱珉银行，银行主要业务是向那些没有抵押物的穷人进行贷款。它的经营模式是找最穷的贫苦户作为贷款目标，尤其是贫困妇女，向他们提供无须抵押物和担保人的小额短期贷款，按周期还款，整贷零还。截至目前，格莱珉银行已经成为世界上发展最成功的乡村银行，它的发展模式和成功经验在全世界得到广泛运用，包括中国。总结格莱珉银行的发展方式主要有以下三点：

（一）独特的信用贷款方式

格莱珉银行的成功之处在于对信贷方式的创新，无须任何抵押物和担保人的借贷模式，如小额短期贷款、按周期还款、整贷零还等信贷种类，期限灵活，还款方式灵活。这些举措能够有效加快资金流动，加快金融创新的步伐。

（二）层次鲜明的管理结构

格莱珉银行从最底层到总行一共有三层管理结构，第一层为基层组织，由乡村中心和借款小组组成，其中借款小组由五人贷款客户自愿组成，五人互相监督和担保；第二层为分行，由 10 ~ 15 个支行组成，各分行互不影响，独立盈亏；第三层为总行，负责管理所有机构。这种结构方式提高了管理效率，降低了管理成本。

（三）独特的资金组成模式

格莱珉银行的贷款资金既不依靠政府拨款，也不依赖企业捐资。它主要的资金来源有两处：一为贷款利息收入，二为小额信贷批发机构。格莱珉银行的股权结构十分独特，它并不是创始人尤努斯持多数股份，而是由众多的借款者和地方政府持股，借款者拥有银行 94% 的股份，地方政府拥有剩下的 6% 。贷款客户存款数量的迅速增加和有效的资金来源促进了孟加拉国乡村银行的可持续发展。

比起孟加拉国的乡村银行，我国的村镇银行还处于刚起步的初始期，可以参考格莱珉银行的成功之道。比较两者的相似之处可发现，两者的成立目标相同，都服务于相对贫穷的农民。从设立条件上，我国村镇银行的发起完全依赖于主发起行的意愿，且没有政府股份，是完全的商业金融机构，两者十分不同。

3.6.2 美国社区银行

美国社区银行成立的经营区域为社区和农村地区，市场定位较低。其创立初衷是为中小企业和居民提供金融服务。社区银行有以下特点：选址集中在人较多的住宅区内、向特点对象提供特点服务、地理优势十分明显。1867 年，美国成立了第一家社区银行——莱肯斯镇谷银行，截至目前，社区银行的数量比例已经占到美国银行的 95% 以上，发展十分迅速。美国社区银行的成立满足了当地中小企业和居民的个性化服务，带动了当地的金融发展。美国社区银行采用的管理策略是“求异型战略”，即与大银行的市场定位错开，从而在目标客户的选取、主营产品的投放等方面与大型商业银行形成良性互补，最终形成了自己独特的核心竞争力。美国社区银行的特色有以下几点：

市场定位十分明确。美国社区银行的服务人群集中在社区和农村地区，主营客户为中小型企业。其每年的贷款比重占据总贷款的 70% 左右。社区银行有差异化的客户定位，构建了多层次的金融机构体系，保证了不同人群均有可享受金融服务的权利。

特色化的信贷模式。首先，美国社区信用体系较为成熟，对于申请贷款的农户和中小型企业的信用比较了解，因而银行可以以最低的风险把控贷款资金，所以社区银行往往采取的是个人信用管理方法。其次，美国社区银行的结算体系十分完善，有着相匹配的金融服务设施，能够有效、高效地完成整个贷款过程，快速满足客户贷款要求。

国家政策优势。对于社区银行的发展，美国特意颁发《社区再投资法》来激励金融不发达的地区进行金融服务交易，同时还规定对社区银行免征各种赋税，无须缴纳存款准备金，可参照市场利率自主决定存贷款利率等。

相比于美国社区银行，我国村镇银行无论是在农村地区的信用体系方面，还是处理贷款过程的结算体系方面都显得较为弱小。因此，对于村镇银行来说，未来的发展重点在于信用体系的搭建和金融基础设施的完善。

3.7　结论与启示

村镇银行作为新型金融银行机构，它的健康发展将会补齐农村金融的短板，从而推动湖南省各市、县农村金融服务体系逐渐完善。村镇银行的建立和成熟将会解决农村区域的弱势产业、低收入人群、脏乱差的“三农问题”，在社会主义新农村建设中发挥着不可替代的作用。本章对湖南省村镇银行的发展速度和经营状况进行了相关分析，以期能够为湖南省村镇银行的绿色健康发展提供对策建议。本章通过研究得出以下结论：

通过对湖南省村镇银行的发展历程分析，发现湖南省村镇银行所处的经济环境和金融环境较为良好，村镇银行发展势头足且快。村镇银行在湖南省有着非常广阔的发展前景，但不能忽略的是，也有着来自同行业的银行机构的竞争。

本章通过对湖南省村镇银行的地理布局和数量特征研究发现，村镇银行存在着许多问题，如社会认知度低、市场定位偏差、金融创新力不足、缺乏配套的金融基础设施、不完善的金融监管体系等制约因素。同时，还存在着信用风险、流动风险、操作风险和行业政策风险等外部劣势。

针对这些制约因素提出了促进湖南省村镇银行可持续发展的对策建议：

落实组建责任，积极稳妥推进县域“全覆盖”。进一步督导长沙农商行、大兴安岭农商行加快组建进度，确保洪江“多县一行”制村镇银行、祁东村镇银行在规定时间内开业。督导长沙农商行、洪江“多县一行”制村镇银行加强与政府沟通，力争在 2021 年内完成辰溪、麻阳、新晃、会同、靖州、通道 6 县支行设立的工作。积极推动临湘、安乡、双牌、江永、新田、绥宁、城步、桑植、炎陵、嘉禾、桂东等 11 县（市）政府与中银富登以及长沙、星沙农商行沟通协调，确保在规定时间内完成筹建工作。

坚守市场定位，提升服务实体经济能力。一是落实坚守定位考核要求，力争实现贷款占资产比例不低于 70%、新增可贷款资金用于当地的比例不低于 80%、农户和小微企业贷款占比不低于 90%、户均贷款不高于 35 万元。二是优化可持续经营机制。发挥村镇银行小法人比较优势，下沉经营服务重心，增强上门服务和主动营销意识，提升产品和服务适配性。加强科技手段的创新与运用，加快线上服务渠道布局升级，提升“全天候”基础金融服务能力。三是提升服务乡村振兴能力。加大粮食、生猪、新冠肺炎疫情防控相关领域等信贷支持，提高相关贷款占比；进一步深化“百行进万企”专项行动，严厉打击通过存贷挂钩、借贷搭售、转嫁成本等违规行为；优化抵押担保机制，合理提高信用贷款比重。

做实资产分类，有效防范化解信用风险。一是明确资产分类。巩固逾期 90 天以上贷款入账成果，重点推进逾期 90 天贷款以及隐性不良贷款还原入账。二是加大不良贷款处置力度。督促严格落实“五个逐户逐笔”要求，努力实现全年不良贷款处置额不低于上年；加强对不良贷款处置真实性和合规性的监督检查。三是严控新增不良贷款。加强贷款精细化管理，做实贷款“三查”，严防不良贷款反弹。四是加强重点领域风险防控。加强对不良率超过 3% 和不良异动机构的风险监测，强化房地产贷款风险防范，及时进行风险提示和窗口指导。加强大额风险暴露管理，严控新增大额超比例行为，力争同业业务风险暴露达到监管要求。

完善机制建设，持续整治内控合规风险。一是健全内控合规管理体系。扎实推进三大体系建设，设置相对独立的合规、风险、审计岗位。二是加大重点业务风险整治力度。组织开展治理乱象“回头看”工作，加大对违法违规行为的查处问责整改力度。三是切实加强员工行为管理。督促建立覆盖全面、授权明晰、相互制衡的员工行为管理体系；深入组织开展员工异常行为排查，严防案件风险；稳步推进银行保险机构员工履职回避工作，按要求完成摸排清理。

改善业务结构，严密盯防流动性风险隐患。一是开展流动性风险专项排查，对风险隐患较大的机构实行“名单制”管理，及时干预纠偏。二是优化资产负债配置。督促村镇银行加强全面资产负债管理，确保流动性风险监测指标持续达标；拓展稳定负债来源，合理配置资金运用期限，加强资产质量管理。按季开展压力测试，制定有效的应急预案及日常演练，完善主发起行流动性救助机制。三是严防外部风险传染。加强声誉风险防控和舆情管控，及时澄清不实信息，防止负面舆情传播扩散引发流动性风险。

规范股权管理，健全完善公司治理机制。一是提升治理主体履职能力。督促村镇银行完善党的领导在公司治理中发挥作用的机制安排，完善“三会一层”治理架构，杜绝“一言堂”“一长独大”等局面。二是切实加强股东股权管理。继续开展股东股权监管排查，督促问题机构限期有效整改。加强股东资质审查和股权质押管理，严厉打击股权代持、虚假出资、利益输送等不当行为；加快股权托管，确保 2020 年 6 月底前完成托管，力争年底前完成股权确权。三是严控关联交易风险。完善关联交易管理制度，准确界定关联方范围，全面穿透识别关联交易，严禁利益输送和监管套利。开展专项排查整治，对违规问题严肃依法采取监管措施。四是规范主发起行有效履职。督促主发起行依法有效履行出资人及大股东职责，发挥核心主导作用，重点要“管好战略、管好风险、管好高管，做好服务、做好审计”，对部分主发起行开展履职评价。

层层压实责任，从严从实提升监管质效。一是全面落实属地监管职责。通过监管通报、风险提示、重点工作督办等形式，加强对条线工作督导。二是严把市场准入关。对照行政许可条件及程序，依法依规做好市场准入，重点加强对股东入股资质、入股资金来源、董事高管任职条件、新业务合规状况等的审核。三是提升非现场监管效能。提高非现场监管数据质量，用深用透监管工具，持续做好月度通报，精准前瞻研判问题与风险防范，用好用实谈话提示、发送监管意见书、现场核查、行政处罚等监管措施，督促及时整改。四是改进监管作风。严格依法监管，强化担当作为，保持违规查处高压态势，加强监管问责和处罚力度。坚持廉洁监管，严格落实中央八项规定精神，严格落实与监管对象“零物质往来”铁律，强化“亲”“清”监管关系。

湖南省村镇银行的可持续发展不仅关系国家的战略布局，而且还肩负着推动农村金融发展的历史使命。村镇银行的健康发展受到多方面的关注，因此，为了走出一条适合湖南省地区实际情况的特色村镇银行道路，需要地方政府、金融企业、地方群众的共同努力，尽早实现村镇银行的成熟发展。

附录 1

银行名称	成立时间	注册资本（万元）	成立地点
湘乡市村镇银行	2008 年	4900	湘潭市
桃江中银富登村镇银行	2008 年	5000	益阳市
祁阳村镇银行	2008 年	5000	永州市
韶山光大村镇银行	2009 年	5000	湘潭市
资兴浦发村镇银行	2009 年	5000	郴州市
平江汇丰村镇银行	2010 年	1000	岳阳市
湘西长行村镇银行	2010 年	20000	湘西州
宜章长行村镇银行	2011 年	20000	郴州市
汨罗中银富登村镇银行	2011 年	10000	岳阳市
株洲县融兴村镇银行	2011 年	5000	株洲市
耒阳融兴村镇银行	2011 年	5000	衡阳市
常宁珠江村镇银行	2011 年	5000	衡阳市
宁乡沪农商村镇银行	2011 年	10000	长沙市
武冈包商村镇银行	2011 年	6500	邵阳市
临武浦发村镇银行	2012 年	5000	郴州市
衡阳县沪农商村镇银行	2012 年	5000	衡阳市
沅江浦发村镇银行	2012 年	5000	益阳市
涟源沪农商村镇银行	2012 年	5728.35	娄底市
临澧沪农商村镇银行	2012 年	5000	常德市
醴陵沪农商村镇银行	2012 年	5000	郴州市
慈利沪农商村镇银行	2012 年	5000	张家界市
永兴沪农商村镇银行	2012 年	5000	郴州市
茶陵浦发村镇银行	2012 年	5000	株洲市
澧县沪农商村镇银行	2012 年	5000	常德市
石门沪农商村镇银行	2012 年	5000	常德市
桂阳沪农商村镇银行	2012 年	5000	郴州市
衡南浦发村镇银行	2012 年	5000	衡阳市
双峰沪农商村镇银行	2012 年	5000	娄底市
星沙沪农商村镇银行	2012 年	10000	长沙市
浏阳江淮村镇银行	2015 年	10900	长沙市
安化湘淮村镇银行	2015 年	12000	益阳市
湘潭湘淮村镇银行	2016 年	15000	湘潭市

续表

银行名称	成立时间	注册资本（万元）	成立地点
邵东湘淮村镇银行	2016年	15000	邵阳市
新化新龙村镇银行	2016年	5000	娄底市
华容星龙村镇银行	2016年	5000	岳阳市
洞口潭农商村镇银行	2016年	6000	邵阳市
冷水江湘淮村镇银行	2016年	12000	娄底市
南县湘江村镇银行	2016年	10000	益阳市
攸县潭农商村镇银行	2016年	8000	株洲市
邵阳湘江村镇银行	2017年	10000	邵阳市
新宁谭农商村镇银行	2017年	5000	邵阳市
津市湘淮村镇银行	2017年	10000	常德市
宁远潭农商村镇银行	2017年	5000	永州市
衡山潭农商村镇银行	2017年	5000	衡阳市
汉寿星龙村镇银行	2017年	5000	常德市
岳阳湘江村镇银行	2017年	10000	岳阳市
芷江湘江村镇银行	2017年	10000	怀化市
桃源湘淮村镇银行	2017年	12000	常德市
新邵湘淮村镇银行	2017年	12000	邵阳市
溆浦湘江村镇银行	2017年	12000	怀化市
隆回湘江村镇银行	2017年	12000	邵阳市
东安星龙村镇银行	2017年	5000	永州市
汝城新阳村镇银行	2018年	5000	郴州市
湘阴星农村镇银行	2018年	5000	益阳市
安仁新阳村镇银行	2018年	5000	郴州市
道县神农村镇银行	2018年	8000	永州市
蓝山神农村镇银行	2018年	6000	永州市
沅陵新阳村镇银行	2018年	5000	怀化市
中方新阳村镇银行	2018年	5000	怀化市

注：桃江建信村镇银行、汨罗国开村镇银行现已更名为桃江中银富登村镇银行、汨罗中银富登村镇银行。

第 4 章　湖南省小微金融机构发展现状统计考察

小微金融机构，主要是指专门为小型和微型企业或者中低收入阶层或者个体工商户提供小额度可持续的金融产品及服务的金融机构。一方面，作为一种新型的金融业态，小微金融机构具有门槛低、成本低、审批快等特点，对脱贫攻坚、实现共同富裕等具有战略意义，在当代资金市场中扮演着越来越重要的角色。另一方面，小微金融机构的政策随其发展不断推进。2012 年，国务院发展研究中心金融研究所副所长巴曙松提出，要将小微金融发展作为下一步金融改革的重点；2014 年 11 月 20 日，国务院进一步提出了《关于扶持小型微型企业健康发展的意见》；2018 年 6 月 20 日，经国务院同意，人民银行、银保监会、证监会、发展改革委、财政部联合印发《关于进一步深化小微企业金融服务的意见》；2019 年 1 月 15 日，李克强主持召开国务院常务会议决定再推出一批针对小微企业的普惠性减税措施等。小微金融政策改革的不断深化正说明小微金融已然成为现代金融改革的重点。因此，对湖南省小微金融机构的发展现状进行统计考察不仅是对当代中国金融战略的响应，也对研究湖南省普惠金融的发展具有重要意义。

4.1　湖南省小微金融机构发展沿革

小微金融机构，最早于 20 世纪七八十年代的孟加拉国出现。这种新型的金融业态一经出现，便受到了广泛的关注并开始在亚洲、拉美、非洲这些发展中国家占主体的地区流行起来。此后凭借自身对中低收入者及小型微型企业等的指向性作用，逐渐成为世界认可的实现社会公平的重要工具。湖南省小微金融机构的发展已有十多年，在不断深化现有机制并衍生新型业态分支的同时，对湖南省普惠金融发展起到了不可磨灭的支持作用。

4.1.1　小微金融机构的主要构成

和大多数国家或地区的现状相同，湖南省小微金融机构的主流业态在广义上包括中小型银行、小额贷款公司、融资担保公司、典当公司、投资公司等多种形式，这些业态相比于其他金融机构，能够为中低收入者及小型微型企业提供更低的准入门槛。其中，中小型银行主要是指除中国工商银行、中国农业银行、中国银行、中国建设银行四大行以外的银行，分支业态有全国性的股份制商业银行，在湖南省包括招商银行、浦东发展银行、光大银行等；区域性或城市性的股份制商业银行，比如湖南有名的长沙银行等；信用合作社，比如湖南省农村信用合作社等。而真正意义上的小微金融机构业态则是指村镇银行。

相比于整个中小银行，本章介绍的小微金融机构更加类似于村镇银行，与村镇银行相当于整个普惠金融体系的两个平行分支。与其他金融机构一样，小微金融机构同样是从事金融服务业的有关金融中介机构，包括证券、保险、基金、信托等行业，能够提供筹资、交易、结算、承销、咨询和信托等一种或多种金融服务。相比于除村镇银行外的中小型银行，具有更精准的针对中低收入者及小型微型企业的指向性。

本章将小微金融机构定义为专门为小型微型企业和个体工商户以及中低收入阶层提供小额度可持续的金融产品及服务的金融机构。除小额贷款公司这种直接提供融资服务的金融机构外，还有融资担保公司、典当公司和投资相关公司，尽管他们不直接提供融资服务，但通常与小额贷款公司一起共同服务于相同的特定目标客户群体，并且提供特殊的金融产品或服务，这些机构在实际操作中相当于延伸了业务范围，参与了直接融资的活动，因此本章定义的小微金融机构包括小额贷款公司、融资担保公司、典当公司和投资相关公司。

作为“影子银行”的新型表现形式，小额贷款公司、融资担保公司、典当公司、投资相关公司等这些小微金融机构同样具有准金融机构的特点，与传统银行相比，小微金融机构能够凭借更低的准入门槛、更便捷的资金流转形式等优势，满足中低收入者和个体工商户以及小型微型企业的资金需求。比起民间借贷，小微金融机构具有一定的规范性，具有一定的抵御金融风险能力。

其中，小额贷款公司主要是指由自然人、企业法人、其他社会组织或其他关联方投资设立的经营小额度可持续贷款的有限责任公司；融资担保公司主要是指以提供担保作为金融服务活动，承担担保风险并收取担保流程费用的金融机构；典当公司则是围绕抵押贷款开展多项业务（如房地产典当、股票典当、奢侈品典当、珠宝典当等）的金融机构；投资相关公司则是指帮助个体进行投资组合或直接自身筹集资金进行投资组合并回报利润的一种金融机构。在细节上，小额贷款公司是经营金融业务的准金融机构，贷款利息更加灵活，双方可以直接通过协商确定；融资担保主要是指向大中型银行融资的担保，包括政府担保贷款、企业信用担保贷款、自然人担保贷款等，担保形式一般为银行信用证或银行担保；典当公司能够以以物易钱的形式为中低收入者和个体工商户以及小型微型企业快速提供融资渠道；投资相关公司中的部分投资业务通常作为很多小微金融机构比如小额贷款公司的一种盈利方式，因此本章统计在内投资相关公司在某种意义上一般具有交叉性和综合性。

4.1.2 湖南省各市（州）的小微金融机构统计

目前，我国对小微金融机构的统计仍在完善，统计在册的企业主要为小额贷款公司。根据央行 2020 年上半年小额贷款公司统计数据，截至 2020 年 6 月 30 日，中国 31 个省（区、市）的小额贷款公司共计 7333 家，前三名分别为江苏省、辽宁省、广东省，分别有 564、480、449 家小额贷款公司。其中，湖南省小额贷款公司共计 126 家，占全国比率约为 1.72%，位于第 23 名，处于全国中下游水平，这说明湖南省的小微金融机构还有待进一步发展。

根据笔者整理的统计数据，截至 2020 年 7 月底，湖南省小额贷款公司、融资担保公司、典当公司、投资相关公司四大类小微金融机构总计为 736 家。其中，小额贷款公司共有 126 家，与中央银行 2020 年上半年小额贷款公司统计数据报告中的湖南省统计数目一致，融资担保公司共有 25 家，典当公司共有 268 家，投资相关公司共有 317 家。其中，本章对小额贷款公司的检索基本遵循央行对小额贷款公司的统计要求。在其他三类小微金融机构方面的检索，由于官方没有对这三类小微金融机构相关数据的直接统计，因此本文的统计依然遵循小额贷款公司的统计要求。在细节方面，融资担保公司不仅包括主体服务为融资担保的企业，还包括提供一定融资担保服务的其他小微金融机构；大多数典当公司的业务范围较为单一，而投资相关公司主要包括投资基金管理、投资担保、投资开发等小微金融机构。进一步地讲，笔者是根据追踪统计在内的小微金融机构的注册地址，得到湖南省各市（州）的小微金融机构统计数目，如表 4.1 所示。

表 4.1　2020 年湖南省各市（州）的小微金融机构统计数目

	小额贷款公司（家）	融资担保公司（家）	典当公司（家）	投资相关公司（家）	合计（家）
湖南省	126	25	268	317	736
长沙市	32	5	86	151	274
株洲市	12	5	28	21	66
湘潭市	6	2	13	12	33
衡阳市	10	1	19	13	43
邵阳市	9	1	21	28	59
岳阳市	5	0	20	11	36
常德市	8	4	15	19	46
张家界市	1	1	9	3	14
益阳市	4	2	7	4	17
郴州市	12	1	23	16	52
永州市	8	1	13	6	28
怀化市	6	0	4	26	36
娄底市	9	2	8	5	24
湘西州	4	0	2	2	8

由表4.1中可以得知，典当行业与投资行业在湖南省的统计数目较多，单从机构数目来看，两者与小额贷款公司构成了湖南省小微金融机构的主要组成部分，并且各市州的小微金融机构的组成比例除怀化市、娄底市和湘西州以外，基本与全省保持一致。在湖南省14个市（州）中，长沙市作为省会城市，各个小微金融机构的统计数目均保持第一的水平，小额贷款公司、融资担保公司、典当公司和投资相关公司分别有32、5、86、151家，占到了全省比例的25.40%、20%、32.09%、47.63%，分支业态所占比例最高的甚至接近全省一半的水平。长沙市四大类小微金融机构总共有274家，占全省比例的37.22%。这反映了长沙市对小微金融机构的市场需求更高，对资本有更强的吸引力，同时也说明长沙市的资金市场拥有更高的流动性，对中低收入者及小型微型企业有更好的扶持作用，脱贫攻坚和普惠金融相对于其他市（州）有更好的发展环境。

除省会长沙这一政治经济文化中心外，可以看到株洲市、邵阳市和郴州市显然比其他市（州）拥有更多的小微金融机构，其中株洲市共有66家，占全省比例的8.97%，在湖南省排名第二；邵阳市共有59家，占全省比例的8.02%，在湖南省排名第三；郴州市共有52家，占全省比例的7.06%，在湖南省排名第四名。株洲市作为中南交通枢纽，郴州市作为湖南省与广东省的第一接口，两者在区域贸易交流与合作上都拥有更好的区位优势，培养市场与笼络资本的潜力更容易被激发，因此，两市的小微金融机构相较于其他市（州）更多。而邵阳市相较于其他市（州）有更好的森林、矿物资源，且人口稠密，自身境内有两条国道和多条高速公路，因此对资金的吸引力较大。此外，排在第三档的有湘潭市、衡阳市、岳阳市、常德市、永州市、怀化市、娄底市，排在第四档的有张家界市、益阳市、湘西土家族苗族自治州，这些市（州）统计在内的小微金融机构在全省的总占比为38.72%，其中最高的常德市所占比例为6.25%，最低的湘西土家族苗族自治州所占比例为1.09%，这些地级市（州）的小微金融机构数目处于全省的中下游水平，普惠金融还有待进一步发展。

4.1.3　湖南省小微金融机构的发展基础与状况

在以上四类小微金融机构中，相较于其他小微金融机构，小额贷款公司拥有更好的灵活性，所得利润和融资门槛等借贷细节都可以通过磋商交流进一步进行调整，且由于自身提供贷款的额度小、可持续的特点，其贷款对象基本限定于中低收入者和个体工商户以及小型微型企业，因此小额贷款公司在所有小微金融机构中更具有真正意义的“扶贫”性质，在普惠金融体系中有较好的代表性，央行、中国金融年鉴和经济统计年鉴也更关注小额贷款公司的发展，本章基于数据的可得性和真实性也将选择小额贷款公司作为进一步研究湖南省小微金融机构的工具。

通过检索统计在内的湖南省小额贷款公司的注册资本金额，本章将湖南省各市（州）的小额贷款公司分为三类，一类是注册资本金额在 0 ~ 100 万元的小规模公司，另一类是注册资本金额在 100 万 ~ 1000 万元的中等规模公司，还有一类是注册资本金额在 1000 万元以上的大规模公司，并结合小额贷款公司的注册地址，汇总制表如表 4.2。

表 4.2　2020 年湖南省各市（州）的小额贷款公司发展基础

注册资本	0 ~ 100 万元	1000 万元以上	合计（家）
湖南省	11	115	126
长沙市	0	32	32
株洲市	4	8	12
湘潭市	0	6	6
衡阳市	1	9	10
邵阳市	2	7	9
岳阳市	1	4	5
常德市	0	8	8
张家界市	0	1	1
益阳市	1	3	4
郴州市	0	12	12
永州市	1	7	8
怀化市	0	6	6
娄底市	0	9	9

续表

注册资本	0~100万元	1000万元以上	合计（家）
湘西州	1	3	4

由表4.2可以得知，湖南省的小额贷款公司的基础发展层次差距较大。注册资本金额在0~100万元的小额贷款公司仅有11家，占湖南省所有小额贷款公司的8.73%，且主要分布在株洲市，占到了湖南省小规模小额贷款公司比例的36.36%，这说明株洲市的经济发展与小微金融机构有更好的兼容性，尤其是对那些自身资金相对匮乏、实力相当有限的自然人、企业法人、其他社会组织或其他关联方来说，株洲市发展小微金融可能拥有更低的金融风险、更加稳定的发展态势以及更加值得信赖的前景，这从侧面反映出株洲市小微金融政策的适用人群和扶持对象相对湖南省其他市（州）更加广泛。统计在内的注册资本金额在100万~1000万元的中等规模小额贷款公司截至2020年7月底数量依然为0。湖南省小额贷款公司只有小规模和大规模两种，说明湖南省小额贷款公司的基础发展程度差距较大，在小微金融相关政策的扶持广度和分配力度上可能存在一定缺陷，这也从侧面反映出所持或可筹集资金在1000万元以下的自然人、企业法人、其他社会组织或其他关联方对设立小额贷款公司仍持观望态度，一方面可能是因为小微金融作为一种新型金融形式还未能积攒一定的普及度，大众对普惠金融还存在认知上的障碍；另一方面则可能是因为小微金融机构的发展仍然存在一定程度上的风险或者相比于设立小微金融机构有其他更好的盈利选择。最后，湖南省注册资本金额在1000万元以上的大规模小额贷款公司达到115家，占湖南省所有小额贷款公司的91.27%，这说明湖南省大部分的小额贷款公司均处于较高的基础发展水平。事实上，在对这些大规模小额贷款公司的工商信息进行检索后，可以发现其中绝大多数公司的董事或者董事长均是拥有数家公司的，这类大规模小额贷款公司也能够为中低收入者和个体工商户以及小型微型企业提供更便捷的融资渠道和更可观的借贷资金。

此外，在小额贷款公司分布的地区异质性上，可以发现仍然是长沙市占大头，总共有32家注册资本金额在1000万元以上的小额贷款公司，占湖南省大规模小额贷款公司的 27. 83%，占整体小额贷款公司的 25. 40%，均占据四分之一以上的比例。郴州市小额贷款公司拥有数量在湖南省各市州中的排名第二，说明郴州市作为湖南省与南部沿海发达城市的接口，相较于湖南省其他一般市（州），对新型金融改革政策有更高的响应力度，并且在普惠金融的发展上有更强的对外适应性。张家界市总共只有一家注册资本金额在 1000 万元以上的小额贷款公司，占湖南省全部大规模小额贷款公司的 0. 87%，占整体小额贷款公司的 0. 79%，在全省中处于最低的水平，这可能是因为张家界市作为一个旅游型城市，其性质比较特殊，小额贷款的资金需求较小，其发展市场也较小或者还有待开拓。相较于小规模小额贷款公司数目为 0 的地级市，株洲市、衡阳市、邵阳市、岳阳市、益阳市、永州市、湘西土家族苗族自治州对小微金融、普惠金融可能拥有更高的宣传普及强度和政策扶持力度，政府应当一方面帮助有意向投资小额贷款公司的自然人、企业法人、其他社会组织或其他关联方开拓发展市场，另一方面提供更完善的咨询服务、更可观的资金支持以及更稳定的金融风险保障，这样才能放宽小微金融机构的准入门槛，从而进一步放宽中低收入者和个体工商户以及小型微型企业借贷融资的准入门槛。

进一步地讲，为探究湖南省小额贷款公司的发展历程，通过检索统计在内的湖南省小额贷款公司的创立时间，本章将湖南省各市（州）的小额贷款公司分为三类，一类是成立时间在 1 ~ 5 年的公司，另一类是成立时间在 5 ~ 10 年的公司，还有一类是成立时间在 10 ~ 15 年的公司，并结合小额贷款公司的注册地址，汇总得到表 4. 3。根据统计，湖南省没有成立时间在近一年以内或者在 15 年以上的小额贷款公司，因此这两项分类不纳入表格展示。

表 4. 3　湖南省各市（州）的小额贷款公司发展状况

成立时间	成立 1 ~ 5 年（家）	成立 5 ~ 10 年（家）	成立 10 ~ 15 年（家）
湖南省	12	100	14
长沙市	4	25	3
株洲市	1	9	2
湘潭市	0	6	0

续表

成立时间	成立 1~5 年（家）	成立 5~10 年（家）	成立 10~15 年（家）
衡阳市	0	10	0
邵阳市	0	7	2
岳阳市	2	3	0
常德市	1	7	0
张家界市	0	1	0
益阳市	0	3	1
郴州市	1	9	2
永州市	1	6	1
怀化市	0	5	1
娄底市	0	7	2
湘西州	2	2	0

由表 4.3 可以得知，湖南省大多数小额贷款公司发展时间较短，大概在 5~10 年，根据创立时间推算，在 2010—2015 年正是着重加强金融创新的十二五规划期间（2011—2015 年），我国开始不断深化小微金融、普惠金融改革。可以看到，在我国放宽小微金融准入门槛后，大量以小额贷款公司为主的小微金融机构如雨后春笋般涌现。但近五年来，湖南省的小微金融机构发展明显放缓，这与央行发布的全国数据一致，从 2017 年到 2019 年，全国小额贷款公司总共的贷款余额基本处于下降水平，其中 2018—2019 年，全国共有小额贷款公司 7551 家，贷款余额 9109 亿元，减少了 436 亿元。

湖南省各市（州）的发展状况基本与全省整体小额贷款公司的发展状况一致。长沙市仍然是小微金融发展的重要阵地，在三种类型中，长沙市成立的小额贷款公司统计数目均为全省第一，而株洲市、衡阳市、郴州市小额贷款公司的发展明显快于湖南省其他一般市（州）。

通过对湖南省各市（州）的小额贷款公司、融资担保公司、典当公司、投资相关公司的发展数量进行统计分析，并以小额贷款公司为例就其发展基础、发展状况进行针对性研究后，可以发现湖南省的小微金融仍然处于稳步发展阶段，在 2010—2015 年发展极其迅速，而在 2015—2019 年发展速度明显放缓。在地区异质性上，长沙市作为省会城市，在小微金融的发展方面扮演着“领头羊”的作用，郴州市和株洲市作为湖南省全方位的交通枢纽，吸引了更多小微金融投资者的目光。

4.2　湖南省小微金融机构发展存量与增量

本节以小额贷款公司作为小微金融机构的研究缩影，从全国视角研究湖南省小微金融机构的发展存量与增量，其中，针对湖南省小微金融机构的发展存量，主要利用小微金融机构实收资本与贷款余额的年度面板数据进行静态分析，而发展增量则主要通过 DEA – Malmquist 模型对湖南省小微金融机构的发展速率进行动态分析。

4.2.1　湖南省小微金融机构发展存量

遵循数据及时性的原则，本节对湖南省小微金融机构的发展存量研究以 2020 年上半年的央行数据为基础，央行 2020 年 7 月 24 日发布的《2020 年上半年小额贷款公司统计数据报告》经笔者整理后，制成表 4.4。其中，实收资本是指小额贷款公司年初累积实际收到的资本数额，而贷款余额是指借款人尚未归还小额贷款公司的贷款总额，平均实收资本的计算为地区实收资本总额与机构数量之比，计量单位为亿元/家，而贷款余额与实收资本之比为比率值。

表 4.4　2020 年上半年全国小额贷款公司分地区情况统计表

地区名称	机构数量（家）	从业人员数（人）	实收资本（亿元）	贷款余额（亿元）	平均实收资本（亿元/家）	贷款余额/实收资本
北京市	105	1061	139.44	131.83	1.33	0.95
天津市	94	1500	115.51	121.86	1.23	1.05
河北省	412	4264	234.40	227.90	0.57	0.97
山西省	251	2300	167.20	151.39	0.67	0.91
内蒙古	278	2323	208.24	203.21	0.75	0.98
辽宁省	480	3486	324.98	285.19	0.68	0.88

续表

地区名称	机构数量（家）	从业人员数（人）	实收资本（亿元）	贷款余额（亿元）	平均实收资本（亿元/家）	贷款余额/实收资本
吉林省	213	1619	79. 54	64. 59	0. 37	0. 81
黑龙江省	227	1470	124. 42	102. 18	0. 55	0. 82
上海市	125	1371	219. 93	210. 59	1. 76	0. 96
江苏省	564	4916	686. 94	786. 75	1. 22	1. 15
浙江省	312	2880	523. 96	570. 58	1. 68	1. 09
安徽省	363	3678	348. 46	421. 98	0. 96	1. 21
福建省	118	1248	267. 15	292. 25	2. 26	1. 09
江西省	182	1911	215. 70	210. 60	1. 19	0. 98
山东省	300	3126	408. 75	452. 75	1. 36	1. 11
河南省	227	2609	203. 92	221. 98	0. 90	1. 09
湖北省	273	2572	299. 98	286. 47	1. 10	0. 95
湖南省	126	1056	96. 55	101. 16	0. 77	1. 05
广东省	449	7471	721. 50	723. 67	1. 61	1. 00
广西	308	3190	272. 22	447. 22	0. 88	1. 64
海南省	55	796	63. 54	58. 68	1. 16	0. 92
重庆市	261	4512	1094. 72	1526. 53	4. 19	1. 39
四川省	227	4291	405. 30	451. 29	1. 79	1. 11
贵州省	217	1861	70. 80	66. 22	0. 33	0. 94
云南省	194	1648	95. 79	93. 60	0. 49	0. 98
西藏	19	126	19. 91	12. 98	1. 05	0. 65
陕西省	259	2506	238. 67	243. 99	0. 92	1. 02
甘肃省	283	2752	147. 88	124. 19	0. 52	0. 84
青海省	65	650	36. 74	38. 92	0. 57	1. 06
宁夏	78	1132	33. 27	30. 97	0. 43	0. 93
新疆	268	1915	169. 23	179. 72	0. 63	1. 06
全国	7333	76240	8034. 65	8841. 25	1. 10	1. 10

从表 4. 4 可以得知，2020 年初到 2020 年 7 月 24 日，全国共有 7333 家小额贷款公司，就业规模达 76240 人，实收资本为 8034. 65 亿元，贷款余额为 8841. 25 亿元，全国的每家小额贷款公司的平均实收资本为 1. 10 亿元/家，贷款余额与实收资本之比为 1. 10。结合各省（市、自治区）的具

体情况来看，全国的小额贷款公司发展差距较大，小额贷款公司数量最多的省份为江苏省，总共有 564 家机构，占全国整体的 7.69%。小额贷款公司从业人员数量最多的为广东省，总共提供了 7471 个岗位，占全国整体的 9.80%，根据两省的这两项指标的比较，也不难发现江苏省的小额贷款公司更倾向于小而多的产业布局，而广东省的小额贷款公司更倾向于大而少的产业布局。实收资本和贷款余额最多的均为重庆市，分别为 1094.72 亿元和 1526.53 亿元，分别占全国整体的 13.62% 和 17.27%，重庆市作为连接我国中西部的重要交通枢纽在小微金融领域的发展上达到了很高的水平。

而湖南省小额贷款公司央行统计在内的共有 126 家，从业人员数量达 1056 人，在全国处于较为落后的水平。实收资本共计 96.55 亿元，贷款余额共计 101.16 亿元，其中，湖南省的平均实收资本为 0.77 亿元/家，明显低于全国水平 1.10 亿元/家，说明湖南省的小微金融机构还有待发展；但贷款余额与实收资本之比为 1.05，说明湖南省小微金融机构对资金市场的流动性起到了很大的作用。不难发现，湖南省现阶段小微金融机构的发展依靠的并不是规模，而是效率。

4.2.2 湖南省小微金融机构发展增量

前文主要利用年度面板数据基于全国框架对湖南省的小微金融机构发展存量进行静态分析，而本小节则通过 DEA - Malmquist 模型基于全国框架对湖南省的小微金融机构发展增量进行动态分析，主要通过对小微金融机构生产效率变化的测度分析找出小微金融发展的着力点。值得注意的是，本节研究的发展主要是指小微金融机构内部的发展，即自身生产效率提高的瓶颈是什么，需要依靠什么作为拉动点，而并非宏观层面的小微金融机构规模的扩大。当然，依靠生产效率的发展一定程度上也能够促进小微金融机构在整个宏观经济中的壮大。

考虑到 2020 年发生了罕见的全球性公共卫生危机，全世界的经济发展前景并不乐观，全国各省（市、自治区）的小微金融机构发展可能会受到不同程度的影响，不利于把握小微金融机构总体的发展态势。因此，本文选择2017—2019年央行发布的《小额贷款公司分地区情况统计表》为数据基础，采集了30个省份（西藏自治区和港澳台因部分数据缺失不在统计范围内）2017—2019年的相关数据，包括机构数量、从业人员数、实收资本、贷款余额（亿元）。

本节采用的DEA - Malmquist模型是一种将非参数与参数分析相结合的数据包络分析法，能够科学客观地评估决策单元（即30个省份）的小微金融机构的发展增量。数据包络分析方法（Data Envelopment Analysis）是运筹学、管理科学和数理经济学交叉研究的一个新领域，应用领域包括科技创新、金融技术、建筑规划、物流管理、工农业生产等。其理论模型是一种线性规划模型，即DEA模型，最早由Charnes和Cooper等人于1978年开始创建，是一种非参数的统计估计方法，用于评价包含多个投入、投出因素或变量的多个决策单元间的DEA有效性。通过这种数学线性规划，可以将全要素生产、技术进步、技术效率等不可观测因素识别（全要素生产是指某部门或单位的全部产出成果与多种特定要素的实际投入之比，特定要素通常为：资本存量、劳动力规模、能源消费量等，用于衡量多种要素的产出能力。），这些数据在经济学领域通常具有深刻的含义，在本小节主要用于研究小微金融机构的发展增量，即通过对发展效率的测度进一步分析湖南省小微金融机构发展的着力点。

DEA - Malmquist指数则是一种参数统计方法，用于测度包含多个投入、投出因素或变量的多个决策单元的效率变化值，是一种用于对动态效率的变化趋势进行分析的模型。目前，Fare（1992）改进后的DEA - Malmquist指数模型是当今学术界最常使用的版本。设和分别为第t和$t+1$期的投入产出关系，从t到$t+1$的变化即为全要素生产率的变化（TFPch），这种变化同时受到技术进步水平变化（TEch）和综合技术效率变化（EFFch）两者的影响。和分别为第t和$t+1$期的产出导向距离函数。至此，基于t和$t+1$期参照技术的DEA - Malmquist生产效率指数分别为：

$$M_t\left(x^t, y^t, x^{t+1}, y^{t+1}\right) = \frac{D_c^t\left(x^{t+1}, y^{t+1}\right)}{D_c^t\left(x^t, y^t\right)}$$

$$M_{t+1}\ (x^t,\ y^t,\ x^{t+1},\ y^{t+1})\ =\frac{D_c^{t+1}\ (x^{t+1},\ y^{t+1})}{D_c^{t+1}\ (x^t,\ y^t)}$$

从 t 期到 $t+1$ 期的 DEA - Malmquist 指数即为全要素生产效率的变化（TFPch），全要素生产效率即全部生产要素的投入要素在不变的情况下产出成果仍能增长的部分，在本小节中指代各个决策单元［即 30 个省（市、自治区）］自身小微金融机构的生产效率变化。下式中第一个等式，若其大于 1，则全要素生产效率的变化增长，若其小于 1，则意味着全要素生产效率的变化下降；并且 DEA - Malmquist 指数又可被进一步分解，如下式第二个等式所示：

$$M_t\ (x^t,\ y^t,\ x^{t+1},\ y^{t+1})\ =\ (M_t\times M_{t+1})^{1/2}=\left[\frac{D_c^t\ (x^{t+1},\ y^{t+1})}{D_c^t\ (x^t,\ y^t)}\times\frac{D_c^{t+1}\ (x^{t+1},\ y^{t+1})}{D_c^{t+1}\ (x^t,\ y^t)}\right]$$

$$M_t\ (x^t,\ y^t,\ x^{t+1},\ y^{t+1})\ =\frac{D_v^{t+1}\ (x^{t+1},\ y^{t+1})}{D_v^{t+1}\ (x^t,\ y^t)}\times\left[\frac{D_v^t\ (x^t,\ y^t)}{D_v^{t+1}\ (x^t,\ y^t)}\times\frac{D_v^t\ (x^{t+1},\ y^{t+1})}{D_v^{t+1}\ (x^{t+1},\ y^{t+1})}\right]$$
$$\times\left[\frac{D_c^t\ (x^{t+1},\ y^{t+1})\ /D_v^t\ (x^{t+1},\ y^{t+1})}{D_c^t\ (x^t,\ y^t)\ /D_v^t\ (x^t,\ y^t)}\times\frac{D_c^{t+1}\ (x^{t+1},\ y^{t+1})\ /D_v^{t+1}\ (x^{t+1},\ y^{t+1})}{D_c^{t+1}\ (x^t,\ y^t)\ /D_v^{t+1}\ (x^t,\ y^t)}\right]$$
$$\cong \text{Pech}\times\text{Techch}\times\text{Sech}$$

可简化为：

$$\text{TFPch}=\text{Pech}\times\text{Techch}\times\text{Sech}$$

其中，TFPch 代表全要素生产率的变化，即小微金融机构生产效率的年际变化率；Pech 代表纯技术效率变化，是假设规模报酬可变下的技术效率变化；Sech 代表规模效率变化，是规模报酬不变与规模报酬可变对应的技术效率之比，反映规模经济对生产率的影响。这两项均由技术效率变化 Effch 分解而来；Techch 代表技术水平变化。若构成 TFPch 指数的某一指标比率大于 1，说明该指标导致了生产率水平的提高，反之则说明该指标导致了生产率水平的下降。

数据包络分析法需要以投入产出作为数据分析的基础，本小节选取的投入产出变量如下：将产业规模和劳动力作为投入要素，将盈利和业务作为产出成果。其中，小额贷款公司的机构数量作为产业规模的量化指标，小额贷款公司的从业人员数量作为劳动力投入的量化指标，小额贷款公司的实收资本作为盈利的量化指标，小额贷款公司的贷款余额作为业务的量化指标，工业废气排放量和城市污水排放量作为污染物排放的指标。投入产出变量及选取的量化指标具体如表 4. 5 所示：

表 4. 5　投入产出变量表

变量类别	变量名称	指标名称或计量方法
投入要素	产业规模	机构数量（家）
	劳动力	公司从业人员数（人）
产出成果	盈利	实收资本（亿元）
	业务	贷款余额（亿元）

笔者使用 Deap2. 1 线性规划工具通过 DEA – Malmquist 指数模型对中国 2017—2019 年小微金融机构发展的综合技术效率、技术进步、纯技术效率、规模效率、生产效率变化进行测算，最终结果如表 4. 6 所示。

表 4. 6　2017—2019 年中国小微金融机构发展效率的 DEA – Malmquist 指数

省份	DEA – Malmquist 指数				
	综合技术效率 Effch	技术进步 Techch	纯技术效率 Pech	规模效率 Sech	全要素生产率 TFPch
北京市	0. 992	1. 135	1. 081	0. 917	1. 126
天津市	0. 801	1. 184	0. 874	0. 916	0. 948
河北省	0. 976	1. 124	0. 855	1. 142	1. 097
山西省	0. 984	1. 1	0. 944	1. 042	1. 083
内蒙古	0. 964	1. 1	0. 935	1. 032	1. 061
辽宁省	1. 018	1. 1	0. 911	1. 117	1. 12
吉林省	1. 109	1. 1	1. 01	1. 098	1. 22
黑龙江省	1. 011	1. 1	1. 013	0. 998	1. 112
上海市	0. 973	1. 113	0. 997	0. 976	1. 084
江苏省	0. 898	1. 1	0. 816	1. 1	0. 988
浙江省	0. 945	1. 101	0. 913	1. 035	1. 04
安徽省	0. 96	1. 133	0. 87	1. 103	1. 088
福建省	0. 972	1. 1	1	0. 972	1. 069
江西省	0. 986	1. 114	0. 956	1. 032	1. 099
山东省	0. 973	1. 114	0. 898	1. 084	1. 084
河南省	0. 968	1. 136	0. 916	1. 057	1. 099

续表

省份	DEA - Malmquist 指数				
	综合技术效率 Effch	技术进步 Techch	纯技术效率 Pech	规模效率 Sech	全要素生产率 TFPch
湖北省	1.007	1.113	0.949	1.061	1.12
湖南省	1.095	1.143	1.254	0.873	1.251
广东省	0.851	1.248	0.887	0.959	1.062
广西	0.897	1.197	0.918	0.978	1.074
海南省	0.862	1.23	1	0.862	1.06
重庆市	1	1.143	1	1	1.143
四川省	0.806	1.252	0.772	1.044	1.01
贵州省	0.954	1.1	0.938	1.017	1.049
云南省	1.019	1.1	0.993	1.026	1.121
陕西省	0.958	1.1	0.932	1.028	1.054
甘肃省	1.01	1.1	0.963	1.049	1.111
青海省	0.929	1.1	0.872	1.065	1.022
宁夏	0.809	1.141	0.985	0.822	0.923
新疆	1.03	1.1	1.012	1.018	1.133
全国	0.956	1.13	0.945	1.011	1.08

从全国角度来看，可以发现全国的小微金融处于稳步发展的状态，2017—2019 年的年际生产效率增长率为 0.08，即每年以 8% 的速度逐渐实现全国小微金融机构的高质量发展。全国的技术进步变化率为 1.13，即小微金融的技术前沿面以每年 13% 的增长率上升，这在一定程度上反映了小微金融机构能够提供越来越好的金融服务，为融资借贷的自然人、企业法人等主体带来更好的经济收益。全国的规模效率变化率为 1.011，即小微金融的规模效率以每年 1.1% 的速度稳步增长，这说明小微金融机构正慢慢实现产业在非空间层面上的集聚与整合，规模化的效益开始显现。但全国的纯技术效率变化率为 0.945，说明我国小微金融生产中的纯技术效率出现了下降的趋势。在数据包络分析法中，纯技术效率主要是指由于管理水平引起的效率变化，这反映出我国小微金融机构内部的管理存在一定程度的无效率，这一方面可能是由于国内对小微金融、普惠金融的普及度不

够高导致的；另一方面，则反映出我国小微金融领域还未成熟，内部管理手段还比较稚嫩。

湖南省在2017—2019年，小微金融机构的全要素生产率变化值达到了1.251，在全国排名第一，这说明在此期间湖南省小微金融机构内部的生产效率发展迅速，对省内的资金市场流动做出了更大的贡献。其中，湖南省生产效率变化的分解明显与全国生产效率的情况不同，湖南省在全国省（市、自治区）中，有着排名第一的纯技术效率，这说明湖南省126个小额贷款公司相较于其他省（市、自治区）有着更高的管理效率，有待进一步挖掘。但湖南省的规模效率仅有0.873，明显落后于全国水平1.011，处于全国的下游水平，这与前文2020年上半年央行发布的小额贷款公司分地区情况统计表中的机构数量和从业人员数量相吻合，湖南省的小微金融机构发展起步较晚，发展规模在全国较为落后，因此规模效应带来的效率收益远远不足，成了湖南省小微金融机构发展的瓶颈。

从全国视角对湖南省小微金融机构发展进行分析，可以发现湖南省的小微金融机构发展规模相对于其他省（市、自治区）较为落后，机构数量和从业人员数量均在全国处于下游水平，因此产业规模成为湖南省小微金融机构发展的瓶颈，但得益于高效的内部管理水平，湖南省小微金融机构生产效率的增长迅速，在全国处于领先地位。

4.3　湖南省小微金融机构发展的影响因素分析

本节对湖南省小微金融机构发展的影响因素主要从内部环境和外部环境两方面进行分析，其中内部环境主要是基于上一节测度的效率变化值数据，对小微金融机构发展过程中的生产效率进行影响因素分析，而外部环境主要是基于数据包络分析法计算的松弛值，通过随机前沿分析法对小微金融机构发展的外部环境进行评估。一方面小微金融机构的地方发展被统筹在全国发展中，两者存在很多共同之处；另一方面，本节主要运用的回归统计模型必须要求面板数据，而地级市的相关数据存在缺失，因此本节对小微金融机构发展的影响因素分析同样基于全国视角。

4.3.1　内部影响因素分析

上节的分析结果表明：综合技术效率、技术进步、规模效率、纯技术效率对湖南省小微金融机构的发展效率起到至关重要的作用。基于此，本小节以小微金融机构的内部发展为出发点，就中国 30 个省（市、自治区）的各个分解效率对生产效率的贡献度水平展开进一步分析，以此探明小微金融发展的内部影响因素。其中，生产效率和综合技术效率的变化速度分别作为核心被解释变量，综合技术效率、技术进步与规模效率、纯技术效率分别作为回归模型的主解释变量，采用的计量模型为 GLS 随机效应模型，构建回归模型如下：

$$\text{TFPch}_{it} = \alpha_1 \text{Effch}_{it} + \alpha_2 \text{Techch}_{it} + cons + \varepsilon_{it}$$

$$\text{Effch}_{it} = \beta_1 \text{Pech}_i t + \beta_2 \text{Sech}_{it} + cons + \varepsilon_{it}$$

其中，下标 i 代表全国各省（市、自治区）的序号，下标 t 代表 2017—2019 年的年份序号，TFPch、Effch、Techch、Pech、Sech 分别代表小微金融机构生产效率的年际变化率、综合技术效率的变化率、技术进步的变化率、纯技术效率的变化率、规模效率的变化率，α_1、α_2、β_1、β_2 代表各自的回归系数，ε 代表随机误差项。由此对 2017—2019 年中国内部发展效率的着力点展开计量分析，结果如表 4.7 所示。值得注意的是，回归系数数值虽然大部分接近于 1，但并非代表各个效率的变化率，而是代表各个效率变化率对上级效率变化率的贡献程度。

表 4.7　2017—2019 年各个效率变化率对发展效率的贡献度

	Effch	Techch	Pech	Sech
全国地区	1.167 ***	0.835 ***	0.938 ***	0.867 ***
	-0.0215	-0.0209	-0.0277	-0.0335

注：*、**、***分别代表该变量在 1%、5%、10% 的显著性水平下通过检验。

从全国水平来看，综合技术效率和技术进步均对中国小微金融机构的发展起到了正面的促进作用，并且纯技术效率和规模效率也均对综合技术效率起到了正面的促进作用，中国小微金融机构的内部发展受到技术前沿面、产业规模、管理水平和技术创新等多方面影响。而根据回归系数的比较，中国小微金融机构的发展主要依赖于综合技术效率的增长，而综合技术效率的增长则主要依赖于纯技术效率的增长，这与前文 DEA - Malmquist 指数模型效率分解的结果一致，说明中国小微金融机构的发展瓶颈主要在以管理水平为主导的纯技术效率，中国小微金融机构的发展关键也在于纯技术效率的突破。

为保证回归结果的准确性，本文设置了三种稳健性检验方法：一是针对效率分解的特殊性综合技术效率进行分解，以小微金融机构的技术进步变化率、纯技术效率增长率和规模效率增长率为主要解释变量，以小微金融机构的发展效率增长率为核心对被解释变量进行随机效应回归；二是控制省际地区固定效应进行随机效应回归；三是控制年际时间固定效应进行随机效应回归。三种稳健性检验方法均对前文计量结果具有良好的支撑作用。回归结果如表 4.8 所示。

表 4.8 稳健性检验

全国地区	效率分解	控制地区效应	控制时间效应
Effch	1.167 *** -0.0215	1.178 *** -0.0524	1.151 *** -0.0151
Techch	0.743 *** -0.0497	0.867 *** -0.0388	0.752 *** -0.018
Pech	1.023 *** -0.0495	0.945 *** -0.0477	0.923 *** -0.0319
Sech	0.987 *** -0.0516	0.845 *** -0.0614	0.865 *** -0.0336

注：*、**、***分别代表该变量在 1%、5%、10% 的显著性水平下通过检验。

4.3.2 外部影响因素分析

本小节研究外部环境因素所采用的回归模型为随机前沿模型（Stochastic Frontier Approach，SFA），即将数据包络分析法中计算的投入松弛值作为被解释变量，将环境变量与常数项作为解释变量，进行随机前沿回归。该过程可以对外部环境影响和随机误差项的影响进行评估，以反映湖南省小微金融机构发展的外部影响因素，随机前沿模型过程如下：

首先，由数据包络模型计算综合效率水平和松弛值，总松弛值等于径向运动值与松弛运动值之和的相反数：

$$TotalInputSlacks = -\ (RadialMovement + Slack\ Movement)$$

然后，以松弛值的对数值为被解释变量，以环境变量与常数项为解释变量，由 SFA 回归估计得到各外部环境因素的回归系数及其显著水平与 Sigma - squared 值和 gamma 值，以此评估外部环境的影响。

本小节分析的外部环境因素主要是指对小微金融机构发展产生影响但又不受主体完全控制的因素。基于数据可获得性、量化可行性、影响重要性等方面的考量，本文最终选取了经济发展水平、产业结构水平、政府规模水平、科技创新水平、企业进步水平、对外开放水平六个外部影响因素。其中，经济发展水平、政府规模水平、科技创新水平是基于政府方面的外部环境，而产业结构水平、企业进步水平、对外开放水平则是基于企业方面的外部环境。外部环境影响因素的变量及选取的量化指标具体如表 4.9 所示：

表 4.9　外部影响因素变量表

变量类别	变量名称	指标名称或计量方法
外部环境变量	经济发展水平	人均地区生产总值（PGDP）
	产业结构水平	第三产业与第二产业产值之比（Industry）
	政府规模水平	地方一般公共预算支出与地区生产总值之比（Government）
	科技创新水平	科学技术支出与地方一般公共预算支出之比（Technology）
	对外开放水平	进出口总额与地区生产总值之比（Open）
	企业进步水平	企业 R&D 经费与地区生产总值之比（R&D）

选择这些外部环境变量的理由及具体量化指标如下：

经济发展水平：经济环境对小微金融的影响是重要且多方面的，经济发展能够使资源、能源利用技术的投入资金增长，从而为小微金融的发展提供更优解；同时，随着经济的发展，经济也越来越依靠小微金融的发展来缩小贫富差距，实现共同富裕。本文用该地区的人均生产总值来代表其经济发展水平。

产业结构水平：产业结构同样与小微金融机构息息相关，小微金融机构面向的对象是多行业的，因此针对不同行业具有不同的准入标准。进一步讲，小微金融机构同样需要在融资借贷主体实际情况的基础上结合当地的相关产业发展情况制定具体的资金投入。本文用该地区的第三产业与第二产业产值之比来代表其产业结构水平。

政府规模水平：政府的宏观调控对小微金融机构发展有重要的影响，合理适度的调控能够充当“第三只手”，通过资源合理配置等多种手段促进小微金融、普惠金融的发展。本文用该地区一般公共预算支出与地区生产总值之比代表其政府规模水平，这个比值越高，表示政府对宏观运作的调控力度越大，反之则越小。政府作为国家管理的主体，承担着治理国家、服务人民的重要责任，因此更要从长远考虑，树立共同富裕的理念，打好脱贫攻坚战。

科技创新水平：以往粗放式经济引发的问题警示着我们，科技的发展应当为高质量发展服务。小微金融机构作为一种新型金融形式，更需要先进科技的引导，促进生产力的提升，科技创新能够通过对技术的创新实现小微金融机构生产效率的全面提升。本文采用该地区科学技术支出与地方一般公共预算支出之比代表其科技创新水平。

企业进步水平：本文采用该地区规模以上企业 R&D 经费与地区生产总值之比来代表企业主体的技术进步水平。企业通过管理结构、组织形式创新能够实现内部资源的有效配置，从而促进生产效率的提升，其优质的金融服务也能够促进地区整体小微金融机构的发展。

对外开放水平：本文采用该地区进出口总额（按收发货人所在地分）与地区生产总值之比来代表其对外开放程度。对外贸易能够促进技术交流、区域合作等现象，同时能够通过内外部供应和产能的互相弥补填充促进区域内外资源的有效及时调配。当该地区的对外贸易额越大，一般认为对其生产效率具有促进作用。

通过随机前沿法将产业规模投入、劳动力投入两者松弛值的对数作为被解释变量，将经济发展水平、产业结构水平、政府规模水平、科技创新水平、企业进步水平、对外开放水平和常数项作为解释变量进行了 SFA 回归，从而更加科学地评估外部环境因素对小微金融机构发展的影响。表 4.10 展示了 2017—2018 年 SFA 回归模型的结果。

由表 4.10 可知，在随机前沿回归分析中，多个外部环境因素对小微金融机构的发展均具有较明显的作用，对产业规模投入、劳动力投入的 P 值分别为 0.0007、0.0000，均通过了 1% 的显著性水平。在表中，有显著或未达到显著水平的外部因素，在显著的基础上，认为回归系数为负数的表示增加环境变量会导致减少对应的投入松弛值，从而导致投入减少或产出增加，而回归系数为正数的则表示增加环境变量会导致增加对应的投入松弛值，从而导致投入增加或产出减少。此外，Gamma 值在两个投入变量中的值均处于极低的水平，分别为 1.13e-10 和 3.05e-07，说明管理无效率在小微金融机构的外部发展中起到重要作用。

表 4.10　2017—2019 年随机前沿回归模型结果

外部环境变量	产业规模投入松弛值	劳动力投入松弛值
Cons	237.1*	3.977
	-97.2	-24
PGDP	-0.00104*	-0.0000593***
	-0.000605	-0.0000138
Industry	-18.3	-0.452
	-17.22	-0.392
Government	-188.6	-0.862
	-114	-2.592
Technology	314.9	33.95
	-997	-22.67
Open	26.18*	1.628***
	-15.02	-0.342
R&D	-4245.8	-79.55
	-3278.9	-74.58
Sigma-squared	3413.714	1.76584
Gamma	1.13e-10	3.05e-07

续表

外部环境变量	产业规模投入松弛值	劳动力投入松弛值
Log likelihod	-329.203	-102.1951
Pro > chi2	0.0007	0.0000

注：*、**、***分别代表该变量在1%、5%、10%的显著性水平下通过检验。

如表4.10所示，经济发展水平对产业规模投入和劳动力投入松弛值的影响均表现为显著的负数，分别在10%和1%的显著性水平下通过了检验，说明经济的发展能够在一定程度上保证资金市场的高效运作，经济发达省份的小微金融机构能够有效削减冗余的资金和劳动力，通过更少的资金投入和劳动力投入产出更高的收益。对外开放水平对产业规模投入和劳动力投入松弛值的影响均表现为显著的正数，分别在1%和10%的显著性水平下通过了检验且为正相关，这意味着对外开放程度高的省份的小微金融机构能够有效笼络资金，通过区域贸易获得更加可观的投入资本，从而为小微企业的发展提供充足的资金。而其他外部环境并非未对小微金融机构的发展起到作用，由于随机前沿法对面板数据的要求较为严苛，而我国小微金融机构的发展正处于起步阶段，因此统计模型难以对整个外部宏观环境做到面面俱到的评估。

通过对小微金融机构发展的内部影响因素和外部影响因素研究，本节发现湖南省的小微金融机构受到产业规模、管理水平、技术前沿面等内部因素影响，同时也受到以经济发展水平、对外开放水平为主的外部环境因素影响。

4.4 湖南省小微金融机构发展的风险预警与市场定位

本章将小微金融机构定义为专门为小型微型企业和个体工商户以及中低收入阶层提供小额度的可持续的金融产品及服务的金融机构，主要包括小额贷款公司、融资担保公司、典当公司和投资相关公司。这些金融机构形式往往被视为当今“影子银行”的一种新型表现形式，继承了“影子银行”的一系列特点，拥有准入门槛低、审批速度快等优点，在带来资金市场高流动性的同时，其高杠杆操作也给整个金融体系带来了一定风险，若资金链出现大规模断裂，会造成不小的金融危机。大多数这类的金融机构资金规模都不大，且面对的客户群体都以小型、微型企业或者个人为主，这也使得小微金融机构承担了一定程度上的资金回收风险。

中国自 20 世纪 80 年代起，小额贷款公司如雨后春笋般涌现，发展速度迅猛。统计数据显示，仅 2010 年一年，全国已有小额贷款公司 2614 家，贷款余额 1975 亿元，当年新增贷款 1202 亿元，小微金融企业发放贷款金额的增长幅度为 157.7%。2011 年，全国共有小额贷款公司 4282 家，大约是 2010 年的 1.64 倍，贷款余额 3915 亿元，实现了翻番，全年累计新增贷款 1935 亿元，小微金融企业发放贷款金额的增长幅度为 98.2%，可以说我国的小微金融机构在 2010—2015 年间实现了规模的迅速扩张。

小微金融机构的兴起及壮大，使得整个地区资金市场变得更加丰盈，流动性也大大增加，带来了地区金融市场一定程度上的繁荣，对整个地区金融市场的稳定性及流动性起到了重要的作用。但作为游离于银行监管体系之外的“准金融机构”，小微金融机构除了为融资借贷主体提供资金，也累积了较大程度的金融风险。相比于商业银行，该类金融机构在资金总量、信用评估等方面也面临更大的挑战。一方面，由于小额贷款公司规模较小，资金总量受到限制，小微金融机构需要对运营期间的资金收支采取极其细致的控制手段，保证在面临违约的情况下能够最大限度地减少此类诚信突发事件带来的冲击，同时保证资金链继续平稳流动，否则资金链一旦断裂，将对小微金融机构的经营状况产生环环相扣的负面影响，最终导致整个企业的溃败；另一方面，小微金融机构面向的客户限定为特定的小型微型企业、中低收入阶层或者个体工商户，将面临一定程度上的还款违约风险。并且不同于四大银行或者大型商业银行，小微金融机构一般没有适合自身的针对客户偿还能力的分析评价体系，制定成熟的诚信评价体系需要花费大量的人力物力，这与小微金融机构小规模的特点相违背。但此类融资借贷人的违约事件一直普遍存在，一旦发生，小微金融机构将面临重大的生存挑战。因此，小微金融机构更加难以预见诚信方面的“黑天鹅事件”，对此类“黑天鹅事件”的事前控制缺乏科学有效的手段。这也正是小微金融机构虽然有政府的大力扶持，但其发展规模始终受到一定限制的原因。

截至2019年底，我国已经有小额贷款公司7551家，贷款余额9109亿元，但实际上，2017—2019年间的贷款余额正处于逐年减少的状况，2019年全年间共减少436亿元。小微金融机构在迅速发展后突然放缓，可以说是小微金融、普惠金融发展过程中一个明显的风险警示。小微金融机构虽然为小额信贷活动提供了一条新的途径，大大拓宽了小型微型企业和个体工商户以及中低收入阶层的融资渠道，并且提供了能更好地满足特定客户群体和更加灵活的金融服务。但小微金融机构的发展基础并不够牢靠，小微金融机构在迅速发展的同时累积了复杂多变的衍生金融风险，因此其发展速度的放缓可能并不是纯粹的风险原因，而是一次值得把握的契机，一次针对小微金融机构所面临的风险进行个体和整体防范的契机。在国家鼓励金融创新的时代背景下，运用新的思想和理论系统地分析小微金融企业所面临的风险，并针对这些风险进行防范控制，能更好地保证小微金融企业的生存及发展，并在很大程度上保障整个资金市场的稳定性。

小微金融机构的主要风险是客户违约的风险以及自身还款违约的信用风险。对此，需要建立合理有效的预警机制，即对融资借贷者的还贷能力相关数据和资料进行分析，在出现还贷危机前做到预先反应并采取相关措施以减少资金损失。

首先，小微金融机构要针对融资借贷者所涉及行业的外部宏观经济环境、经济政策变化、行业周期性波动等方面做出合理的评估。在内部层面，小微金融机构应当加强对融资借贷者的财务信息认知，除了对融资借贷者本体的调查外，还应关注融资借贷者投资主体的企业信用、经营素质和发展前景，甚至企业内部决策层的重大变化以及近期的财务收支情况。对此，可以借鉴平衡记分卡的分析模式作为偿债能力分析的方法，以实现对具体业务的全方位掌握。

其次，小微金融机构应当借助多种信息获取渠道加强相关部门的甄别能力，通过电视、互联网、金融报刊等多种渠道获得企业相关或行业相关的风险信息，通过银行征信系统及时了解融资借贷客户的贷款及担保记录，通过参考外部的信用评估专业机构的相关信息加强对融资借贷客户的财务认知，做到对业务发生前、还贷过程中异常情况的及时记录、分析与应对。

最后，小微金融机构还可通过行为经济学对融资借贷主体的借贷行为及还贷行为进行合理预测。行为经济学可以打破并跳出以往基于财务报表或诚信记录的静态分析框架，以一种前沿的动态的"理性人"视角，通过对融资借贷主体的行为进行科学预测以有效避免潜在风险，从而更好地制定相应的风险防控措施。

在设置风险预警机制后，小微金融机构的市场定位其实已经相当明显，即小微金融机构面向小型微型企业、中低收入阶层或者个体工商户，并且针对这些融资借贷客户制定自身的还贷能力分析体系和信用等级评价体系，向综合评价高的融资借贷客户提供小额度的可持续的金融服务，包括贷款、融资、担保、投资、基金等。其中，目标市场、经营策略的研究对象、金融服务提供的规模均与其他金融机构有差别，但竞争地则不受限制。

4.5　小微金融机构发展的国内外比较与经验借鉴

我国小微金融机构的发展十分迅速，但在近几年内突然放缓，主要是因为越来越多的投资者对小微金融机构采取观望的态度，这与小微金融机构发展中暴露出的问题有很大关联，如信息不透明、信用等级模糊等，这些问题在国内外都是普遍存在的，也是前文反复提及的。此外，国内小微金融机构发展中融资渠道单一、管理手段落后等问题也较为普遍，这些问题一方面在于小微金融机构本身属于一种新型金融形式，因此自身和行业资产规模均较小，因此信用等级较低，能够使用的融资手段相对较少，而另一方面在于相当一部分小微金融机构的企业经营者属于单纯跟风的行径，没有充分利用政府的政策，仍然采用民间的高利率借贷方式，导致资金不能很好地循环，而且自身在借贷时忽略了除银行贷款以外的其他融资手段，比如贸易融资、产业链融资等方式，因此融资渠道窄、融资难度大。针对这些问题，国内外衍生出多种发展方式。

针对信息透明度、信用等级评估等问题，德国衍生出了IPC微贷技术。微贷技术的主要理念是一方面通过大量的交叉验证与实地考察，对融资借贷客户的财务情况进行最大限度的还原，了解其还贷能力、信用风险和资金需求，在调查细节上，实地考察者对融资借贷客户的家庭关系、人际交往、从业经历等都会有十分详细的取证；另一方面则是利用业务经理根据自身较为成熟的经验对融资借贷客户进行专业判断，业务经理能够凭借自身在相关行业的接触对融资借贷客户的行为风险进行合理评估。总之，IPC微贷技术更倾向于依靠人力战术，通过雇员的亲身感受来解决信息和诚信问题。这一技术的优点在于能够以人的思维逻辑对经营业务进行更有“人情味”的评价，缺点是过于依赖调查员的主观感受和客户经理的主观判断，这使得小微金融机构的道德风险较高，同时此类员工的培训周期较长，且培训过程较专业，在国内缺乏相应的条件，因此未能在国内普及开来。

同样针对信息和诚信问题，玻利维亚的阳光银行模式更加受到国内青睐。这种阳光银行模式包括很多易操作的经营手段，比如通过设立金额小、利率高、期限短且分期偿还的“种子贷款”来支持中低收入者或个体工商户个人和家庭生产，通过对信用良好的融资借贷客户采取一定程度的贷款利率优惠或者向其提供资金更多、期限更长、可用范围更广的“阳光贷款”来进行激励，通过综合灵活运用包括资产抵押、信用贷款等在内的各种担保手段来实现风险最小化，这些经营手段不仅更易操作，而且也符合小微金融机构小数额、可持续的特点，能够树立一定的观念地位，培养融资借贷客户的忠诚度。

针对融资渠道单一的问题，国内较为传统的供应链金融模式具有一定的实用性。这种经营模式是指小微金融机构通过依托产业链上下游合作相关核心企业的资信来提升自身的信用，达到吸引其他银行等金融机构融资的效果，从而拓宽小微金融机构的融资渠道，降低小微金融机构因融资借贷客户违约而产生的资金链断裂风险。这种传统的供应链金融模式能够通过与产业上下游核心企业的联动实现对小微金融机构自身的声誉风险控制，从而在一定程度上缓解小微金融机构在开展业务时产生的成本与风险问题。这种模式能够通过相对优质的资产对风险实现较为有效地把控，但其过于依赖其他企业，不仅对自身的发展不利，而且容易受到来自依托企业的风险影响。在此基础上，国内出现了立足于供应链金融模式基础上的商业服务理念，通过设立为小微金融机构提供全方位、专业化金融服务的相关企业，创造更多的就业岗位，同时也能减轻小微金融机构的融资压力、保障小微金融机构资金的流转。

此外，国外同样还有许多依靠政策支持的非营利性的小微金融机构。孟加拉国作为最早出现小额担保贷款的国家，经过数十年的发展出现了格莱珉银行模式，这种发展模式是不以营利为经营目标的，主要目的是向贫困人群提供小额度的短期贷款以消除贫困，其准入门槛进一步放宽，申请贷款者甚至可以不具备抵押物品。同时，格莱珉银行还可以为客户提供个性化定制服务，通过设计多种贷款产品，指导帮助客户投资理财，竭力帮助客户实现经济自由。在非营利的基础上，格莱珉银行同样具备其他发展模式的特点，比如信贷激励机制等。

通过对前文湖南省小微金融机构的发展脉络、发展着力点、内外部影响因素、经营策略、国内外发展比较的总结，笔者结合相关文献，为湖南省小微金融机构的发展提出几点建议：

第一，建立健全相应的金融立法，保障小微金融机构的正规化发展。加大省内的小微金融、普惠金融知识普及，建立科学有效的民间借贷监控体系，从市场方面和法律层面对民间借贷活动给予有效支持和保护，培养民众对小微金融机构的信赖度，逐步推动民间金融的合法化与规范化，最终拓宽小微金融机构的业务活动空间。

第二，建立完善的信息共享制度，加大信息披露力度。政府通过对湖南省省内小微金融机构的集中引导，领导并辅助整个小微金融行业制定便利的公开数据共享平台，内容主要是中低收入者、个体工商户、小型微型企业这类目标客户的还贷能力和信用等级评估，从而一方面减轻小微金融机构经营者的工作任务和所承担风险，另一方面尽可能减少小微金融投资意向者的后顾之忧，鼓励民间资本进一步集聚。

第三，通过对利率政策的适当调整，推动利率的市场化。以中央银行基准利率为基础，将利率的决策权交给市场，并通过利率政策对其进行及时适当的调整，能够很大程度上缓解小微金融机构融资难问题。利率市场化同样会淘汰金融效率低下、资金实力较弱、内部机制不完善的小微金融机构，这需要政府部门进一步制定多样化的扶持政策。

第四，扩展小微金融机构的内涵，加强金融创新。一方面，拓展小微金融机构的服务对象、金融服务范围、经营业态形式，比如将小微金融的服务对象从部分贫困户拓展到无法从正规渠道获得金融服务的中低收入者、个体工商户和小型微型企业，将单个小额贷款业务拓展到融资担保、投资理财、存款保险、股权基金等方面，将经营业态模式从小额贷款公司拓展到融资担保公司、投资基金管理公司等。另一方面，利用大数据技术手段，通过网络信息收集、整合、分析、拓展，科学地建立信用评价网络、业务经营体系等，以满足小微金融机构复杂且流动性强的客户群体需求。

4.6 本章结论

本章首先对湖南省各市（州）小微金融机构（包括小额贷款公司、融资担保公司、典当公司、投资相关公司）的发展数量进行统计，并以小额贷款公司为缩影展开对湖南省小微金融机构的发展基础、发展状况的研究，发现湖南省的小微金融机构在2011—2015年发展十分迅猛，但在2015—2019年发展速度明显放缓。在空间异质性上，长沙市作为省会城市在小微金融机构发展规模方面领先全省，其他地级市如郴州市和株洲市凭借交通运输和对外开放的区位优势同样发展迅速，张家界市、湘西土家族苗族自治区因城市自身定位特殊，小微金融机构的发展还处于起步阶段。

其次，本章基于全国视角对湖南省小微金融机构发展的瓶颈和着力点进行数据包络分析，发现湖南省小微金融机构凭借企业内部较高的管理水平、发展效率在全国处于领先地位。企业内部管理水平较高，其发展瓶颈在于较为落后的产业规模，因此湖南省小微金融的发展应以生产效率为存量，以产业规模为增量，实现其进一步扩张和升级。通过对小微金融机构发展的内部影响因素和外部影响因素研究，发现湖南省的小微金融受到产业规模、管理水平、技术前沿面等内部因素影响，同时也受到以经济发展水平、对外开放水平为主的外部环境因素影响。

再次，本章从小微金融机构的内部发展效率和外部宏观环境两个角度对湖南省小微金融机构发展的影响因素进行计量分析，以全国小微金融的发展为类比，发现小微金融机构的发展在内部发展方面受到管理水平、业务创新、规模效率等因素的影响，在外部发展方面则受到以地区经济发展水平、地区对外开放水平为主的环境影响。

又次，本章基于小微金融机构准入门槛低、审批速度快、信息透明度低等特点，推断其在资金流转和客户诚信方面承担巨大风险，从而建立起评估、甄别、预测的风险预警机制，并确定小微金融机构的市场定位：目标市场是小型微型企业、中低收入阶层或者个体工商户，经营策略是制定还贷能力分析体系和信用等级评价体系，业务内容为小额度的可持续的金融服务，包括贷款、融资、担保、投资、基金等。

最后，本章发现国内外小微金融机构的发展均存在信息不透明、信用等级模糊等问题。此外，国外小微金融机构发展中融资渠道单一、管理手段落后等问题同样普遍存在且较为严重，由此衍生了 IPC 微贷技术、阳光银行、供应链金融、专业面对小微金融机构的商业服务等新发展思路，并建议政府采取健全相应的金融立法、建立完善的信息共享制度、推动利率的市场化、加强金融创新等手段多方面促进湖南省小微金融机构的发展。

参考文献

[1] Allen N. Berger, Gregory F. Udell. The Economics of Small Business Finance: The Roles of Private Equity and Debt Markets in the Financial Growth Cycle [J]. *Journal of Banking and Finance*, 1998, 22(6).

[2] Schwarz A. Measurement, Monitoring, and Forecasting of Consumer Credit Default Risk – An Indicator Approach Based on Individual Payment Histories [J]. *Schumpeter Discussion Papers*, 2011, 131(11): 2186 – 2196.

[3]彭超. 基于行为金融学的我国小微金融机构风险管理研究[D]. 昆明：云南大学,2014.

[4]杨英,张浩良,黎泽普. 影子银行视角的小微企业融资博弈分析[J]. 浙江金融,2012(7):70 – 71.

[5]郭战琴. 基于供应链金融的小微企业融资模式——以第三方龙头物流企业为平台[J]. 金融理论与实践,2012(1):77 – 79.

[6]胡聪慧. 小额贷款公司的信贷风险及其控制——基于平遥模式的调查与思考[J]. 理论探索,2008(1):85 – 87.

[7]巴曙松. 将小微金融发展作为下一步金融改革的重点[J]. 西南金融,2012(6):4 – 6.

[8]刘融. 我国影子银行中小企业融资效应及风险溢出研究[D]. 南京:南京农业大学,2017.

[9]蒋莎莎. 民间金融影子银行化的法律分析[D]. 武汉:武汉大学,2015.

[10]和毅. 基于金融效率的小微金融机构发展路径探析[J]. 金融理论与实践,2012(12):27 – 30.

[11]娄飞鹏. 互联网金融环境下的供应链金融发展——基于信息不对称的视角[J]. 西南金融,2017(1):10 – 13 + 20.

[12]武汉大学银行管理研究所课题组. 小微企业贷款难问题的中国式解答——对国内金融机构小额贷款的调查报告[J]. 武汉金融,2012(5):16 – 18 + 26.

[13]王天骄. 小微企业融资困境及对策研究[D]. 长春:吉林大学,2013.

[14]吴艾君,夏川．小微企业技术创新的外部支持机制[J]．行政事业资产与财务,2012(4):1+205.

[15]彭凯,向宇．我国银行开展小微企业贷款的困难和对策[J]．西南金融,2010(6):59-61.

[16]董晓林,朱敏杰,杨小丽．放宽市场准入、信贷技术创新与农村小微企业融资[J]．南京农业大学学报(社会科学版),2015,15(1):24-31+123-124.

[17]张菊朋．小微企业融资的实际态势与中长期境况[J]．改革,2013(9):119-124.

第5章　基于盈利性和普惠性的湖南省新型农村合作金融发展调适研究

5.1　湖南省新型农村合作金融发展沿革

农村合作金融是指在农村组建的一种具有互助性质的金融组织，其成员一般具有相似的资金融通或风险保障的需求。农民、农村经济组织以及地处农村的小微企业，可以通过缴纳股金、共同出资或订立合同等方式加入农村信用合作社、农村资金互助社等农村合作金融组织。

自古以来，农业就是关乎我国国计民生的大业。然而，农村发展作为我国经济发展的薄弱环节，面临着诸多亟须解决的困难。例如，农民“融资难”的问题，可谓是我国“三农”金融领域发展所面临的一大障碍。因此，为了更好地为农业、农村和农民提供金融服务，农村合作金融组织应运而生。2003 年，作为最常见的农村合作金融组织，农村信用合作社开始了市场化全面改革。2004 年 8 月，湖南省被列入改革试点范围，成为全国第二批农村信用社扩大改革试点省份，其大部分地区的农村信用社都于 2004 年 11 月正式开始了改革试点工作。2005 年 5 月 26 日，湖南省农村信用社联合社正式挂牌成立（以下简称“湖南省联社”），其主要职能是对全省农村信用社进行管理、指导、协调和服务。在改革试点工作过程中，湖南省联社按照省委、省政府和中国银监会的统一部署和要求，围绕管理体制和产权制度两个重点，积极推动全省农村信用社改革工作。在管理体制方面，湖南省联社挂牌后，在长沙等四个城市成立了市级联社，在没有成立市级联社的衡阳、株洲、湘潭、邵阳、常德、张家界、益阳、郴州、娄底、湘西等10个市（州）成立了办事处，共计成立了1家省级联社、14家市级联社、14个办事处以及120个县级联社，分别设立了党委、纪委和党的领导班子。自此，我国农村信用合作社行业管理的组织体系和工作机制逐步建立和健全，“国家宏观调控、加强监管，省级政府依法管理、落实责任，信用社自我约束、自担风险”的新的监督管理体制框架基本形成。在产权制度方面，湖南省联社把优化股权结构、明确产权关系作为了全省农村信用合作社改革的重点。通过清产核资和增资扩股，明确了农村信用合作社作为互助性金融组织“以客户所有、社员民主管理”的基本特征，进一步扩充了资本实力，全省农村信用社资本充足率从改革前的负值开始逐年上升。

2006年5月，国务院扶贫办开展建立“贫困村村级发展互助资金”试点工作；银监会也同步对“农村资金互助社”进行试点。同年10月，第十届全国人民代表大会常务委员会第二十四次会议通过了《中华人民共和国农民专业合作社法》，正式开启了我国新型农村合作金融规范化发展的新道路。此时，我国新型农村合作金融才开始真正意义上的出现。因此，我们把在正式颁布《中华人民共和国农民专业合作社法》之后发展起来的农村合作金融称为新型农村合作金融。例如，村镇银行、农村资金互助社、扶贫互助基金等农村合作金融组织都是在此之后逐渐发展起来的。

首先，2006年12月，银监会出台《关于调整放宽农村地区银行业金融机构准入政策更好支持社会主义新农村建设的若干意见》，选取了不包括湖南省在内的6个省（区）的农村地区首批开展社区性信用合作组织的试点工作。次年10月，银监会出台《关于扩大调整放宽农村地区银行业金融机构准入政策试点工作的通知》。该通知放宽了农村地区银行业金融机构准入政策，湖南省银行业金融机构网点覆盖率低、金融供给不足、竞争不充分的县（市）及县（市）以下地区被纳入试点范围。这种由银监会批准的新型农村金融组织形式大多为农村资金互助社，但由于其准入门槛较高且监管较严，数量增长速度十分缓慢。到2013年底，全国农村资金互助社仅有 49 家。显而易见，数量如此之少的农村资金互助社根本无法满足广大农村地区居民的金融需求。其次，国务院扶贫办和财政部于2006 年 5 月联合下发《关于开展建立贫困村村级发展互助资金试点工作的通知》，选择了包括湖南省在内的 14 个省（区）试点成立贫困村村级资金互助组织，使用专项财政扶贫资金作为主要的资金来源，同时鼓励贫困村村内农户以自有资金入股或采取赠股等方式加入，在资金使用上实行“民用、民管、民借、民还，持续使用和滚动发展”的原则。第三类新型农村合作金融组织是由专业合作社或供销社成员自愿入股，依托专业合作社或供销社而建立起来的资金互助社。与农村资金互助社相比，这类资金互助社只得到地方政府的扶持和认可，但并没有取得银监部门的金融业务经营许可，因此相对来说监管并不严格。资金互助社不仅为本社的社员服务，非互助社社员的合作社社员同样可以得到相应的金融服务。因为其准入门槛相对较低，所以发展速度相对较快，逐渐成为新型农村合作金融发展的主要形式。最后一类新型农村合作金融组织则既没有得到政府部门资金支持，也不受银监部门的监督管理。这类带有自发性质的农村资金互助社由社员自愿出资入股，以满足农户和农村小微企业的资金需求。这类合作金融组织未获得银监部门的金融业务许可证，管理和运营都不规范，有些组织甚至没有在任何政府部门进行注册登记。它的自发性导致了其在管理与运营上的松散，但它的自发性也恰恰代表着农村地区最迫切的金融需求。因此，这类新型农村合作金融组织的发展数量众多，也构成了我国新型农村合作金融的重要组成部分。

2014 年，中央一号文件明确提出要发展新型农村合作金融，“在管理民主、运行规范、带动力强的农民合作社和供销合作社基础上，培育发展农村合作金融，不断丰富农村地区金融机构类型。坚持社员制、封闭性原则，在不对外吸储放贷、不支付固定回报的前提下，推动社区性农村资金互助组织发展。完善地方农村金融管理体制，明确地方政府对新型农村合作金融监管职责，鼓励地方建立风险补偿基金，有效防范金融风险。适时制定农村合作金融发展管理办法”。具体到湖南省，有以下几个主要的发展战略与成就：

一是稳步推进农村金融改革试点工作。2013年，湖南省沅陵县被列入第二批全国农村金融改革试验区3个试点县之一，推进沅陵县国家农村金融改革试点工作是推进农村金融改革试点工作的重中之重。同年，湖南省常德、怀化、郴州、益阳、衡阳市以及株洲市荷塘区分别制定了改革试点方案，并取得了一定成效。农业保险基层服务的"常德模式"、金融支持产业扶贫的"麻阳模式"、土地信托流转的"益阳草尾镇模式"、油茶林权抵押贷款的"耒阳模式"都在全国范围内拥有了一定的知名度。2014年，湖南省委将浏阳市农房抵押融资改革试点列为2014年15项先行先试的改革任务之一。2015年5月，省政府办公厅印发了《湖南省农房抵押融资暂行办法》（湘政办发〔2015〕33号）和《湖南省农房抵押融资浏阳改革试点实施方案》（湘政办发〔2015〕34号），并建立了相应的风险补偿机制。2015年6月末，浏阳市农房抵押贷款余额就已达到40多亿元。

二是进一步完善农村金融服务体系。一是按照"政府主导、服务三农、市场运作、稳定县域"的原则深化农村信用社改革，到2015年6月，全省农村信用社贷款总量和增量已经均居全省银行业金融机构首位。二是推动村镇银行发展。湖南省对外大力引进省外银行业金融机构，对内则推动省内法人金融机构发起设立村镇银行。三是推动融资担保服务实现县市全覆盖。2014年湖南省财政投入7.6亿元，支持省属国有担保公司在全省融资担保机构空白县市设立分支机构。到2014年底，湖南省全省新设立了63个省级担保机构县市办事处，基本实现了融资担保服务体系在县市区域的全覆盖。四是稳步发展小额贷款公司。湖南省全省按照"放开准入、规范条件、简化手续、加强监管"的原则，支持、推动小额贷款公司稳步发展。小额贷款公司在满足农户资金需求、支持小微企业方面的作用同样不容忽视。

三是不断创新金融产品以及服务方式。首先，针对各类涉农信贷产品进行创新。湖南省着重推广了林权抵押贷款、订单农业贷款、农房抵押贷款、土地经营权抵押贷款、农户贷记卡"一卡通"以及"信贷+保险"模式这六大领域的创新产品。其次，助力小微企业资金融通。2019年湖南省首次发行小微企业专项金融债券135亿元，募集的资金全部用于发放小微企业贷款，用以支持小微企业发展。再次，创新丰富农业保险品种，完善农户风险保障制度。近年来湖南省保险行业稳步发展，不断推动加大对农户以及贫困人口的保险保障力度。最后，提高金融服务可及性。为了实现金融机构及金融服务乡镇全覆盖，湖南省政府鼓励金融机构在乡镇，特别是空白乡镇，设立网点或助农取款服务点；2019 年湖南省银行卡助农取款服务点数量超过 6 万个，行政村覆盖率超过 99%。

四是加大政策支持保障力度。湖南省政府近年来先后颁布了《湖南省金融精准扶贫规划（2016—2020）》《湖南省乡村振兴战略规划（2018—2022 年）》《关于进一步做好乡村振兴金融服务的实施意见》等一系列文件，为促进全省农村金融改革发展提供了有力的政策支持。2019 年，湖南省首次创设了民企债券融资支持工具，同时首次发行了扶贫票据以及小微企业专项金融债券。截至 2019 年末，湖南省 6923 个金融扶贫服务站已覆盖 75 万户贫困户 250 万名贫困人口，取得了使 20 个贫困县“摘帽”、718 个贫困村出列、63 万名农村贫困人口脱贫的突出成就。

5.2 湖南省新型农村合作金融发展存量与增量

（一）湖南省新型农村合作金融发展存量

湖南省早期构建了以农业银行、农业发展银行和农村信用社为主导的正规农村金融组织体系。但是，这三者在早期的发展过程中都没有做到盈利性和普惠性协同发展。农业银行更侧重于盈利性，在不断商业化的过程中，逐渐丢失了其作为“农业银行”应有的、为“三农”群体服务的普惠性；农业发展银行虽然承担着农业政策性金融业务，但其他业务种类严重缺乏，不足以满足“三农”群体的融资需求；而早期的农村信用社由于缺乏系统管理，组织形式上存在多种问题，导致经营难以为继，向股份制商业银行转变的趋势明显。因此，在湖南省农村信用社改革之前，正规金融机构对于“三农”群体的金融供给十分有限。而农民和农村小微企业从正规金融机构获取信贷资金的门槛也相对较高，不仅需要花费较高的融资成本，还需要满足一定的要求。这导致仅有少部分在农村发展相对较好的农民和企业才能够获得金融服务，大多数人的金融需求都未能得到满足。

这一情况的发生，也与农村地区的实际情况有关。一方面，农村地区经济不够发达，主要依靠农业带动经济发展，而农业相较于其他产业，更依赖于气候等不确定因素，具有更高的风险性。另一方面，农民及小微企业资金需求量较小，而且法律意识相对薄弱，还款主动性不强。这意味着金融机构在农村地区开展业务的盈利空间较小，但风险却较大。当急需金融供给的农业生产发展与商业性金融机构无法在农村地区取得较好发展的问题相碰撞时，农村合作金融在农村的部分组织中实现了发展的可持续性。这类农村合作金融组织迅速抓住了政府和市场眼球，政府出台了一系列政策性文件，规范后的新型农村合作金融组织稳步发展，“三农”金融领域的金融供给得到了有效提高。

近年来，湖南省新型农村合作金融发展情况如下：2011年，湖南省农村金融组织取得跨越式发展，年内新增4家村镇银行，6家由县级农村信用联社组建的农村商业银行挂牌营业。2012年，长沙市成功发行湖南第一笔中小企业集合票据；同年，湖南省召开全省农村金融工作会议，全面总结了2007—2012年全省农村金融工作；新增16家村镇银行，18家县级农信社改制为农村商业银行。2013年，湖南省首单区域集优中小企业集合票据成功发行，并对月销售额不超过2万元的小微企业实施免征增值税和营业税政策，惠及全省36万家个体工商户。2014年，中国人民银行长沙中心支行联合湖南省农业厅等出台《关于实施湖南省现代农业金融服务工程的意见》，开展农村土地承包经营权抵押贷款试点、新型农业经营主体金融服务主办行等工作；同年，湖南省金融机构本外币各项贷款余额突破2万亿元，金融机构本外币各项存款余额突破3万亿元。2015年，中国人民银行长沙中心支行与湖南省扶贫开发办公室签订金融扶贫战略合作总体框架协议，深入推进金融精准扶贫工作。2016年，湖南省人民政府成立湖南省金融改革发展领导小组，出台了《湖南省金融精准扶贫规划（2016—2020）》；同年，湖南省首家民营银行——三湘银行正式开业。2017年，湖南省首个省级基金小镇——湘江基金小镇在湖南湘江新区成立；湖南省

6923 个贫困村全部建成金融扶贫服务站，实现贫困村全覆盖。2018 年，出台了《湖南省乡村振兴战略规划（2018—2022 年）》《关于进一步深化湖南省民营和小微企业金融服务的实施意见》等。2019 年，湖南省累计挂牌农商行 102 家（合法机构），成为全国第 6 个全面完成农信社银行化改革的省份。

（二）湖南省新型农村合作金融发展增量

分析存量意义上的湖南省新型农村合作金融发展水平，可以直观感受到湖南省新型农村合作金融发展水平的现况。而对湖南省新型农村合作金融发展的增量研究，则可以进一步分析其发展潜力。2019 年，湖南省结合省内农村地区的实际情况，推出了一系列卓有成效的举措。第一，针对湖南省粮食、油料等特色产业链，制定了综合金融服务方案，确保农村三产融合的稳步推进，也使得“三农”金融领域的普惠性得到保障。第二，建立涉农财政风险补充基金，对于服务“三农”领域的金融机构进行风险补偿，提高其盈利性，从而撬动金融机构对于农村地区的信贷投放。第三，积极对接农技农机等农业经营性服务组织的金融需求，帮助小农户提高自身的经营水平，融入现代农业生产体系。这三个方面的举措使得湖南省新型农村合作金融组织在发展中的普惠性、盈利性和可持续发展性都得到了一定程度的保障。

另外，2019 年湖南省持续加大了在民营小微、“三农”领域、扶贫等重点领域和薄弱环节的金融支持力度。根据《中国区域金融运行报告》数据，2019 年末，湖南省银行业金融机构总资产为 6.5 万亿元，同比增长 9.3%，增速较 2018 年同期上升 4.3 个百分点。在贷款业务领域，普惠口径小微企业贷款新增 621.6 亿元，同比增长 21.7%；新增 176.7 亿元扶贫贷款，同比增长 10.3%；精准扶贫贷款同比增长 10.8%。在融资渠道方面，2019 年湖南省首次发行扶贫票据 32.5 亿元；发行小微企业专项金融债券 135 亿元；银行承兑汇票余额 1532.8 亿元，同比增长 40.1%。在风险保障方面，大病保险对贫困人口、城乡低保对象的起付线降低 50%，分段补偿比例逐段提高 5 个百分点，最高补偿比例达 90%，已累计向 10.63

万名贫困人口补偿 4.26 亿元；湖南省 122 个县（区、市）所有建档立卡贫困户均已投保“扶贫特惠保”贫困家庭综合保险计划，累计保障贫困人口 740 多万人次。

5.3　湖南省新型农村合作金融发展的影响因素分析

新型农村合作金融作为一种互助性质的金融组织，其根本目的是满足广大农户以及农村小微企业日益增长的金融需求，保障农户及小微企业的切身利益。但作为金融组织，新型农村合作金融组织在服务好“三农”这一主体的同时，也不能忽视自身的发展。因此，可从供给性、需求性、风险性、可持续发展性四个方面来评价其发展，并进一步分析其影响因素。

（一）政府政策扶持力度不足，影响供给性

金融的本意是资金融通，其实质是指资金从利用效率低的地方流动到利用效率高的地方。不可否认的是，目前湖南省乃至全国范围内的农村地区资金利用效率相对较低，金融机构向农村发展的积极性并不高。因此，虽然目前农村金融机构数量已经呈现增长的趋势，但现有的农村各大银行仍不能满足农村合作金融快速发展的需要，储存资金大多从农村流向城市，进而导致农村金融发展所需的可流动资金匮乏。所以，在当前农村资金利用效率相对较低的形势下，仅靠金融机构自发向农村地区提供优质金融服务是远远不够的，还必须依靠政府部门的政策扶持以及财政资金的持续投入。湖南省新型农村合作金融的政策扶持力度不足，主要表现在以下几个方面：一是盈利性扶持力度不足。湖南省新型农村合作金融机构起步较晚，客户市场面向农村地区，且政策规定新型农村合作金融组织必须坚持社员制、封闭性原则，坚持不对外吸储放贷。因此，其盈利水平受其经营范围及客户群体的影响，相对较低。而且在此情况下，这些组织未得到相对应的，譬如税收减免之类的补偿政策，以提高其盈利性。新型农村合作金融组织盈利水平普遍偏低这一基本情况，不利于新型农村合作金融发展。二是新型农村合作金融机构融资渠道不畅。目前湖南省大部分新型农

村合作金融组织都无法进行同业拆借或向中央银行申请再贷款，资金周转压力比其他金融组织更大，面临的风险也更大。2014 年央行下调农村金融机构存款准备金率后，上述两种情况都得到了一定程度的缓解。

（二）部分新型农村合作金融组织经营不规范，影响需求性

2014 年中央一号文件明确指出推动农村合作金融组织发展要坚持社员制、封闭性原则，坚持不对外吸储放贷、不支付固定回报。但从湖南省新型农村合作金融组织现状来看，一方面，其产权形式并不单一，甚至有部分新型农村合作金融组织是在银监部门监管范围之外运营的。由于管理水平与监管力度的差异，各个农村合作金融组织之间的运营、管理、营利模式都大不相同。一些社会资本为了谋取利益，参股非监管之下的一些所谓"合作金融组织"，不顾国家政策规定，对外高息揽储并支付高额固定回报，甚至进行非法集资行为。这不仅违背了合作金融组织成立的初衷和宗旨，更是极大地损害了新型农村合作金融组织在广大农民客户群体中的形象，严重影响了新型农村合作金融组织的声誉。另一方面，非营利性的公益性扶贫小额信贷组织未得到实质性的鼓励和支持，因为没有正式的合法地位，更无制度性的融资渠道，这些公益性扶贫小额信贷组织很难招纳到专业的管理人才，最后往往因经营不善而陷入发展瓶颈。因此，规范新型农村合作金融组织经营管理流程，支持非营利性农村合作金融组织是十分有必要的。

（三）风险防范措施不健全，影响风险性

目前湖南省新型农村合作金融组织规模普遍较小，部分新型农村合作金融组织经营管理混乱，甚至出现信贷审批违规操作的情况，具有极大的信贷风险隐患。而湖南省大多数地区还未建立起专门针对新型农村合作金融的风险补偿基金，若爆发大型、集中的新型农村合作金融信贷风险，将产生无法估计的后果。值得一提的是，2015 年我国已建立起存款保险制度，商业银行、农村信用合作社等所有吸收存款的金融机构都被包括在内，新型农村合作金融组织社员的存款安全性得到了保障，风险性也大大降低了。农村地区经济尚不发达，农户及小微企业的资金来之不易，风险

承受能力较低。针对这一情况，不仅需要优化低风险的金融产品，更需要进一步完善农业保险之类的风险保障产品。在防范上更加全面严格，在保障上更加全面可靠，力求建立起健全的风险防范与补偿机制。

（四）相关立法滞后，影响可持续发展性

2006 年我国颁布了《农民专业合作社法》，对农村生产与消费合作提供了法律依据；2007 年银监会出台《农村资金互助社管理暂行规定》，规定了农村资金互助社的运营流程；2014 年的中央一号文件在宏观上对我国新型农村合作金融组织的发展指明了方向。然而，目前我国尚未出台针对新型农村合作金融组织的具体法律法规，其经营范围、目标宗旨、组织架构和营利方式都存在模糊的灰色地带。不少牟利组织更是打着农村合作金融组织的旗号招摇撞骗，真正为社员谋福利的新型农村合作金融组织却缺少应有的法律保障。在科技迅速发展的时代，实力雄厚的商业银行尚且被支付宝等新兴的第三方支付机构抢占了部分市场，基于网络的新型合作金融形态正如火如荼地发展起来。例如，本身就具有合作金融性质的互联网金融点对点借贷平台（P2P）等互联网金融产品具有巨大的发展潜力。但由于缺乏明确的法律地位与相应的法规监管，P2P 蕴藏着巨大的风险隐患，是否能够长期、健康地发展还未可知。因此，要想促进湖南省新型农村合作金融组织的发展，尽早利用法律将各类新型农村合作金融组织的职、权、责明确，并且进行相应的强制性措施要求是必不可少的一环。

另外，许多学者也对我国农村金融发展问题进行了研究和评价：刘祥君（2008）认为全球范围内的农业现代化进程中均出现过资金瓶颈问题，而农村金融合作经济对农业自救、自立起到了积极的促进作用，因此，发展农村金融互助合作组织是十分必要的。杨国雄（2009）认为城乡二元结构下的农村金融需求与供给的双重抑制的存在是我国农村金融不发达的根本原因。李海峰（2012）认为由于我国农村金融组织存在业务单一、信贷资金供给不足、信贷员配备不够、网点不足等问题，农村信贷供给严重不足，从而造成了农村金融抑制。李喆（2012）认为我国城乡二元经济结构格局未变，农村传统经济增长模式落后，农村金融抑制、信息不对称、金

融有效供给不足等问题严重，提出需要对农村信用社和农业银行进行股份制改造，鼓励发展多种农村金融经营主体。李硕、姚凤阁（2015）认为人才不足、创新乏力、应用效果不佳、业务布局不合理、风险大、创新积极性不高、基础设施建设差等问题制约了农村金融创新。翟舒毅（2019）认为由于我国农村金融机构商业化程度不深，受政策和外部环境约束较多，使得农村商业银行、农村合作银行和农村信用社等机构在省联社的管理下，在商业运营、公司治理、资金运营和科技支撑等方面市场化程度较低，也间接导致了农村金融机构资产质量问题突出、稳健经营能力较弱、盈利能力不足等问题。李阳、于滨铜（2020）认为我国农村金融及金融扶贫中仍存在金融排斥、征信较差、识别困难与供给成本过高等问题，而区块链技术的引入为促进农村金融发展提供了新的平台和契机。据此，必须采取逐步打造农村金融区块链平台、完善监管法治体系和加强技术人才供给等举措。

5.4 小微金融机构发展的国内外比较与经验借鉴

微型金融是一种专为农村低收入阶层提供有效金融服务而兴起的新型金融模式，相较于过去常见的小额信贷，它的范围更加宽泛，储蓄、汇款和小额保险等金融产品都属于微型金融的范畴。小微金融机构，则是指专门向小微型企业和低收入阶层提供小额度、可持续金融产品和服务的机构。20 世纪 70 年代，世界银行发起成立了国际上最权威的微型金融研究和推广机构——“扶贫咨询委员会”（CGAP），“微型金融”一词也随之诞生。作为正规金融的一种有效补充方式，微型金融在众多发展中国家、东欧转型国家以及加拿大甚至美国等发达国家都迅速发展，成为一种全球性运动。相较于上述国家，我国微型金融发展起步较晚，因此，积极比较国外小微金融机构发展，总结经验，取其精华，对于推动我国小微金融机构发展是大有裨益的。

孟加拉国的孟加拉乡村银行（又称格莱珉银行）是世界上最早的微型

金融机构。随着 1983 年《格莱珉银行法令》的颁布，世界上第一个专为穷人服务的银行——格莱珉银行诞生了。该银行最初主要依靠捐款及专项拨款获得了启动资金，目前已经过市场化成为一家自负盈亏的商业银行，但它仍然坚守着"让所有人在有需求的时候能够以合适的价格，方便快捷并有尊严地享受金融服务"的原则，发展成为国际上最具影响力的金融扶贫机构之一。格莱珉银行模式被复制到了全球各个国家，使得全球上千万个低收入家庭受益。它的创始人尤努斯教授也因此于 2006 年获得了诺贝尔和平奖。那么，格莱珉银行模式究竟有何独到之处呢？格莱珉银行模式的优势在于：首先，以"穷人中的穷人（Poorest of the Poor）"为服务对象，开创性地提出"由下而上（Bottom Up）"的金融服务模式，从根源上避免了普惠金融难以下沉的问题。其次，重视培养良好的金融发展环境。通过"十六条公约"为客户建立良好价值观，培养贫困客户的理财和生活能力，真正做到了"授之以鱼不如授之以渔"。最后，开创"小组 + 中心"模式实现风险控制。通过培养客户之间的信任和团结精神，不仅起到了引导客户积极还款的作用，更是使得贷款成为改善客户生活的"马达"。

而玻利维亚团结互助银行则是世界上第一家专门为微型企业服务的商业银行。1986 年，为缓解玻利维亚微型企业融资难的问题，美国与玻利维亚的非政府组织联合创办了一家非营利性组织，这就是玻利维亚团结互助银行的前身。因此，该银行也被认为是非政府组织微型金融机构商业化运作的典型代表。与孟加拉国乡村银行不同的是，该银行的目标客户是城市地区的小微型企业，也可以说是"穷人中的富人"。另外，虽然玻利维亚团结互助银行的前身是非营利组织，但是作为商业银行，玻利维亚团结互助银行以营利性和可持续性为银行发展的第一要义，具有高度商业化的经营理念和相对完善的现代公司治理机制。

1990 年，墨西哥为扶持边远农村和家庭微型企业发展，成立了一家乡村银行——康帕图银行。该时期墨西哥失业人口占比较高，康帕图银行视角独到，将客户定位于没有正式就业的妇女，为她们提供小额流动资金贷款。2000 年，康帕图银行由非政府组织转制为金融公司，这意味着康帕图可以提供流动资金、抵押贷款及商业性融资等更加多样的金融产品。此时的康帕图建立了更加完善的借贷机制。在团体贷款上，通过采取连带责任等方式使得团体成员利益共享、风险共担，实际上是形成了一种社会担保抵押；在个人贷款上，采取“整贷零还，循序渐进”的借贷还款机制，借款人可分期偿还贷款，并且其累积的信誉越高，可贷额度也将会越高。另外，为了确保贷款的偿还率，康帕图银行派有专员跟踪每笔贷款的使用情况。2006 年，康帕图银行获批改制为商业银行，获得了吸收存款和开展保险业务的资格。此时，康帕图银行推出了为申请妇女贷款的客户及其家庭提供一份免费的人寿保险产品的服务。如此优秀的产品设计取得了非常不错的成效。2007 年，康帕图银行在美国和墨西哥成功上市，成为全球第一家首次公开募股（IPO）的小微金融机构。短短 17 年间，康帕图银行不仅由非政府组织成功转型为商业化的正规金融机构，并能坚持为小微企业及贫困人员提供金融产品和服务，极大地推动了墨西哥的小微企业发展。

美国联邦小企业署（Small Business Administration，SBA）相较于上述三家银行，增加了法律及其他业务咨询培训等服务，它是 1953 年美国政府为解决二战退伍军人的就业问题而设立的。经过 60 多年的发展，美国联邦小企业署已经成为美国小微企业最大的金融支柱。它的创新之处在于：首先，在企业资金方面，为企业提供担保贷款，获得担保贷款的客户如果发生坏账，美国联邦小企业署将为其支付一定比例的赔偿金额。一般来说，此类担保贷款的最高额度为 200 万美元，对应的担保率为 50%，而 15 万美元以下的担保贷款担保率最高高达 85%。其次，重视企业员工的素质培养。美国联邦小企业署为客户提供员工继续教育等服务，并积极推动创新技术的开发和应用。最后，美国联邦小企业署设立了“政策倡导办公室”，聘请专业人员对美国小微企业发展环境进行评估和研究，从宏观角度上保障小微企业的利益。

我国小微金融发展起源于 20 世纪 90 年代的国有银行市场化改革，改革后的小微金融机构起初仅提供小额借贷服务。直到 2000 年，我国小微金融逐渐涉及存款、储蓄以及保险等领域后，各类小微金融机构才如雨后春笋般出现。目前，我国小微金融机构主要有商业银行、信用合作社、非营利组织、非银行金融机构以及村镇银行这五大类，基本涵盖了现有所有金融机构。全国各地也出现了一些典型的小微金融发展模式：一是“政府注资、企业入股、股东联保、机构放贷”的政企银模式，该模式的优势在于可以增进政府、金融机构与企业之间的良性互动；二是具有特定客户和产品的会员/行业联保模式，由于其客户与产品特定，风险可控性较强，因此客户可享有较为优惠的利率和还贷期限。三是团体贷款下的小组联保模式，该模式的特点是“自愿联保、一次核定、周转使用”，由小组成员协商贷款金额，并且不需要提供实物抵押，但每名贷款成员均对借款承担连带责任。此种模式也是目前我国农村地区最为常见的一种小微金融发展模式。

综上可知，我国小微金融发展与国外机构相比还不够完善，在市场定位、金融产品创新、金融发展环境保护以及客户能力培养上，都有着一定的发展空间。结合我国实际情况，合理借鉴国外具有代表性的小微金融机构发展经验，探索国内区域发展新模式，对于完善我国小微金融服务体系、改善农村贫困问题具有重要的现实意义。

5.5　基于盈利性和普惠性的湖南省新型农村合作金融发展的市场定位调适

对于新型农村合作金融组织而言，盈利性是指获得利润的能力，而营利性则是指以获取利润为目的的商业行为。这里将“盈利性”与“营利性”区别开来，是因为有一部分新型农村合作金融组织是不以营利为目的的“非营利性组织”。因此，考虑盈利性并不代表新型农村合作金融组织追求利润最大化，而是指在满足农户及农村小微企业等客户需求的基础上，提高自身获得利润的能力，从而促进新型农村合作金融可持续性发展。普惠性则是追求能有效、全方位地为社会所有阶层和群体提供合理的金融服务，在这里，则是针对湖南省内未享受到有效金融服务的“三农”群体而言的。新型农村合作金融组织作为服务“三农”的主力军，盈利性保障了新型农村合作金融的可持续发展，而普惠性则要求其明确为“三农”服务的根本宗旨，这二者缺一不可。一般来讲，市场定位的目的是使本企业在顾客心目中有明显区别于其他企业的特殊位置，从而抢占市场，获得利润。这种市场定位更多的是在企业自身上“下功夫”，与培养顾客的可持续消费能力无关。而作为新型农村合作金融机构，其存在的目的本身就带有普惠色彩。推动新型农村合作金融发展，是为了使农户以及农村小微企业获得更好的金融服务，从而促进农村经济发展，改善农村贫困问题；只有明确了这一最终目标，才能更好地权衡盈利性与普惠性这一市场定位，更好地进行调适。市场定位的实质并不单单指对农村金融机构本身做些什么，更多的是指金融机构在潜在客户的心目中做些什么。如果农村金融机构趋利性严重，农户们也是不会轻易借贷较高利率的金融产品的；反之，若是农村金融机构以互帮互助为导向，以促进农村经济为目标，农户们的积极性就能在最大限度上被调动起来。这就要求新型农村合作金融组织坚持为“三农”服务的初衷，做好普惠性原则。在盈利性方面，初期的农村金融机构为了自身的发展，带有明显的逐利性，“扶富不扶贫”的市场定位使得中低收入农户被排除在外，这不仅使这些农户无法享受所需的金融服务，也使得这些农村金融机构丧失了挖掘这批潜在需求客户的机会。湖南省初期的农村金融机构，像玻利维亚团结互助银行一样，将市场定位于“穷人中的富人”。虽然是农村金融，但大多只服务于高收入农户以及规模相对较大的农村企业，甚至有农村金融资金外流进入城市的现象出现。这一时期的农村金融机构盈利性尚可但普惠性不足。2006 年，在中央财政的支持下，各地贫困村开启了由农户自愿组成的资金互助项目。项目虽然考虑到了需要把贫困农户作为金融服务对象，但没有意识到客户的实际综合能力不足以严格管理项目，难以实现盈利性上的可持续发展。

那么新型农村合作金融组织是否可以做到盈利性与普惠性协同发展呢？答案是肯定的。

满足盈利性的最低要求是实现金融机构的可持续发展，而普惠性则要求金融机构为社会各阶层提供成本较低的金融服务。这两者中，普惠性是目的，盈利性是手段。只有新型农村合作金融组织实现可持续发展，才能为“三农”领域提供长期稳定的金融服务。找到新型农村合作金融组织实现盈利性的最低界限对于实现新型农村合作金融组织普惠性与盈利性的协同发展而言至关重要。金融机构的盈利性主要取决于其收入是否可以支付各项成本以及坏账风险拨备等资金需求，而收入的主要影响因素是利率与业务量。因此，在对基于盈利性和普惠性的湖南省新型农村合作金融发展的市场定位进行调适时，利率与业务量是尤为关键的环节。对于一般的资金需求者而言，会倾向于融资成本更低的融资渠道。在“三农”领域，利率与业务量是否存在着此消彼长的关系呢？在早期，我国的一些研究表明：利率的降低并不一定伴随着业务量的增加。例如，2009 年中国人民银行进行的农户借贷情况调查问卷结果表明：低收入农户更看重借贷资金的可得性，而不是利率的高低。这可能与当时我国农村金融资源十分匮乏的状况有关。另外，近年来，有学者发现：当金融机构提高贷款利率时，其可持续性会在短期内升高，但长期来看，则会因为贷款需求的下降而降低。由此可见，金融机构的贷款利率与其可持续发展性并非简单的线性关系，而是需要根据实际情况进行不断调试。目前有以下几个较为权威的指标可作为参考：

补贴依赖指数：

补贴依赖指数是 1992 年由 Jacob Yaron 提出的。它是指微型金融机构在运行过程中，为了保证自身收益和成本相等所需要的外部补贴程度。用来衡量微型金融机构对补贴的依赖程度及其可持续发展能力。计算公式为：

$$\text{补贴依赖指数} = \frac{\text{补贴总数}}{\text{平均年利息收入}}$$

当 SDI 为正时，该微型金融机构必须依赖外部补贴才能生存，可持续发展能力较差；当 SDI 为负时，则表示该微型金融机构可以在没有外部补贴的情况下实现收支平衡，可持续发展能力较强。当外部补贴总额一定时，使 SDI 为零的贷款利率则是使该微型金融机构实现当期收支平衡的利率。

必要利率模型：

世界银行扶贫协商小组的高级顾问 Rosenberg 于 1999 年提出利用必要利率模型来测度能使微型金融机构实现可持续发展的有效年利率。计算公式为：

$$有效年利率=\frac{管理费用率+贷款损失率+资金成本率+预期利润率-投资收益率}{1-贷款损失率}$$

该模型是假设微型金融机构使用商业资金作为贷款本金的条件下，估算出能够使其借贷收入覆盖其各项成本的贷款利率。这个方法对于新成立的金融机构较为有效，但准确度不高。

经营充足率：

2010 年，微型金融报告标准工作小组（Microfinance Reporting Standards Working Group，MFRS WG），提出了一则颇具影响力的微型金融财务报告。经营充足率是该准则中的一项核心指标，用来衡量金融机构经营能力的强弱。计算公式为：

$$经营充足率=\frac{营业收入}{营业费用+财务成本+贷款损失准备金}$$

当经营充足率等于 100%，该金融机构达到了收支平衡点。对于以营利为目的的金融机构而言，经营充足率越高越好；对于新型农村合作金融机构而言，则更加关注收支平衡点下的贷款利率。

财务充足率：

财务充足率是微型金融财务报告准则下的另一项核心指标。财务充足率需要在经营充足率的基础上考虑通货膨胀对资金的影响，并由此对金融机构的营业收入和营业成本进行调整。计算公式为：

$$财务充足率=\frac{调整后营业收入}{调整后营业费用+调整后财务成本+调整后贷款损失准备金}$$

当财务充足率为 100% 时，该金融机构达到考虑通货膨胀因素下的收支平衡点。财务充足率越高，金融机构的可持续发展能力越强。

在上述指标中，出现了“外部补贴”这一影响因素。由于新型农村合作金融机构是以普惠性为目的，这就要求新型农村合作金融机构尽量为“三农”群体提供低利率的金融产品。为了支持新型农村合作金融组织的发展，政府部门也会提供一系列的财政补贴以维持新型农村合作金融组织的经营。但外部补贴并不是越多越好。

早期，农村经济发展落后，农户手中的储蓄资金较少，农村金融机构受资金来源的限制发展停滞不前。农业信贷补贴理论认为应该建立专门的非营利性金融机构向农村市场注入资金，以达到促进农村经济、金融发展的目的。农业信贷补贴理论下的非营利性金融机构属于“救济式扶贫”，不仅依赖于外部的政策性补贴，并且认为这些非营利性金融机构所提供的涉农贷款必须是低利率的。这不仅使当时的农村金融机构无法实现可持续发展，更导致了如下三个问题：第一，持续性的政策补贴降低了农户的储蓄积极性，一方面不利于农村金融机构扩大资金来源，另一方面给政府带来了财政压力；第二，远低于市场利率的政策性低息贷款使得农村金融机构所提供的相对高息的贷款业务被挤压出市场，而金融机构对于这种政策性低息贷款的贷后监督积极性并不高，由此产生了贷款拖欠的情况；第三,信贷补贴资金在分配过程中，同样更倾向于将资金分配给大农户，而那些急需资金的小农户的需求并未得到满足。因此，农业信贷补贴理论渐渐衰落，随后兴起的是农村金融市场理论。

农村金融市场理论反对政策性的干预，认为农户及贫困群体自身具有储蓄能力，无须外部资金的支持，一方面，新型农村合作金融组织具有传统的农村金融机构不具备的优势。例如，传统金融机构往往无法充分深入农村地区的“熟人圈子”，是导致其业务风险高的主要原因。而新型农村合作金融组织往往由村民自己进行选举和管理，依靠村民之间的密切联系，可以大大降低新型农村合作金融组织的风险控制及贷后监督成本。因此，相较于传统的农村金融机构，新型农村合作金融组织对于盈利性具有天然的优势。另一方面，农村金融市场理论认为农户存在一定的储蓄，因此农村金融机构发放高息贷款是可行的。该理论提出的初衷是为了改变高度依赖政府资金支持的农村金融市场，因此更加强调市场本身的作用，鼓励农村金融市场自由发展。但是农村金融市场理论的实际应用效果不尽人意。究其原因，农村金融市场理论假设农村金融市场是信息公开透明的完全竞争市场。越来越多的证据表明，正规金融机构难以获取农户等融资者的信息，进而导致市场失灵。在这种状况下，不完全竞争市场理论与信息不对称理论逐渐走进了人们的视野。

农业信贷补贴理论崇尚政府支持而忽略市场的作用，农村金融理论则推崇市场，排斥政府干预。这两种理论都将政府与市场放在了“你死我活”的对立面上。相较于上述两种完全对立的农村金融理论，不完全竞争市场理论认为政府和市场是可以并存的，但首先需要建立成熟的体制结构，在此基础上引导政府的适当介入。这种成熟的体制结构应该做到使更多的信贷资金流向更需要资金的小农户和贫困群体，政府发放的补贴资金不应该直接用于发放贷款，而应该用于对农村金融机构运营、管理体系的完善。需要注意的是，不完全竞争市场理论的核心在于提倡政府的介入是为了推动农村金融机构的市场化发展，所以政府的干预被限制在对农村金融体系的建设而不是干预农村金融机构的市场化运营。因此，结合湖南省的实际情况而言，对于那些尚未形成基础金融市场的贫困地区以及没有任何储蓄的绝对贫困群体，政府应该给予一些财政补贴用于直接发放贷款资金；对于其他的已经形成初步的农村金融市场的农村地区，政府应当意识到单纯依靠政府补贴是无法使新型农村合作金融组织实现可持续发展的，应该将目标调整为：为新型农村合作金融的发展建立一个成熟的体制结构和监管体系，只在必要的时候提供适当的支持。

信息不对称是指在市场经济活动中，各类机构、人员对于信息的掌握和了解是有差异的，可以将信息作为一种资源，掌握信息较多的一方叫信息的盈余方，掌握信息较少的一方叫信息的需求方，需求方在市场上处于弱势地位。信息不对称理论的重点在于强调信息在市场中的作用。该理论由美国经济学家 G. Akerlof，M. Spence，J. E. Stigliz 于 20 世纪 70 年代提出，三位经济学家分别从商品交易、劳动力和金融市场三个不同领域研究了这个问题。在金融市场领域，J. E. Stigliz 发现由于被保险人与保险公司间的信息不对称，客观上造成一般车主在买过车险后疏于保养，使得保险公司赔不胜赔。他由此提出让保险购买者在高自赔率加低保险费和低自赔率加高保险费两种投保方式间作出选择，以解决购买保险过程中的逆向选择问题。在农村金融领域，政策性的低息贷款同样可能导致类似的逆向选择问题。在农村金融领域中，农户的信息难以收集，农村信用合作社等微型金融机构无法通过常规手段来控制风险，导致银行等正规金融机构不愿意在农村地区开展业务。此时，本应作为信贷资金的供给方的农村金融机构却成了信息的需求方。信息在某种意义上成了资金融通过程是否能够顺利进行的关键，而金融市场本身无法做到使信息对称化。因此，信息不对称理论认为：为了减少信息不对称对金融市场产生的不利影响，政府应在金融市场体系中发挥强有力的作用。但政府所采取的经济、法律和行政手段，都应以相关信息的收集和研究为前提，而不应直接干预金融市场的运作。从上述农村金融理论的发展历程中可以发现，湖南省新型农村合作金融组织乃至整个农村金融市场的发展，都应以农村金融市场的自身调控为主，政府的干预和监管为辅。因此，农村信贷资金的利率应以市场利率为主，政府对新型农村合作金融组织的支持，也应当以“授之以鱼不如授之以渔”为目标，从而提升新型农村合作金融组织的可持续发展能力，使得新型农村合作金融组织能够更加持续、长久地为“三农”领域提供金融服务。

另外，金融机构的盈利性不仅取决于机构自身的管理，更与客户质量密切相关。目前，大部分农村地区的农户相较于城市居民来说，缺乏金融方面的知识，理财和资金安全意识不足。为了更好地实现盈利性，保障新型农村合作金融组织的可持续发展，需要对农户进行相应的指导。针对农户等个人客户，可借鉴格莱珉银行的经验，在为农户提供金融服务的同时，考虑农户的自身水平，提供适当的金融指导，培养农户的理财及经营能力；针对农村小微企业，可以借鉴美国联邦小企业署的经验，将市场定位于提高小微企业的生存能力，不仅为小微企业提供借贷资金，也可以开创担保贷款产品降低小微企业坏账风险，以及提供相应的法律援助等服务。

最后，金融行业与实体经济休戚相关，暂时性地刺激实体经济发展带来的繁荣很有可能只是“昙花一现”，只有通过金融支持，真正促进农村经济的发展，才能从根本上实现盈利性与普惠性的共赢，形成“三农”金融与“三农”经济相互促进、相互繁荣的良性循环。

5.6　结论与启示

虽然我国新型农村合作金融发展起步较晚，但目前正处于稳步发展阶段，湖南省新型农村合作金融发展也取得了一定成就。当前，湖南省已进入全面建成小康社会的决胜阶段，加快发展新型农村合作金融组织，打好新型农村金融体系基础是解决农村贫困问题的重要环节。基于对湖南省新型农村合作金融组织发展的研究，得到的结论与启示如下：

目前，湖南省乃至全国的新型农村合作金融组织都在不断地改革与发展当中。虽然存在不足之处，但其取得的成就是不容忽视的。结合湖南省的实际情况，积极借鉴国内外新型农村合作金融组织的发展经验，对目前存在的问题积极探索解决之道，湖南省新型农村合作金融组织发展必定欣欣向荣。

从格莱珉银行、玻利维亚团结互助银行、康帕图银行以及美国联邦小企业署的发展经历中，可以得出以下经验：作为农村合作金融组织，必须明确自身的市场定位及客户群体。为了真正促进农村经济发展，单纯为社员提供金融产品是远远不够的。还需要新型农村合作金融组织以社员的基本情况为基础，辅以相应的譬如金融知识普及、法律咨询等服务，力求提高社员的理财与经营能力。另外，完善的经营管理与风险保障制度是新型农村合作金融组织得以持续发展的有力保障。

从目前新型农村合作金融组织发展的影响因素来看，经营、运行不规范是目前湖南省新型农村合作金融组织存在的主要问题。因此，在经营管理上，新型农村合作金融组织应坚持“社员制、封闭性”的合作制原则，将服务对象严格限定为社员，以满足社员基本资金需求为目标；严禁对外吸储放贷与投资，不以营利甚至是牟取暴利为目的；不得承诺支付固定回报。在运行管理上，新型农村合作金融组织应坚持“自愿、互信、互助、共担”的合作制原则，形成相互监督、民主管理的内部运行机制，保障社员的合法权益。

发展新型农村合作金融组织需要政府部门的协助与监管。一方面，政府需要为新型农村合作金融组织的发展创造完善、成熟的市场体系。例如，我国针对新型农村合作金融组织的法律法规尚不完善，政府部门需进一步出台相关的法律法规与规范性文件，明确我国新型农村合作金融组织的基本性质、法律地位、运行规范、监管范围和政策扶持等内容，确保新型农村合作金融组织在法治体系下有序运行、健康发展。另一方面，政府需要对现有的新型农村合作金融组织进行监管。目前已有的新型农村合作金融组织形式多样，政府应当对其进行摸底排查。符合条件的，按照合作制原则规范并重新备案登记，督促其依法合规经营；不遵守信用合作原则的，坚决予以清理。

发展新型农村合作金融组织需要注重盈利性与普惠性的协同发展。普惠性是发展新型农村合作金融组织的目的，而盈利性则是实现这一目的的基本要求和手段。普惠性强调新型农村合作金融组织要以为“三农”服务为宗旨，而盈利性强调新型农村合作金融组织的可持续发展。一方面，我国金融业经过多年的发展，信贷市场中原本的客户需求都已接近饱和，开拓新的市场与客户群体是大势所趋，另一方面，随着我国农业经济的发展，大部分农户都具有一定的储蓄能力，我国经济的快速发展为新型农村合作金融组织创造了实现盈利性的基础。因此，政府部门不应一味加大对农村金融领域的财政补贴，而应为新型农村合作金融组织的发展创造以市场利率为主，政府扶持为辅、成熟完善的市场环境，提高新型农村合作金融组织的可持续发展能力；新型农村合作金融组织应该秉承扎根于农村，聚焦于农村弱势群体的服务宗旨，坚持服务“三农”的内在要求，以满足“三农”、微型金融需求为目标，在维系自身可持续发展的前提下，尽可能地提供更加低息的金融产品，力求在促进农业农村经济发展的同时，实现自身的可持续发展。

综上所述，发展基于盈利性和普惠性的湖南省新型农村合作金融组织，要结合湖南省目前农村合作经济发展的阶段性特点，在坚持服务“三农”的基础上，注重自身的可持续发展能力；要充分借鉴国际农村合作金融发展经验并积极汲取我国合作金融历史教训，坚持合作金融发展的基本原则，建立完善的法律体系与风险保障制度，才能真正地丰富中国特色农村金融服务体系，满足农村中低收入群体的金融需求，促进农村经济发展，解决农村贫困问题。

第6章　湖南省数字普惠金融创新发展现状统计考察

2020年1月18日，湖南省工业和信息化厅印发的《湖南省数字经济发展规划（2020—2025年）》指出了数字经济在新冠肺炎疫情下的重要作用，数字经济成为保障中国经济社会运转的重要支撑。互联网以及物联网、大数据、人工智能、5G等新一代信息技术在疫情防控和复工复产方面发挥了重要作用。同时在规划中指出，要不断推进湖南省服务业的数字化转型，拓展数字技术的应用场景，大力发展数字金融。

目前，已有较多学者对数字普惠金融发展对于经济社会发展的重要作用的问题进行了研究，并得出了许多有益的结论。如谢绚丽等（2018）研究发现数字金融发展能够显著促进地区创业，且对于城镇化率低的地区和注册资本少的企业，促进作用更明显；易行健等（2018）研究了数字普惠金融发展对于居民消费的影响，实证结果表明，数字普惠金融的发展能够显著增加居民的消费，并且这种效应存在一定的异质性，相较于较为发达地区的高收入家庭，数字普惠金融的发展对于农村地区、中西部地区及中低收入家庭的消费促进作用更大。此外，数字普惠金融的发展对于农村地区非正规金融需求（傅秋子等，2018）、农村地区中低收入家庭收入（张勋等，2019）、银行风险承担、银行效率的问题以及货币政策的传导机制（Berger，2003；沈悦等，2015；邱晗等，2018；周光友等，2015；战明华等，2018）等领域的研究也比较深入。

因此，随着信息化和互联网技术的发展，数字金融将是传统金融转型发展的重要因素，将深刻地影响湖南省经济社会的发展，对于湖南省数字金融的测度具有重要的意义。

6.1　湖南省数字普惠金融的测度

6.1.1　数字普惠金融的概念

自 2006 年普惠金融被引入中国以来，普惠金融在中国得到了良好的发展，受到了党和国家的重视，2013 年党的十八届三中全会提出“发展普惠金融”的构想，2016 年国务院发布《推进普惠金融发展规划（2016—2020 年）》，并在 2016 年杭州 G20 峰会上提出了数字普惠金融的概念。

根据《G20 数字普惠金融高级原则》，“数字普惠金融泛指一切通过数字金融服务以促进普惠金融的行动。它包括运用数字技术为无法获得金融服务或缺乏金融服务的群体提供一系列正规的金融服务，其所提供的金融服务能够满足他们的需求，并且是以负责任的、成本可负担的方式提供，同时对服务提供商而言是可持续的”。黄益平、黄卓（2018）指出，发展数字普惠金融既要坚持做到商业可持续性，提供的又必须是负责任的金融服务。

从前述定义来看，数字普惠金融既依托于数字技术，又蕴含普惠性质，包含数字和普惠双重属性，相对应的分别是数字金融和普惠金融。关于数字普惠金融的构成，当前研究大多认为主要包括传统金融机构的服务数字化和互联网公司的金融业务两部分。从数字普惠金融的实践发展历程中可以发现，前者的发展路径是从金融到普惠再到数字化，表现为普惠金融的数字化，后者的发展路径则是从数字到金融再到普惠，体现为数字金融的普惠性。因此数字普惠金融的具体含义可以分为普惠金融的数字化和数字金融的普惠性：

普惠金融是作为传统金融的补充发展而来的，多为传统商业银行提供，旨在为被传统金融排斥的弱势群体提供可接受的金融服务。然而，传统金融机构提供的普惠金融在社会性目标和盈利性目标之间通常存在冲突，即社会性目标要求为低收入群体提供金融支持，所提供的服务是低成本的，而成本过低势必会压缩利润空间。一方面，客观上普遍存在的信息不对称问题，提高了逆向选择和道德风险产生的可能性，进一步加大了传统金融机构获得正常盈利的难度，甚至可能出现亏损，进而难以实现商业可持续的目标。另一方面，当前我国普惠金融发展体系尚不健全，成本较高、结构化信息不易获取、定位不明确的问题仍较突出。农村普惠金融发展过程中，既面临农民信用水平不高、抵押品少、金融知识缺乏等困境，也存在金融服务供给与农村内在需求不吻合、农村金融产品创新不足等问题。此外，传统普惠金融的发展基于传统金融机构，必然存在因网点分布导致的空间性差异。张珩、罗剑朝、郝一帆（2017）就指出我国普惠金融发展水平整体偏低，且存在地区差异，不同地区的农村普惠金融发展差异较大。地区差异表现为偏远地区的弱势群体依然无法获得金融支持，而普惠金融是以金融利益分配的公平合理为原则，可得性是考察普惠金融的核心指标。数字技术的使用降低了普惠金融的成本，提高了信息可获得性，为普惠金融带来了更多发展空间。数字金融的发展对商业银行业务产生了正向影响，拓展了商业银行业务，降低了商业银行的风险承担，提高了经营效率。基于微观数据的分析，尹志超、张号栋（2018）指出借助数字技术支持形成的数字普惠金融比传统普惠金融作用更大。

数字金融早期是由互联网公司涉足金融领域发展而来的，是指通过互联网及信息技术手段提供的金融服务。有学者将数字金融定义为传统金融的中介和资本市场之外的第三种金融，认为数字金融区别于商业银行和资本市场，是一种新的金融模式。然而，王国刚、张扬（2015）认为互联网金融对传统金融的冲击有限，并不会颠覆传统银行业务，更多的是对传统金融的补充。黄益平、黄卓（2018）对中国数字金融的发展进行了总结，认为传统金融不发达、监管压力较小以及数字技术迅猛发展是我国数字金融发展的重要原因，数字金融天生具有普惠性，并指出数字金融的普惠性是中国数字金融发展的鲜明特点。谢平等（2015）指出互联网金融具有降低交易成本、缓解信息不对等、拓展交易可能性、交易去中介化、支付变革与金融产品货币化的特点。杨善林等（2016）将互联网视为当代社会的一种新资源，互联网金融实质上是使用技术手段缓解信息不对称问题，提高了资金配置效率，促进了经济增长。总体来看，数字金融的普惠性首先体现在渠道广，黄浩（2018）认为互联网是渠道的革命，互联网公司借助电子商务和社交网络建立了宽广的渠道，使弱势群体可以通过网络渠道进行金融交易，而不受地理区域的限制。其次体现在信息流通，数字技术将信息的传播速度推至极限，并通过技术手段汇聚碎片化的信息，构建全面的信用体系，根据客户的差异提供精准的金融服务，合理控制风险，降低了金融服务的成本，使普惠金融经营可持续。相较于传统金融的政策引导，数字金融的普惠性内生于数字技术，数字金融的发展已超越移动支付，构建起了一个数字金融的生态圈，具有普惠金融的价值。

6. 1. 2　数字普惠金融指数的测度方法

中国数字普惠金融萌芽于 2004 年上线的支付宝账户体系，在 2013 年余额宝上线后迅速发展（黄益平和黄卓，2018）。本文沿用已有研究（郭峰等，2019），采用北京大学数字金融研究中心和蚂蚁金服集团共同编制的数字普惠金融指数来描述湖南省数字金融的发展概况。数字普惠金融指数以 2011 年为起始年份，目前已经更新到了 2018 年，数据的空间跨度包含省级、市级和区（县）级三个层级，较好地描述了中国数字普惠金融的发展状况。

具体而言，数字普惠金融指数是在蚂蚁金服交易账户大数据的基础上编制的，具有较大的研究价值和可信度（张勋等，2019）。表 6. 1 给出了详细的数字普惠金融指标体系，可以看出，数字普惠金融指数包括三个一级维度，分别是覆盖广度、使用深度和数字服务支持程度，其中覆盖广度主要包含每万人拥有支付宝账号数量、支付宝绑卡用户比例和平均每个支付宝账号绑定银行卡数 3 项指标，体现的是账户覆盖广度；使用深度涵盖支付业务、货币基金业务、信贷业务、保险业务、投资业务和信用业务，体现的是数字金融发展的真正效果；数字服务支持程度涵盖移动化、实惠化、信用化和便利化，是互联网技术的集中体现（见表 6. 1）。

表 6.1　数字普惠金融的指标体系

一级维度	二级维度	具体指标
覆盖广度	账号覆盖广度	每万人拥有支付宝账号数量
		支付宝绑卡用户比例
		平均每个支付宝账号绑定银行卡数
使用深度	支付业务	人均支付笔数
		人均支付金额
		高频度（年活跃 50 次及以上）活跃用户数占年活跃 1 次及以上比例
	货币基金业务	人均购买余额宝笔数
		人均购买余额宝金额
		每万个支付宝用户购买余额宝的人数
	信贷业务（对个人用户）	每万个支付宝成年用户中有互联网消费贷的用户数
		人均贷款笔数
		人均贷款金额
	信贷业务（对小微经营者）	每万个支付宝成年用户中有互联网小微经营贷的用户数
		小微经营者户均贷款笔数
		小微经营者平均贷款金额
	保险业务	每万个支付宝用户中被保险用户数
		人均保险笔数
		人均保险金额
	投资业务	每万个支付宝用户中参与互联网投资理财人数
		人均投资笔数
		人均投资金额
	信用业务	每万个支付宝用户中使用基于信用的生活服务人数
		自然人征信人均调用次数
数字服务支持程度	移动化	移动支付笔数占比
		移动支付金额占比
	实惠化	小微经营者平均贷款利率
		个人平均贷款利率
	信用化	花呗支付笔数占比
		花呗支付金额占比
		芝麻信用免押笔数占比（较全部需要押金情形）
		芝麻信用免押金额占比（较全部需要押金情形）

续表

一级维度	二级维度	具体指标
数字服务支持程度	便利化	用户二维码支付的笔数占比
		用户二维码支付的金额占比

为将上述33个数字普惠金融的指标合并成一个数字普惠金融指数，在构建多指标综合评价体系时，由于不同的指标具有不同的性质和计量单位，所以首先需要将指标进行无量纲化处理，把不同指标的数值改造成可以直接计算的同度量化值，以便于将反映数字普惠金融不同侧面的具体指标合并成一个反映数字普惠金融的综合指标。无量纲化函数的选取，一般要求严格单调、取值区间明确、结果直观、意义明确、尽量不受指标正向或逆向形式的影响（郭峰等，2019）。

数字普惠金融指数的无量纲化采用了对数型功效函数法，有效地缓解了极端值的影响，可以避免指数出现过快增长，保持了指数的平稳性。具体而言，对数型功效函数的公式如下：

$$d = \frac{\log x - \log x^{\mathrm{l}}}{\log x^{\mathrm{h}} - \log x^{\mathrm{l}}} \times 100 \tag{6-1}$$

对数型功效函数具有以下特征：

单调：

$$d' = \frac{1}{x\log \frac{x^{\mathrm{h}}}{x^{\mathrm{l}}}} \tag{6-2}$$

对于正向指标，有 $x^h/x^l>1$，$d'>0$，d 是关于 x 的单调递增函数；对于逆向指标：$x^h/x^l<1$，$d'<0$，d 是关于 x 的单调递减函数。

凸性：

$$d'' = \frac{-1}{\mathrm{x}^2\log \frac{\mathrm{x}^{\mathrm{h}}}{\mathrm{x}^{\mathrm{l}}}} \tag{6-3}$$

对于正向指标：有 $x^h/x^l>1$，$d''>0$，d 是关于 x 的上凸函数；对于逆向指标：$x^h/x^l<1$，$d''<0$，d 是关于 x 的下凹函数。

然后需要确定对数功效函数的阈值，为了便于今后对各地区数字普惠金融发展水平同时进行横向和纵向的比较，对函数的阈值做如下处理：

对于正向指标，取固定于 2011 年各地区指标数据实际值的 95% 分位数为上限 x^h，5% 分位数为下限 x^l；

对于逆向指标，取固定于 2011 年各地区指标数据实际值的 5% 分位数为上限 x^h，95% 分位数为下限 x^l。

同时为了避免极端值的出现，对于超过指标上限的地区进行缩尾处理，从而平滑指数。这样对于数字普惠金融指数的编制而言，根据 2011 年的各个行政区，每个对应指标数据的功效值的值域在 0 到 100 之间，取分越高的区域，相应指标的发展水平也就越高。对于 2011 年之后年份的数据，指标的功效分值有可能小于 0 或者大于 100，这反映了相对于各地区 2011 年指标下降或者增长的情况：分值上升表示数字普惠金融的构成指标增长，反之则表示有所下降。

在对数据进行了无量纲化处理以后，需要确定各个指标的权重，权重的确定直接影响了评价的结果。确定权重的方法有很多，数字普惠金融的权重采取了主观赋权和客观赋权相结合的方法，即基于层次分析（The Analytic Hierarchy Process，AHP）的变异系数赋权法。先利用变异系数法求得各个具体的指标对于上一层准则层的权重，再通过 AHP 层次分析法，求各准则层指标对于上层目标的权重，最后求得总指数。

确定中间层权重。使用层次分析法确定中间层的权重能够较为合理地解决定性问题的定量化过程。采用 AHP 层次分析法的具体步骤如下：

第一步：建立层次结构模型。通过对数字普惠金融的深度分析，将各有关因素按照从属关系分解成若干层次，最上层为目标层，最下层为具体指标，中间层为准则层。数字普惠金融的层级结构模型如图 6.1 所示：

第二步：构建判断矩阵。数字普惠金融指标体系一共涉及三个判断矩阵，分别为："数字普惠金融指标体系" 判断矩阵、"使用深度" 判断矩阵和 "数字化程度" 判断矩阵。

具体而言，通过构造 "正互反矩阵" 表明不同维度指标的相对重要性，构造形式为：假设某一层 n 个因素 c_1，c_2，…，c_n 对于上一层元素 O 的影响，每次比较两个因素对上一层因素的相对重要性。这一相对重要性

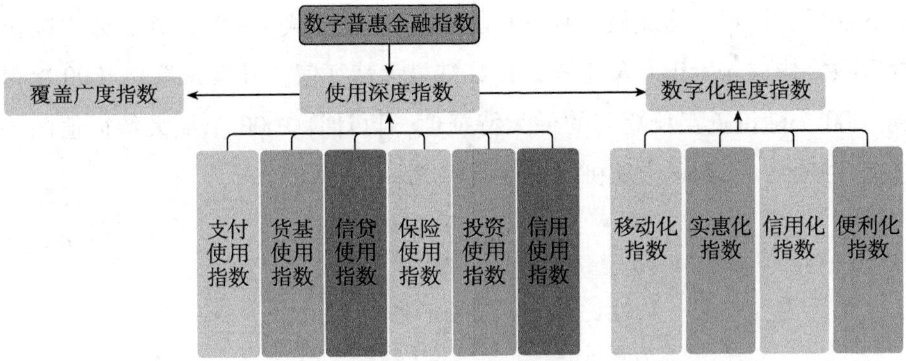

图 6.1　数字普惠金融的层级结构模型

的指标通常用数值 1 ~9 来体现，以构成判定矩阵每个元素赋值。c_{ij}表示 c_i 和 c_j 对于 O 的影响之比。全部的比较结果构成“成对比较矩阵”，也叫“正互反矩阵”。

$$C=\begin{pmatrix} c_{11} & c_{12} & \cdots & c_{1n} \\ c_{21} & c_{22} & \cdots & c_{2n} \\ \vdots & \vdots & \vdots & \vdots \\ c_{n1} & c_{n2} & \cdots & c_{nn} \end{pmatrix} \tag{6-4}$$

$$C=(c_{ij})_{nxn}，c_{ij}>0，c_{ij}=\frac{1}{c_{ij}}，c_{ii}=1 \tag{6-5}$$

若正互反矩阵 C 满足：$c_{ij}\times c_{jk}=c_{ik}$，则称 C 为一致性矩阵。判定矩阵的具体标度含义请参考郭峰等（2019）工作论文《测度中国数字普惠金融发展：指数编制与空间特征》的表 3 - 表 6。构造数字普惠金融的三个判断矩阵以后，需要计算各个判断矩阵的最大特征值以及特征向量，通过正互反权重矩阵的最大特征值即可求得相应的特征向量，经过归一化处理即为权重向量，从而确定各个指标的权重。

$$CW=\lambda_{\max}W \tag{6-6}$$

计算前还需要对判断矩阵进行一致性检验，首先计算该 n 阶判断矩阵的一致性指标值 CI：

$$CI=\frac{\lambda_{\max}-n}{n-1} \tag{6-7}$$

然后，计算平均随机一致性指标 RI，首先，从 1～9 及其倒数中随机抽取数字构成 n 阶正互反矩阵，计算其最大特征值。其次，重复 1000 次得到 1000 个随机正互反矩阵的最大特征值，再计算 1000 个最大特征值的均值 K。接着，计算平均随机一致性指标 RI。

$$RI = \frac{k - n}{n - 1} \tag{6-8}$$

最后需要验证一致性比率 CR 是否一致：

$$CR = \frac{CI}{RI} \tag{6-9}$$

当 $CR < 0.1$ 时，一般认为矩阵 A 的不一致程度在容许范围之内，可用其特征向量作为权重向量。否则需要对判定矩阵进行修正，直至 CR 小于 0.1 为止。将通过一致性检验的判断矩阵的最大特征值所对应的特征向量进行归一化处理后，即可得到该层因素对于上层因素的权重大小，三个权重矩阵的对应权重向量见郭峰等（2019）工作论文的表 7、表 8 和表 9。

以上 AHP 层次分析法确定了中间各层级相对其上一层级的权重大小，再利用变异系数法求最下层（即各具体指标）对其上一层的权重大小。变异系数法定权重的基本思路是根据各个指标在所有评价对象上观测值的变异程度大小，对其进行赋权。如果一项指标的变异系数较大，那么说明这个指标对于衡量该对象的差异方法具有较大的解释力，则这个指标就应该赋予较大的权重。利用变异系数法确定各指标权重的步骤如下：

首先计算各个指标的变异系数，该值反映了各指标的绝对变异程度：

$$CV_i = \frac{S_i}{\bar{x}_i},\ i = 1,\ 2,\ \cdots,\ n \tag{6-10}$$

其中，S_i 为各指标的标准差，$\bar{x}_i$ 为各指标均值。然后对各指标的变异系数进行归一化处理，计算各指标权重：

$$q_i = \frac{CV_i}{\sum_{i=1}^{n} CV_i}, i = 1,2,3,\cdots,n \tag{6-11}$$

在完成了指标的无量纲化处理和确定指标权重以后就可以进行指标合成了，为了避免最终加权汇总指数值为 0，在综合比较了多种指标合成方式以后，选择了算术平均合成模型。加权算术平均合成模型的公式如下：

$$d = \sum_{i=1}^{n} w_i d_i \qquad (6-12)$$

其中，d 为综合指数，w_i 为各评价指标归一化以后的权重，d_i 为单个指标的评价得分，n 为评价指标的个数。具体指数合成时，是由下往上逐层汇总而成，先计算各层分组指数，然后由各层分组指数加权汇总得到综合指数。

6.2　湖南省数字普惠金融发展水平

6.2.1　湖南省数字普惠金融发展水平

根据上述的指数编制方法，可以获得湖南省以及所属 14 个市（州）2011—2018 年两个层级的数字普惠金融指数。在总指数的基础上，还可以从数字普惠金融覆盖广度、使用深度和数字化程度三个维度的指数，以及支付、保险、货基、信用、投资和信贷等分类指数测度湖南省数字普惠金融的发展水平。2011—2018 年湖南省各个维度的数字普惠金融指数如表 6.2 所示。

表 6.2　2011—2018 年湖南省数字普惠金融测度结果

年份	总指数	覆盖广度	使用深度	数字化程度	支付	保险	信贷	货基	投资	信用
2011	32.68	15.33	60.73	39.02	53.36	51.76	65.29			
2012	93.71	63.39	132.38	123.56	75.16	204.99	108.49			
2013	147.71	103.46	175	244.25	100.22	454.11	90.4	34.87		
2014	167.27	150.42	153.46	247.99	148.44	479.47	94.02	139.81	40.84	
2015	206.38	170.07	174.47	384.24	186.49	371.97	143.89	171.84	150.14	34.65
2016	217.69	186.13	219.8	318.07	233.88	517.19	158.56	216.16	130.9	198.54
2017	261.12	223.47	297.7	318.96	248.52	641.34	181.95	246.38	280.06	290.21
2018	286.81	258.07	286.55	382.19	248.24	653.41	178.89	192.38	246.43	290.13

从表 6.2 中可以发现，湖南省数字普惠金融指数在 2011—2018 年间飞速发展，呈现出不断上升的趋势，与此同时数字普惠金融的覆盖广度、使

用深度和数字化程度有较大幅度的提高，说明了湖南省数字普惠金融的发展水平不断提高，呈现均衡发展、全面提升的趋势。

其中，相较于2011年，2018年湖南省数字普惠金融总指数提高了近8倍，年均增长率为97.2%。其中，增长最快的为数字普惠金融的覆盖广度，年均增长率接近200%，说明湖南省数字普惠金融的普及率不断上升，越来越多的湖南省居民使用了数字普惠金融服务。同时，普惠金融的数字化程度也在不断地提高，比2011年提高了近九倍，年均增长率为110%，说明湖南省普惠金融的数字化程度发展较快，可以更便利、更智能地为湖南省居民提供数字普惠金融服务。湖南省数字普惠金融服务的使用深度也在不断优化，越来越多的居民能够更有效率、更加合理地利用数字普惠金融，从而提升了湖南省数字普惠金融的发展水平。

从具体指标来看，湖南省的用户更加注重数字普惠金融的保险功能和信用功能，这也是数字普惠金融为传统金融行业带来的便利。数字普惠金融的发展具有更多的信息，从而可以更加详细、更加全面地构建起信用评价体系。同时数字普惠金融的发展可以通过保险的方式降低用户所面临的各种风险，更好地让用户享受数字普惠金融发展所带来的红利。

6.2.2 分地区的湖南省数字普惠金融发展水平

湖南省一共有14个市级的行政区域，表6.3和图6.2分别展现了湖南省14个市级行政区域2011—2018年的数字普惠金融指数和各地区的年平均值以及中位数情况。

表6.3 2011—2018年湖南省市级数字普惠金融指数

地区	2011	2012	2013	2014	2015	2016	2017	2018
长沙市	79.34	122.82	162.69	173.16	202.97	223.626	254.2779	266.2685
株洲市	53.88	95.2	135.69	146.85	176.71	192.8218	220.6896	233.1452
湘潭市	56.63	101.3	135.76	151.75	176.14	196.7746	225.6343	234.4495
衡阳市	42.56	82.39	122.34	134.22	164.02	181.8159	210.9652	221.1285
邵阳市	38.46	73.18	108.74	120.83	150.37	174.6852	200.1705	206.5288
岳阳市	44.07	88.48	123.51	134.35	164.23	185.6697	212.6044	222.8159

续表

地区	2011	2012	2013	2014	2015	2016	2017	2018
常德市	42.63	84.52	119.03	133.13	159.34	181.0595	210.0377	219.5658
张家界市	40.79	87.47	123.83	132.94	160.43	185.7063	213.5491	222.228
益阳市	38.37	82.02	117.39	130.44	158.1	172.2132	204.7251	215.1936
郴州市	45.9	83.75	123.27	125.6	159.7	185.2748	212.8264	222.4834
永州市	33.21	78.08	113.28	125.94	153.88	180.4266	206.2218	215.0215
怀化市	35.28	77.76	111.78	125.55	155.11	180.109	205.6141	214.2437
娄底市	40.5	82.13	116.46	127.82	158.51	179.5513	207.3781	215.5662
湘西州	39.38	73.61	108.49	124.52	151.1	177.85	201.6625	208.4611

由表 6.3 和图 6.2 可知，2011—2018 年湖南省数字普惠金融发展水平不断提高，从地级市的角度而言，湖南省各地级市的数字普惠金融发展呈现出稳步上升的趋势。其中，长沙市的数字普惠金融的发展水平最高，株洲市和湘潭市次之，而湘西州的发展水平最低。从增长率的角度来看，永州市的数字普惠金融指数的增长率最高，从 2011 年到 2018 年永州市的数字普惠金融指数增长了 547.5%，年均增长率为 68.43%，说明永州市的数字普惠金融正在飞速发展。

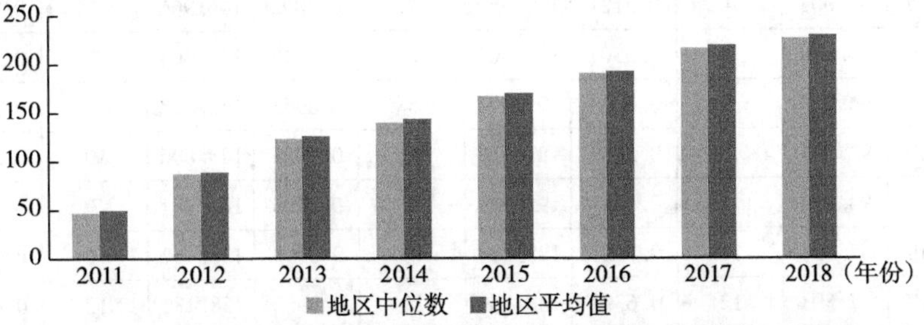

图 6.2　2011—2018 年湖南省各地级市数字普惠金融指数均值和中位数

6.2.3　湖南省数字普惠金融发展的时空演变特征

为了进一步厘清湖南省数字普惠金融的发展规律，表 6.4 展示了湖南省 14 个地级市在 2011—2018 年的均值、排名和年均增长率变化。首先，从均值来看，湖南省各地级市的数字普惠金融发展水平存在一定的区域差异。进一步将样本期划分为2011—2014年、2015—2018年、2011—2018年三个阶段，可以发现在这三个阶段，数字普惠金融指数排名的前三位的排序完全没有发生变化，而且其他地区的排名也未发生较大幅度的变动。与第一个阶段相比，益阳市和衡阳市的排名有所下降，其中益阳市下降了两个名次，衡阳市下降了一个名次。而郴州市、永州市和怀化市的排名各向前进了一个名次。说明在湖南省内，数字普惠金融发展水平较高的地区依然能够保证稳定的增长，而发展水平较低的地区竞争则比较激烈，个别地区实现了发展水平上的反超。

表6.4 湖南省数字普惠金融的时空演变特征

	2011—2014年			2015—2018年			2011—2018年		
	均值	排名	年均增长率	均值	排名	年均增长率	均值	排名	年均增长率
长沙市	134.503	1	0.2956	236.786	1	0.0780	185.644	1	0.2945
株洲市	107.905	3	0.4314	205.842	3	0.0798	156.873	3	0.4159
湘潭市	111.360	2	0.4199	208.250	2	0.0828	159.805	2	0.3925
衡阳市	95.378	6	0.5384	194.482	7	0.0870	144.930	6	0.5245
邵阳市	85.303	14	0.5354	182.939	14	0.0934	134.121	14	0.5462
岳阳市	97.603	4	0.5121	196.330	4	0.0892	146.966	4	0.5070
常德市	94.828	7	0.5307	192.501	8	0.0945	143.664	8	0.5188
张家界市	96.258	5	0.5648	195.478	5	0.0963	145.868	5	0.5560
益阳市	92.055	9	0.5999	187.558	12	0.0903	139.806	10	0.5760
郴州市	94.630	8	0.4341	195.071	6	0.0983	144.851	7	0.4809
永州市	87.628	11	0.6981	188.887	10	0.0993	138.257	11	0.6843
怀化市	87.593	12	0.6397	188.769	11	0.0953	138.181	12	0.6341
娄底市	91.728	10	0.5390	190.251	9	0.0900	140.989	9	0.5403
湘西州	86.5	13	0.5405	184.768	13	0.0949	135.634	13	0.5367

对比第一阶段和第二阶段可以发现，第一阶段湖南省各地区的数字普惠金融的年均增长率要显著高于第二阶段，说明湖南省的数字普惠金融发展速度在不断递减，在发展水平较低的时候，数字普惠金融的发展速度较快，而当数字普惠金融发展到一定程度以后，数字普惠金融的增长速度开始下降。从各地级市层面的对比也可以发现，初始水平较低的地区往往有

着较高的增长速度，而长株潭地区的数字普惠金融年均增长率则比较低。这说明随着时间的推移，各地级市数字普惠金融的发展与长株潭地区的差距日益缩小，呈现出一定的收敛性特点。

上述数字普惠金融指数的总体增速掩盖了湖南省内各地级市之间数字普惠金融不同维度之间的不同发展趋势，因此接下来对各地级市的分指数进行分析。图 6.3 是 2018 年湖南省数字普惠金融不同维度的地区分布，从中可以发现，2018 年湖南省各地区间的数字普惠金融数字化程度地区差异较小，数字化程度最高的地区为长沙市，最低的为湘西州，二者差距为 38.21。数字普惠金融使用深度最低的地区为湘西州，与发展水平最高的长沙地区的差距为 49.77。湖南省内发展最不平衡的是数字普惠金融的覆盖广度，长沙地区的人口基数大，使用用户多，因此覆盖广度水平较高，而邵阳市由于数字普惠金融的使用用户较少，覆盖广度与发达地区还有较大的差距，尤其与长沙市的差距，达到了 78.66。图 6.3 的结果说明，现阶段湖南省内各地级市的数字普惠金融发展差距主要是由覆盖广度的差距造成的，鼓励地区居民积极使用数字普惠金融服务。不断扩大用户群体是缩小湖南省内数字普惠金融发展的地区差距的一个有效途径。

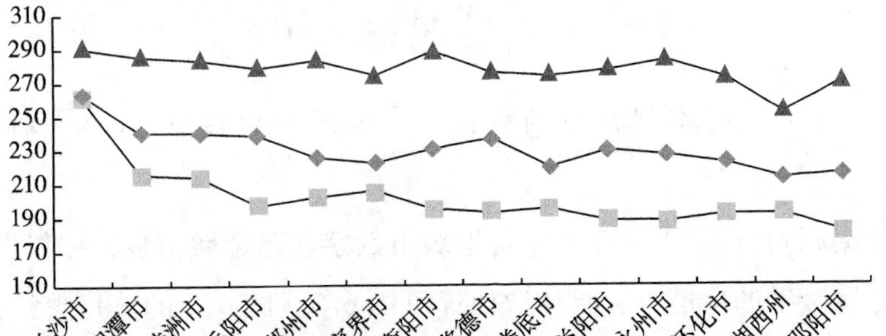

图 6.3　2018 年湖南省各地级市数字普惠金融分类指数分布

6.3 湖南省数字普惠金融的收敛性研究

上文的研究分析表明湖南省数字普惠金融的发展呈现出一定的收敛性的特征，但是这种特征，只是一种直观且粗糙的结论。因此，为了深入详细地研究湖南省数字普惠金融的收敛性及其相关特征，本文将采用 σ 收敛，绝对 β 收敛和相对 β 收敛的方法，从多个角度对这个问题进行相应的研究。

6.3.1 σ 收敛

在现有的分析中，σ 收敛属于绝对收敛，通常使用不同地区变量的标准差进行检验。本文采用 σ 收敛的方法研究湖南省内数字普惠金融指数的分散程度随着时间的推移而变化的特征，主要研究的数字普惠金融的存量特征，如果各地区数字普惠金融指数的标准差随着时间变化逐渐缩小，则说明存在 σ 收敛。反之亦反之，具体计算公式如下：

$$\sigma = \sqrt{\frac{1}{N}\sum_{i=1}^{N}(x_i - \bar{x})^2} \tag{6-13}$$

其中，N 为样本观察值的数目，x_i 为样本观察值，$\bar{x}$ 为样本观察值均值。

依据湖南省 2011—2018 年各地级市数字普惠金融指数，按年份计算出数字普惠金融的标准差，具体数值详见图 6.3。图 6.3 的分指数结果显示，从变化趋势来看，样本期内，数字普惠金融总指数的 σ 收敛性并不明显，2011—2018 年数字普惠金融指数的标准差总体平稳，甚至还有小幅上升，表明数字普惠金融指数在湖南省地级市内的发展差距有所扩大，存在着一定的不平衡性。从分指数的结果来看，数字普惠金融覆盖广度的 σ 收敛性也不明显，大体趋势与总指数的变化一致，进一步证实了湖南省内数字普惠金融发展不平衡的最重要影响因素就是数字普惠金融的覆盖广度。而数字普惠金融的使用深度指数的标准差波动较大，总体上也呈现出上升趋势，样本期内并未满足 σ 收敛的条件，因此湖南省数字普惠金融的使用深度在地级市使用深度的发展差异也在增加。此外普惠金融的数字化程度的标准差波动的幅度最大，较之 2011 年，2018 年湖南省数字普惠金融的数字化程度的标准差有所下降，存在 σ 收敛的特征。说明湖南省内各地区的数字化程度发展较快，个别落后地区的数字化发展程度甚至实现了对于发达地区的追赶，有效降低了湖南省内数字普惠金融的地区差异，使湖南省内数字普惠金融的数字化程度发展比较平衡。

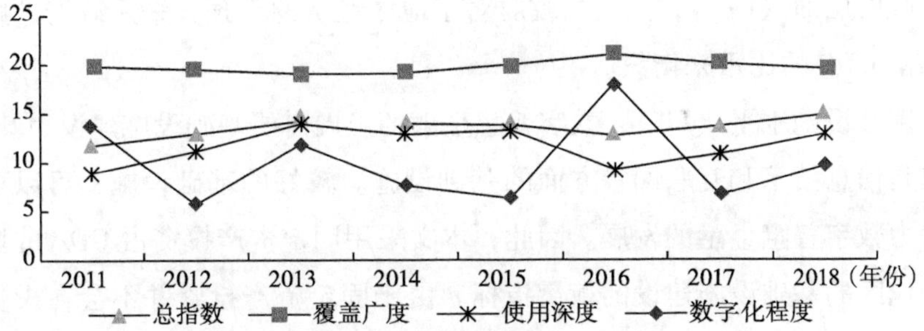

图 6.4　按年份计算的湖南省数字普惠金融分指数标准差

6.3.2　β 收敛

σ 收敛的结果表明湖南省内除了数字普惠金融的数字化程度，其他指数在样本期内并不具备 σ 收敛性，因此本文使用 β 收敛进一步研究湖南省各地级市间的数字普惠金融发展的收敛性。

Barco（1992）在 Baumol（1986）研究工作的基础上，明确 β 收敛的定义，提出如果经济变量的增长率与其初始水平呈负相关关系，则意味着存在 β 收敛。同时，根据个体特征差异，将其分为条件 β 收敛和绝对 β 收敛。就数字普惠金融指数而言，绝对 β 收敛是指随着时间的推移，各地区数字普惠金融的发展水平将逐渐收敛到相同的稳态水平，其前提是假设各地区的技术水平、对外开放程度和产业结构等条件完全相同。而条件 β 收敛则考虑各地区的技术水平、对外开放程度和产业结构等存在差异性，它要求各地区的数字普惠金融的发展水平最终收敛到各自的稳态水平，而不是相同的稳态水平。本文在考察湖南省内各地级市数字普惠金融发展水平的条件β收敛时，从技术层面、基础设施水平、政府层面和产业结构四个层面选取影响数字普惠金融发展的因素。

具体而言，本文采用湖南省数字普惠金融的总指数以及各分指数衡量各地级市间的数字普惠金融发展水平，考虑到地区数字普惠金融的影响因素与前人的研究，本文从四个层面选择控制变量。

技术层面（lnedu）。本文考虑以人力资本作为地区技术水平的衡量变量（尹伟华等，2008），采用每万人中的在校大学生人数衡量。

政府层面（Gov），主要指政府对于地区经济的干预，采用政府的财政支出占 GDP 的比重来衡量。

基础设施水平（Fix），数字普惠金融的发展需要基础设施建设为基础，尤其是信息技术和互联网等方面的基础设施。较好的基础设施，可以更好地助力数字普惠金融的发展。因此，本文采用固定资产投资占 GDP 的比重作为地区的基础设施建设的衡量指标。由于固定资产投资并不会在投资额发生当年就对数字普惠金融的发展产生影响，而且湖南省统计局并未公开 2018 年各地级市的固定资产投资额，因此本文将固定资产投资额滞后了一年，再进行计算。

产业结构（First，Second），产业结构也是影响地区间数字普惠金融发展差异的重要影响因素，本文采用第一产业占 GDP 的比重（First）和第二产业占 GDP 的比重（Second）衡量地区的产业结构。数据均来自于 EPS 数据库的城市数据库。表 6.5 给出了各变量的描述性统计分析。

表 6.5 描述性统计

变量	样本量	均值	标准差	最小值	最大值
总指数	112	146.8279	59.42421	33.21	266.2685
覆盖广度	112	130.3373	56.16135	13.62	260.6046
使用深度	112	155.5334	60.15081	45.33	271.5642
数字化程度	112	185.4664	80.17578	7.9	290.343
lnedu	112	4.629384	0.829876	3.628241	6.659111
Fix	112	0.669269	0.189233	0.32584	1.098763
First	112	0.130453	0.050823	0.028967	0.250785
Second	112	0.44116	0.100562	0.177175	0.604461

续表

变量	样本量	均值	标准差	最小值	最大值
Gov	112	0.205248	0.09168	0.092696	0.543427

6.3.2.1 基于普通面板模型的湖南省数字普惠金融的β收敛

本文采用普通面板模型估计的参数结果，检验β收敛特征的基础模型如下：

$$\ln(y_{i,t}/y_{i,t-1}) = \alpha + \beta\ln(y_{i,t-1}) + \varepsilon_{i,t} \tag{6-14}$$

$$\ln(y_{i,t}/y_{i,t-1}) = \alpha + \beta\ln(y_{i,t-1}) + \varphi Z_{i,t} + \varepsilon_{i,t} \tag{6-15}$$

其中，式（6-14）检验β绝对收敛，式（6-15）检验条件β收敛，$y_{i,t}$和$y_{i,t-1}$分别表示第i省份在t期和$t-1$期的数字普惠金融发展水平，主要包括数字普惠金融总指数、覆盖广度指数、使用深度和数字化程度指数。α是常数项，ε是服从正态分布的误差项，Z是控制变量。若回归系数$\beta<0$，则表明各地区的数字普惠金融发展水平随着时间变化会趋向同一个稳态水平（各自的稳态水平），即存在绝对β收敛（条件β收敛）。

表6.6和表6.7是使用普通面板模型估计湖南省数字普惠金融的β收敛的结果，其中表6.6为绝对β收敛的结果，表6.7为条件β收敛的结果。表中，第一列（lnifi）为数字普惠金融总指数的回归结果，第二列（lnbre）为数字普惠金融的覆盖广度的回归结果，第三列（lndeep）为使用深度的回归结果，第四列（lndig）为数字化程度的回归结果（下表同）。从表6.6中不难发现，样本期内无论是湖南省数字普惠金融发展的总指数，还是分指数的回归结果，均表明β的估计值为正，并且均通过了1%的显著性检验，这说明样本期内湖南省数字普惠金融的发展不存在绝对收敛的迹象。随着数字普惠金融的不断发展，湖南省内各地区的普惠金融发展水平之间的差异会不断拉大，并不会收敛到同一稳态水平。其中数字普惠金融的使用深度的β估计值最大，使用程度较低的地区与发达地区的差距较大，相对其他指数而言，很难收敛到同一稳态。

表 6.6　2011—2018 年湖南省数字普惠金融的绝对 β 收敛：普通面板模型

	lnifi	lnbre	lndeep	lndig
β	0.8248 *** (0.0289)	0.8017 *** (0.0293)	0.8448 *** (0.0358)	0.7315 *** (0.0390)
_Cons	1.0215 *** (0.1364)	1.1219 *** (0.1334)	0.9068 *** (0.1727)	1.5411 *** (0.1906)
R^2	0.8807	0.8719	0.8350	0.7618
N	112	112	112	112

注：(1) 数据来源：作者根据 stata14.2 软件输出结果整理而来；(2) 括号内为 P 值；(3) *、**、***分别表示达到 10%、5%、1% 的显著性水平。

考虑到各地区技术水平、基础设施水平、政府干预和产业结构等经济特征存在差异，将其作为控制变量纳入研究收敛的方程。进一步采用普通面板模型估计湖南省数字普惠金融发展的条件 β 收敛效应，估计结果如表 6.7 所示。表 6.7 中的 β 估计值均在 1% 的显著性水平上显著为正，不符合条件收敛的条件，表明在不考虑数字普惠金融的空间效应时，湖南省内数字普惠金融的发展并不存在条件收敛效应，无论是数字普惠金融的总指数还是分指数都无法有效收敛到各自的稳态水平。其中，数字普惠金融总指数的 β 估计值最大，主要原因是数字普惠金融总指数由覆盖广度、使用深度和数字化程度三个维度构成，但是三个指数在样本期内都无法收敛到稳态，三个维度的综合作用使数字普惠金融的总指数难以收敛。由估计系数可知，三个维度中影响最大的是数字普惠金融的覆盖广度，其次是使用深度，最小的为数字化程度。考虑到湖南省内数字普惠金融的发展可能存在空间相关性，因此进一步研究湖南省数字普惠金融的空间特征，并在收敛模型中考虑空间溢出作用。

表 6.7　2011—2018 年湖南省数字普惠金融的条件 β 收敛：普通面板模型

	lnifi	lnbre	lndeep	lndig
β	0.8421 *** (0.0614)	0.8173 *** (0.0617)	0.7536 *** (0.0717)	0.6744 *** (0.0610)
Fix	-0.0871 (0.1595)	-0.0913 (0.1817)	0.1861 (0.1498)	0.1822 (0.2336)

续表

	lnifi	lnbre	lndeep	lndig
lnedu	-0.0107 (0.0324)	-0.0148 (0.0392)	0.0074 (0.0311)	-0.0278 (0.0570)
Gov	0.0801 (0.2737)	0.0853 (0.3316)	0.0100 (0.2695)	0.0702 (0.4860)
First	-0.2167 (0.6311)	-0.2000 (0.7998)	-0.5324 (0.5775)	-1.1906 (0.9887)
Second	0.0434 (0.2775)	0.0408 (0.3248)	-0.2294 (0.2832)	-0.3665 (0.4439)
_Cons	1.0415 ** (0.4002)	1.1718 *** (0.4336)	1.3543 *** (0.4590)	2.1260 *** (0.5483)
R^2	0.8815	0.8726	0.8389	0.7672
N	112	112	112	112

注：(1) 数据来源：作者根据 stata14.2 软件输出结果整理而来；(2) 括号内为 P 值；(3) *、**、***分别表示达到 10%、5%、1% 的显著性水平。

6.3.2.2 考虑空间效应的 β 收敛

考虑到湖南省内各地区之间距离较近，而且经济发展水平和方式存在着一定的相似性，因此省内各地区之间的数字普惠金融的发展可能对于临近地区存在着空间溢出作用，从而可能影响到湖南省内数字普惠金融的发展差异。因此，为了研究这种空间溢出作用对于湖南省数字普惠金融收敛性的影响，本文参考 Martin（1996）提出的收敛模型，结合空间计量技术，建立空间收敛模型，研究省内各地级市数字普惠金融的空间收敛特征。

（一）空间权重矩阵的构建

在进行数字普惠金融的空间收敛特征分析之前，首先需要构建空间权重矩阵。本文采用二阶的空间权重矩阵，不仅要考虑地理位置对地区数字普惠金融发展的空间溢出效应的影响，同时还要考虑经济发展水平的差距对于溢出效应的影响。因此，本文使用地理经济二阶权重矩阵作为地区间距离的衡量。具体的构造方法如下：

$$W = Q_{ij} \cdot diag\ (\overline{Y}_1/\overline{Y},\ \overline{Y}_2,\ \overline{Y},\ \cdots,\ \overline{Y}_n/\overline{Y}) \qquad (6-16)$$

其中，i、j 代表了不同的城市；W 为两城市的经济地理二阶距离的权重矩阵，Q_{ij}为以经纬度衡量的地理反距离权重矩阵，对角元素中 $\overline{Y}_i = \sum_{t_0}^{t_1} X_{it}/(t_1 - t_0 + 1)$，为时间 t_0 到 t_1 内 i 地区生产总值 GDP（X_{it}）的均值。$\overline{Y}_i = \sum_{i=1}^{n} \sum_{t_0}^{t_1} X_{it}/(t_1 - t_0 + 1)$ 为样本期内所有地区生产总值 GDP 的均值。

（二）湖南省数字普惠金融的空间特征分析

Tobler（1970）提出“地理学第一定律”，认为所有事物都与其他事物相关联，但距离较近的事物比距离较远的事物联系更紧密。已有经验告诉我们，各地区的数字普惠金融发展存在广泛联系，且邻近地区的数字普惠金融发展表现出惊人的相似性。所以，在研究各省经济现象时，应考虑各省之间的地理信息，采用空间计量模型进行实证研究。为确保空间计量方法使用正确，首先要考察数据的空间依赖性。基于空间自相关的复杂性，文献中提出了一系列检验空间自相关的方法，其中 Moran'I 指数是最为常用的，其计算公式如下：

$$I = \sum_{i=1}^{n} \sum_{j=1}^{n} w_{ij}(x_i - \overline{x})(x_j - \overline{x}) / \left(\sum_{i=1}^{n} \sum_{j=1}^{n} w_{ij} \cdot \sum_{i=1}^{n} (x_i - \overline{x})^2 / n \right) \quad (6-17)$$

其中 n 为地区单元数，w_{ij}为空间权重矩阵 W 的元素，空间权重矩阵为上文所构建的经济地理二阶权重矩阵；Moran's I 的取值范围为［-1，1］，当邻近区域单元相似属性占主导地位时，则整体上呈现正的空间相关性，反之则整体呈现负的空间相关性，若区域单元符合传统的相互独立假设，则空间相关性为 0。

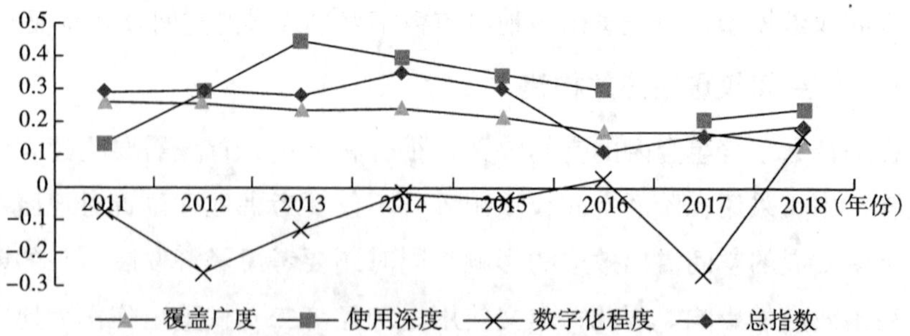

图 6.5　数字普惠金融指数以及分指数的 Moran's I 值情况

根据湖南省 14 个地级市 2011—2018 年数字普惠金融的数据，利用全局自相关检验模型，可得湖南省数字普惠金融指数以及分指数在 2011—

2018 年的 Moran'I 指数，具体情况如图 6.5 所示。

图 6.5 显示，样本期内，湖南省数字普惠金融的 Moran's I 指数全部大于 0.1。且显著性水平的结果显示，Moran's I 在 5% 的水平下显著，这意味着湖南省内 14 个地级市数字普惠金融指数在空间上具有明显的正相关关系，相邻地区的数字普惠金融发展水平会相互影响，数字普惠金融发展水平较高的地区会聚集在一起，同时数字普惠金融发展水平较低的地区也会聚集在一起。而数字普惠金融覆盖广度在样本期内的 Moran's I 要略低于总指数，同时在 1% 的显著性水平下显著为正，表现出强烈的正向空间相关性。数字普惠金融使用深度的正向空间相关性也在不断地加强，并且在 2012 以后 Moran's I 逐渐地超过了总指数的水平，并通过了 1% 的显著性水平。而数字普惠金融的数字化程度在 2017 年之前基本上为负，在 2018 年转变为正，并且显著性水平的检验结果表明，数字化程度的 Moran's I 只有在个别年份才通过了显著性水平的检验，表明数字化程度在湖南省内表现出了负向的空间相关性，但这种空间相关性较弱，而且并不稳定，样本期内波动较大，这说明数字普惠金融的数字化程度可能在地区间表现为一种竞争关系，可能会导致地区间数字普惠金融的发展差距扩大。

为进一步验证湖南省内各地级市数字普惠金融发展水平在空间上集聚模式，接下来分析数字普惠金融发展水平总指数和分指数在 2018 年的 Moran散点图，详见图 6.6 ~ 图 6.9。

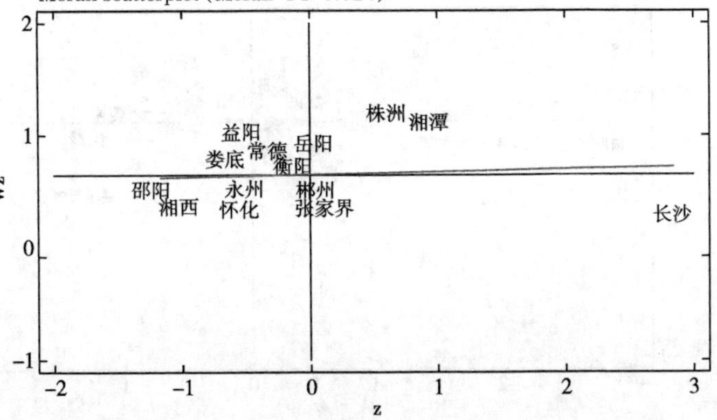

图 6.6　2018 年湖南省数字普惠金融总指数的 Moran 散点图

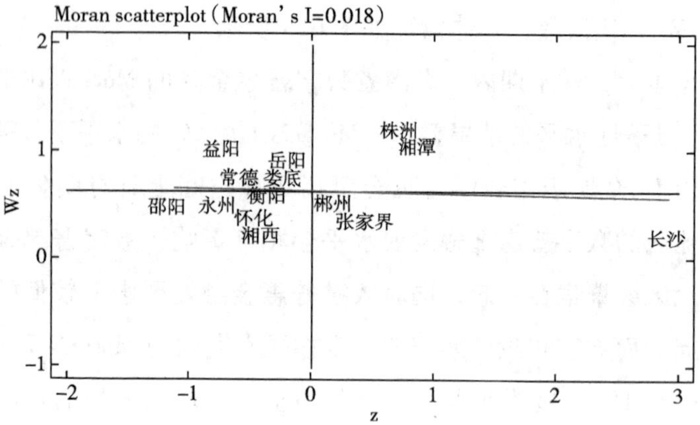

图 6.7　2018 年湖南省数字普惠金融覆盖广度的 Moran 散点图

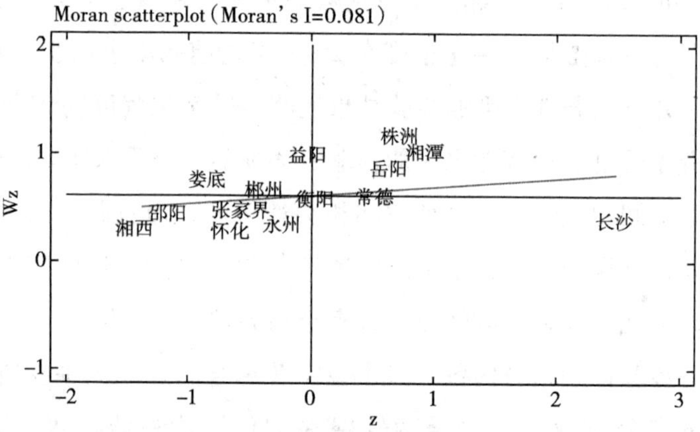

图 6.8　2018 年湖南省数字普惠金融使用深度的 Moran 散点图

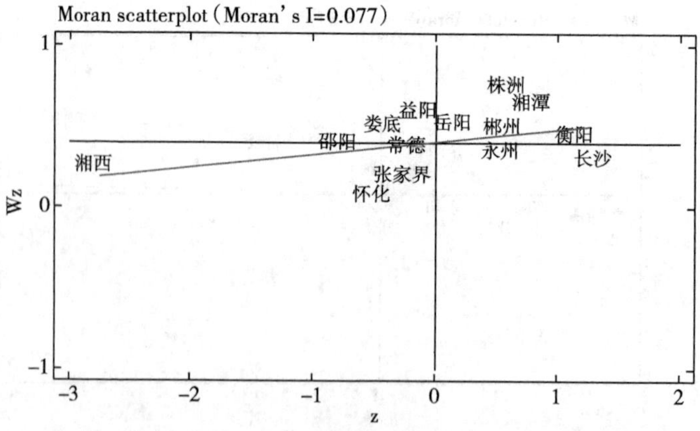

图 6.9　2018 年湖南省数字普惠金融数字化程度的 moran 散点图

如图 6.6 ~ 图 6.9 所示，Moran 散点图的第一至第四象限分别对应 High - High，Low - High，Low - Low，High - Low 地区，第一、三象限对应的 Moran's I 指数为正，意指具有正向的空间相关性，第二、四象限对应的 Moran's I 指数为负，意指具有负的空间相关性。

图 6.6 的结果显示，2018 年湖南省内只有株洲市和湘潭市位于 High - High 型高值聚集区，而较多的地区出现在第二象限的 Low - High 和第三象限的 Low - Low 型聚集区，空间聚集作用明显，但是更多地呈现出一种负向的空间相关性，地区之间发展差异明显。

图 6.7 是 2018 年湖南省数字普惠金融覆盖广度的 Moran 散点图，结果显示湖南省数字普惠金融的覆盖广度空间聚集作用明显，低值区域的空间相关性较强，株洲市和湘潭市的正向空间作用比较显著，长沙市出现了空间离群。

图 6.8 是 2018 年湖南省数字普惠金融使用深度的 Moran 散点图，相较于覆盖广度的 Moran 散点图，湖南省内各地区的空间聚集作用比较分散，在四个象限中均有分布。具体而言，湖南省北部的地级市数字普惠金融的使用深度表现为 High - High 聚集，而西南部地区在大多位于 Low - Low 区域，表现为低聚集，区域间差异明显。

图 6.9 是 2018 年湖南省数字普惠金融数字化程度的 Moran 散点图，与其他指数不同的是，地区间数字化程度更多地表现为正向的空间相关性，大部分地区位于 High - High 聚集区，但是也出现了明显的空间离群。湘西州由于地处偏远，基础设施落后，数字化程度与其他地区更多地表现出一种负向的空间相关性。

总的来说，2011—2018 年的样本期间内，不同区域、不同指数之间的空间相关性差异显著，湖南省内数字普惠金融的空间相互作用机制复杂。湖南省内数字普惠金融的发展更多表现为空间竞争关系而不是空间带动作用。

因此，为了研究空间相关性对于湖南省内数字普惠金融的收敛性的影响，在普通面板模型的基础上，考虑空间溢出作用，依次构建空间滞后模型和空间误差模型，具体模型形式如下：

空间滞后模型（SAR）：

$$\ln\left(y_{i,t}/y_{i,t-1}\right)=\alpha+\beta\ln\left(y_{i,t-1}\right)+\rho W\ln\left(y_{i,t}/y_{i,t-1}\right)+\mu_{i,t} \tag{6-18}$$

$$\ln\left(y_{i,t}/y_{i,t-1}\right)=\alpha+\beta\ln\left(y_{i,t-1}\right)+\rho W\ln\left(y_{i,t}/y_{i,t-1}\right)+\varphi Z_{i,t}+\mu_{i,t} \tag{6-19}$$

空间误差模型（SEM）：

$$\ln\left(y_{i,t}/y_{i,t-1}\right)=\alpha+\beta\ln\left(y_{i,t-1}\right)+\rho W\ln\left(y_{i,t}/y_{i,t-1}\right)+\varepsilon_{i,t}$$

$$\varepsilon_{i,t}=\lambda W\varepsilon_{i,t}+\mu_{i,t} \tag{6-20}$$

$$\ln\left(y_{i,t}/y_{i,t-1}\right)=\alpha+\beta\ln\left(y_{i,t-1}\right)+\rho W\ln\left(y_{i,t}/y_{i,t-1}\right)+\varphi Z_{i,t}+\mu_{i,t}$$

$$\mu_{i,t}=\lambda W\mu_{i,t}+\varepsilon_{i,t} \tag{6-21}$$

式几的排序有问题其中，式（6－18）和式（6－20）表示绝对β收敛，式（6－19）和式（6－21）表示条件β收敛，式中，ρ和λ分别是空间滞后系数和空间回归系数，反应空间效应的大小；W是空间权重矩阵；$\mu_{i,t}$表示服从正态分布的误差项；ε表示随机误差项。其余指标与普通面板模型指标含义一致。

根据 Anselin（1988）提出的模型选择标准，采用 LM 检验进行模型的选择。LM 的检验结果如表 6.8 所示，研究湖南省数字普惠金融的绝对β收敛选用空间误差模型，参数估计结果如表 6.9 所示。

表 6.8　绝对β收敛的空间相关性检验结果

	总指数	覆盖广度	使用深度	数字化程度
LM Lag	2.77* (0.096)	0.655 (0.418)	3.607* (0.058)	6.3** (0.012)
Robust LM Lag	0.734 (0.392)	0.463 (0.496)	1.967 (0.161)	2.768* (0.096)
LM Error	3.058* (0.08)	3.902** (0.048)	1.667 (0.197)	4.8** (0.028)
Robust LM Error	1.022 (0.312)	3.711* (0.054)	0.027** (0.87)	1.267 (0.26)

注：（1）数据来源：作者根据 stata14.2 软件输出结果整理而来；（2）括号内为 P 值；（3）*、**、***分别表示达到 10%、5%、1% 的显著性水平。

在表6.9中，β 参数的估计值与普通面板模型的绝对 β 收敛的结果是一致的，总指数和分指数的结果都在1%水平下显著为正，表明在考虑各地区的空间关系以后，湖南省内数字普惠金融发展仍然不存在绝对收敛的迹象，各地级市的数字普惠金融无法收敛到同一稳态。但是在考虑了空间溢出作用以后，β 的估计系数值均有所下降，表明湖南省内各地区的空间相互作用能够有效地抑制数字普惠金融的发散速度，避免发达地区和落后地区差距迅速扩大。不同指数的 β 估计值的下降幅度有所差异，其中下降幅度最大的是数字化程度指数，数字化程度的提升对于邻近地区的溢出作用明显；下降幅度最小的为使用深度，使用深度的空间溢出效应较弱。在进一步考虑空间相关性存在的条件下，各地区间经济发展水平是否存在条件收敛。

表6.9 湖南省数字普惠金融发展的绝对 β 收敛：空间面板模型

	lnifi（SEM）	lnbre（SEM）	lndeep（SEM）	lndig（SEM）
β	0.8136 ***	0.7811 ***	0.8438 ***	0.6713 ***
	(0.0305)	(0.0325)	(0.0379)	(0.0457)
γ	7.0638 ***	6.9411 ***	6.9880 ***	6.5268 ***
	(0.2758)	(0.3249)	(0.2844)	(0.4118)
R^2	0.8807	0.8719	0.8350	0.7618
N	112	112	112	112

注：(1) 括号内为P值；(2) *、**、***分别表示10%、5%、1%的显著性水平；(3) γ 表示空间误差项系数。

与普通面板模型的条件 β 收敛的估计方法类似，考虑各地区技术水平、基础设施水平、政府干预和产业结构等经济特征存在差异，将其作为控制变量纳入研究的收敛方程，并且在模型中加入地区间的空间溢出效应。仍然采用LM方法对于空间误差模型（SEM）和空间滞后模型（SAR）进行选择，LM检验的结果如表6.10所示，其中总指数模型、覆盖广度和数字化程度模型均选择了空间误差模型，使用深度选择了空间滞后模型。依据模型的选择结果，对于湖南省数字普惠金融的空间条件 β 收敛模型进行估计，估计结果如表6.11所示。

表 6.10　条件 β 收敛的空间相关性检验结果

	总指数	覆盖广度	使用深度	数字化程度
LM Lag	2.628 (0.105)	0.76 (0.383)	3.405 * (0.065)	6.315 ** (0.012)
Robust LM Lag	0.215 (0.643)	0.549 (0.459)	1.521 (0.218)	2.266 (0.132)
LM Error	3.888 ** (0.049)	3.926 ** (0.048)	1.903 (0.168)	4.796 ** (0.029)
Robust LM Error	1.474 (0.225)	3.715 * (0.054)	0.018 (0.892)	0.747 (0.387)

注：(1) 数据来源：作者根据 stata14.2 软件输出结果整理而来；(2) 括号内为 P 值；(3) *、**、***分别表示达到 10%、5%、1% 的显著性水平。

在考虑了空间效应以后，湖南省数字普惠金融仍然不存在条件 β 收敛的迹象，β 的参数估计值在1%的水平下依然显著为正。表明在湖南省内各地市间，无论是数字普惠金融总指数还是分指数的发展都无法收敛到各自的稳态水平，甚至存在着一定的发散迹象。但是考虑了空间效应以后，β 参数的估计值与普通面板的条件 β 收敛结果相比，均有着较大幅度的下降，空间效应的存在有效地抑制了湖南省内数字普惠金融发展的发散速度，缓解了数字普惠金融发展地区差距的增加速度。与考虑空间效应的绝对 β 收敛的结果类似，β 参数估计值的下降幅度也有所不同，表明数字普惠金融发展的空间溢出效应的大小存在差异。其中使用深度的 β 参数的下降幅度最大，其次是数字化程度，而覆盖广度的下降幅度最小，随着三个维度的发散作用下降，数字普惠金融总指数的发散效应也有所下降。总而言之，尽管空间作用的存在无法有效地促使湖南省内各地区数字普惠金融发展到各自的稳态水平，但是能够有效抑制数字普惠金融的发散速度，促使各地区的条件收敛效应显现。

表 6.11　湖南省数字普惠金融发展的条件 β 收敛：空间面板模型

	Lnifi (SEM)	lnbre (SEM)	lndeep (SAR)	lndig (SEM)
β	0.7265 *** (0.0713)	0.7377 *** (0.0826)	0.3231 *** (0.0800)	0.5458 *** (0.0577)

续表

	Lnifi (SEM)	lnbre (SEM)	lndeep (SAR)	lndig (SEM)
Fix	-0.1257	-0.4239	-0.1733	0.2398
	(0.2101)	(0.3169)	(0.1996)	(0.3684)
lnedu	-0.3058	-0.3114	0.3163	-1.1193 **
	(0.2650)	(0.3711)	(0.3525)	(0.5539)
Gov	0.9042	0.8538	3.1951 ***	1.8832 *
	(0.6153)	(0.8841)	(0.6914)	(1.1378)
First	-2.5758 **	-3.7104 **	-1.4391	-4.4038 *
	(1.2429)	(1.7475)	(1.3241)	(2.3547)
Second	-0.9755	-1.2688	-0.4616	-2.0841 *
	(0.6158)	(0.7945)	(0.6789)	(1.2236)
γ/ρ	7.0494 ***	6.9162 ***	4.2497 ***	6.5039 ***
	(0.2792)	(0.3323)	(0.4925)	(0.4095)
R^2	0.6369	0.6843	0.1307	0.1840
N	112	112	112	112

注：(1) 括号内为 P 值；(2) *、**、***分别表示 10%、5%、1% 的显著性水平；(3) γ 表示空间误差项系数，ρ 表示空间自相关系数。

从控制变量的结果来看，在总指数的估计结果中，产业结构指标通过了显著性检验，其中第一产业占 GDP 的比重的回归系数通过了 5% 的显著性水平，但是回归结果为负，表明产业结构不合理会降低数字普惠金融的发展水平。在分指数的回归结果中，产业结构也能够有效地影响到地区数字普惠金融的覆盖广度和数字化程度，第一产业占 GDP 的比重越高，地区内数字普惠金融的覆盖广度和数字化程度相应就越低，进一步证明了产业结构不合理不利于数字普惠金融的发展。而使用深度和数字化程度的回归结果中，政府支出增加通过了显著性水平的检验，分别在 1% 和 10% 的显著性水平下显著为正，表明政府支出的增加能够有效提升地区居民对于数字普惠金融的利用程度，并且通过加大对于数字普惠金融的支持力度，从而提高了普惠金融的数字化程度，促进地区内数字普惠金融的发展。地区普惠金融的数字化程度还受到地区人力资本水平的影响，技术创新投入的回归系数（lnedu）在 5% 的水平下显著为负，表明湖南省内人力资本的创新性还不足，人力资本水平的提高无法有效改善湖南省内各地区普惠金融的数字化程度。空间效应的条件收敛模型的控制变量回归结果表明，湖南省内各地区数字普惠金融发展水平的影响因素大相径庭，各个指数的发展依赖不同经济要素的发展，要加快湖南省内数字普惠金融发展需要根据各地区实际情况制定相关政策。

6.3.3 本节小结

本节采用多种方法研究了湖南省数字普惠金融发展的收敛性，包括 σ 收敛、绝对 β 收敛、条件 β 收敛，并且从空间效应视角对湖南省数字普惠金融的收敛性及其原因进行计量分析。结果表明，湖南省数字普惠金融的 σ 收敛性较弱，主要表现为数字普惠金融发展的总指数的标准差在样本期内逐步上升，而覆盖广度指数的标准差总体平稳，未出现明显下降，使用深度和数字化程度指数的标准差波动较大。相较于 2011 年，数字普惠金融使用深度的标准差有所上升，而数字化程度指数则有所收敛。进一步采用普通面板模型研究湖南省数字普惠金融的绝对 β 收敛和条件 β 收敛效应，结果表明在不考虑空间相关性的条件下，湖南省内数字普惠金融的发展不存在绝对收敛。条件 β 收敛的结果表明，在充分考虑地区间经济发展的异质性以后，湖南省内数字普惠金融也不存在条件 β 收敛，各地级市的数字普惠金融发展无法收敛到各自的稳态水平。这一结论在考虑了湖南省内各地区间数字普惠金融发展的空间相关性以后仍然成立，但是各地区的空间溢出效应有效地降低了数字普惠金融发展的发散速度。与绝对 β 收敛的结果相比，考虑了空间效应以后，数字普惠金融的条件 β 收敛的 β 参数估计值下降的幅度更大，空间效应的存在尽管无法使得省内各个地级市数字普惠金融的发展趋于各自的稳态，但是有利于降低数字普惠金融的发散速度，同时也有利于数字普惠金融发展落后地区实现对发达地区的追赶，尽可能地缩小数字普惠金融发展的地区差距。

研究结果同时表明，数字普惠金融总指数的收敛性与覆盖广度、使用深度和数字化程度的收敛性相关，由于三个维度在样本期内无论是绝对 β 收敛还是条件 β 收敛，都表现为明显的发散特征，导致湖南省内数字普惠金融的发展未呈现出收敛的迹象。在考虑了空间效应的绝对 β 收敛模型中，使用深度的发散速度最快，对于总指数的影响相应也就越大，使得湖南省内各地区的数字普惠金融无法有效收敛到同一稳态水平。而在考虑了空间效应的条件 β 收敛模型中，覆盖广度的 β 参数估计值最大，发散速度较快，覆盖广度的条件 β 收敛性的提高将是湖南省内各地级市数字普惠金融发展水平收敛到各自稳态水平的关键。只有三个维度的共同协调，一致收敛才能不断地缩小湖南省内数字普惠金融发展的地区差异，实现均衡发展。

尽管湖南省内数字普惠金融的收敛性还未凸显，在未来一段时间内，数字普惠金融发展的地区差异仍会存在，甚至不断扩大。但是只要我们充分意识到各地级市数字普惠金融发展水平有差异，从数字普惠金融的覆盖广度、使用深度和数字化程度入手，提高省内低水平地区的发展水平，缩小与长株潭地区等高水平地区的发展差距。同时也要注意到数字普惠金融发展的空间效应，充分发挥各个指数发展的不同的空间溢出作用，使各个地级市之间数字普惠金融发展相互带动，相互协调，促进湖南省数字普惠金融的协调发展。

6.4　湖南省数字普惠金融发展的经济增长效应

上文的分析表明数字普惠金融的发展于湖南省经济社会发展具有重要作用，因此进一步采用面板固定效应模型研究湖南省数字普惠金融与经济发展水平之间的关系。以湖南省各地级市的人均 GDP 作为地区经济发展水平的衡量标准，同时考虑到经济发展水平可能会受到其他非数字普惠金融因素的影响，因此，引入地区人力资本水平（lnedu）、政府财政支出水平（Gov）、基础设施建设水平（Fix）、第一产业占 GDP 的比重（First）和第二产业占 GDP 的比重（Second）等五个控制变量。参照钱海章等（2020）的研究思路，构建了湖南省数字普惠金融发展对地区经济发展水平影响的计量模型如下：

$$\mathrm{In}gdp_{it}=\beta_0+\beta_1 ifi_{it}+\beta_2\mathrm{Insch}_{it}+\beta_3 gov_{it}+\beta_4 first_{it}+\beta_5 second_{it}+\beta_6\mathrm{In}fix_{it}+\varepsilon_{it} \quad (6-22)$$

其中，i 为湖南省 14 个地级市的截面数据，t 表示年份；lngdp 表示以人均 GDP 衡量的地区经济发展水平，ifi 为核心解释变量，代表数字普惠金融的发展水平，分布表示数字普惠金融的总指数（lnifi）和覆盖广度（lnbre）、使用深度（lndeep）和数字化程度（lndig）三个维度的分指数，其余的均是控制变量，计算方法与前文模型一致，在此不再赘述；β_i（$i=1$，2，…，6）为待估参数；ε_{it}为随机扰动项。依据公式（6－22）的面板固定效应，回归结果如表 6.12 所示。

表 6.12 中第（1）列为数字普惠金融总指数对于湖南省经济发展水平的影响，其中核心解释变量 β_1 的估计结果为正，并且在 1% 的显著性水平下显著，表明数字普惠金融的发展与湖南省经济发展水平的提高呈正相关关系，数字普惠金融的发展显著促进了各地区的经济增长。本文的研究结论与钱海章等（2020）的一致，数字金融发展可通过降低交易成本、提高金融服务效率、激发居民消费、促进创新和创业等方式促进经济增长。

表 6.12 湖南省数字普惠金融发展与经济增长

	(1)	(2)	(3)	(4)
lnifi	0.2090 *** (0.0174)			
lnbre		0.1606 *** (0.0165)		
lndeep			0.2347 *** (0.0252)	
lndig				0.1164 *** (0.0106)
Fix	0.2508 *** (0.0632)	0.2589 *** (0.0725)	0.4406 *** (0.0667)	0.3483 *** (0.0634)
lnedu	0.1874 (0.1141)	0.2109 (0.1295)	0.0200 (0.1295)	0.2307 * (0.1213)
Gov	0.0424 (0.2356)	0.0893 (0.2690)	0.3587 (0.2632)	0.4692 ** (0.2344)

续表

	(1)	(2)	(3)	(4)
First	-1.2803***	-1.1955**	-1.4331***	-1.9343***
	(0.4052)	(0.4656)	(0.4677)	(0.4118)
Second	-0.3328*	-0.6380***	0.2138	-0.3317
	(0.1988)	(0.2236)	(0.2418)	(0.2098)
_Cons	8.7245***	8.9846***	8.9412***	8.8855***
	(0.6199)	(0.6964)	(0.7138)	(0.6518)
R^2	0.9618	0.9515	0.9494	0.9575
N	112	112	112	112

由于数字普惠金融指数由度量覆盖广度、使用深度和数字化服务支持程度三个维度综合构成，因此要进一步分析哪些维度的发展促进了湖南省经济发展水平的提高。面板固定效应模型的回归结果如表 6.12 第（2）、（3）、（4）列所示，结果显示数字普惠金融三个维度的回归系数 β_1 均在 1% 的水平下显著为正，表明数字普惠金融的三个维度的发展均能够有效刺激湖南省经济发展水平的提高，覆盖广度、使用深度和数字化程度的改善均有利于湖南省的经济增强。对比各指数的回归结果可以发现，数字普惠金融使用深度的回归结果的 β_1 估计值最大，使用深度的提高是数字普惠金融发展促进经济发展最主要的方式。通过不断地改善数字普惠金融的利用程度，和数字普惠金融服务的深化，可以有效地提高居民消费能力和收入水平，从而促进地区经济增长。就总的影响效应而言，使用深度的影响最大、覆盖广度次之，而数字化程度的影响最弱。表明数字普惠金融的发展更多地依赖于使用人数的增加和互联网金融服务的深化来发挥对地区经济的促进作用，而数字普惠金融的便利化程度和成本的降低所带来的经济效益还比较弱。

6.5 结论与启示

6.5.1 主要结论

本文利用北京大学数字普惠金融研究中心的中国数字普惠金融发展水平的研究成果，获得了湖南省数字普惠金融的测度方法和发展指数。具体而言，从覆盖广度、使用深度和数字化程度三个维度出发，一共利用33个具体指标，较为全面和准确地衡量了湖南省及省内各地级市的数字普惠金融发展水平。

利用湖南省数字普惠金融的测度成果，分析了湖南省内数字普惠金融的发展水平和空间动态分布。从湖南省全省的角度来看，湖南省数字普惠金融发展速度较快，数字普惠金融的覆盖广度、使用深度和数字化程度均有着不同程度的发展，其中发展速度最快的是数字普惠金融的覆盖广度，湖南省内数字普惠金融的用户增加较快，越来越多的人享受到了数字普惠金融的服务。而从具体的指标来看，湖南省数字普惠金融的信用指标和保险指标增长最快，数字普惠金融的发展为湖南居民提供了更好的信用和保险服务。总体而言，湖南省数字普惠金融发展水平不断提高，同时在各个维度上也实现了一定程度的增长，发展比较均衡。

从湖南省内各地级市的角度来看，数字普惠金融的发展也非常迅速，2011—2018年，湖南省内各地级市的数字普惠金融水平都有所提升。通过各地级市间的横向对比可知，湖南省内数字普惠金融发展水平最高的地区为长株潭地区，其中长沙市的数字普惠金融发展最好，位居全省之首。发展水平较低的地区位于湖南省西南部地区，湖南省内发展水平最低的地区是湘西土家族苗族自治州。从增长率来看，永州市在样本期内尽管数字普惠金融发展水平位居全省末尾，但是发展速度为全省最快，年均增长率为68.43%，永州市正不断地缩小与发达地区间的差距。

从地级市数字普惠金融发展的时空演变角度来看，湖南省内各地区间的发展水平变化相对稳定，但是在湖南省西部地区的竞争较为激烈，发展水平的排名变化较大，与2011—2014年的第一阶段相比，在2015—2018年的第二阶段，衡阳市的排名下降了1个名次，益阳市下降了2个名次，而永州、怀化和郴州市分别上升了1个名次。

由湖南省内各地级市的数字普惠金融分指数的比较结果可知，由于各地区在数字普惠金融的覆盖广度、使用深度和数字化程度方面的发展差异，导致了各地区数字普惠金融发展水平的差异。其中各地区的覆盖广度差异最大，是导致发达地区与落后地区发展差异存在的最主要因素；其次是使用深度的差异；数字化程度的地区差异最小，因此要实现落后地区对于发达地区数字普惠金融发展水平的追赶，最主要的是提升落后地区数字普惠金融的覆盖广度，不断扩大数字普惠金融的用户群体，为更多的人提供数字普惠金融服务。而且由于发达地区数字普惠金融覆盖广度较高，加上边际效应递减规律的存在，覆盖广度的提高较为缓慢，从数字普惠金融的覆盖广度入手能够更有效地缩小地区间的差距。

数字普惠金融的收敛性研究结果表明，湖南省内数字普惠金融的发展并不存在σ收敛和β收敛。在σ收敛的检验结果中，数字普惠金融总指数的标准差呈现出逐步上升的趋势，发散特征明显，地区间发展差距在不断扩大。而数字普惠金融覆盖广度指数的标准差比较平稳，样本期内未发生明显变动，也不存在收敛特征。使用深度的变化趋势与数字普惠金融总指数的变化趋势大体一致，呈现出发散的特征。而数字化程度在样本期内标准差波动较大，尽管出现了一定的σ收敛特征，但是并不稳定。总体来看，湖南省数字普惠金融并不存在σ收敛特征。

在β收敛的检验结果中，数字普惠金融总指数以及分指数的结果均表明β收敛的特征均不存在，当使用普通面板模型估计数字普惠金融的绝对β收敛性时，数字普惠金融的总指数及分指数均无法有效地收敛到同一稳态水平，甚至出现了发散的迹象。而在考虑各地区技术水平、基础设施水平、政府干预和产业结构等经济特征存在差异以后的条件β收敛的结果表明，湖南省数字普惠金融的发展并不存在条件β收敛的迹象，各地区数字普惠金融的发展水平无法收敛到各自的稳态水平。在考虑了空间效应以后，数字普惠金融的β收敛性特征并未发生改变。但是与普通面板模型的相比，空间面板模型的β参数估计值有所降低，说明空间溢出作用的存在使得数字普惠金融发展的发散性受到了一定的抑制，尤其是使用深度指数表现得尤为明显。β参数的下降幅度最大，表明数字普惠金融使用深度指数发展的空间溢出作用明显。而覆盖广度的β参数估计值最大，说明发散速度较快，覆盖广度的条件β收敛性的提高将是湖南省内各地级市数字普惠金融发展水平收敛到各自稳态水平的关键。由于数字普惠金融总指数由覆盖广度、使用深度和数字化程度三个维度组合而成，因此只有这三个维度在各地区间协调发展，一致收敛才能不断地降低湖南省内数字普惠金融发展的地区差异，实现数字普惠金融的发展收敛至稳态。从湖南省数字普惠金融发展的经济效益来看，数字普惠金融显著地促进了经济增长，数字金融发展可通过降低交易成本、提高金融服务效率、激励居民消费、促进创新和创业等方式促进经济增长。其中，分指数的结果表明，数字普惠金融的发展主要通过使用深度的不断提高，促进地区经济增长，即只有深化数字普惠金融服务，更好地改善数字普惠金融的利用效率，才能更好地发挥数字普惠金融的经济效应。覆盖广度和数字化程度的发展也能在不同程度上刺激湖南省地区经济的发展，说明数字普惠金融使用人数的增加、金融服务便利化程度的提高以及交易成本的下降都能带来良好的经济效益。结合湖南省各地区数字普惠金融发展的实际情况来看，目前数字普惠金融的覆盖广度还有较大的发展空间，在湖南省西南部地区还有较多的居民没有享受到数字普惠金融的服务，政府可以采取措施，对湖南省西部地区数字普惠金融发展给予更多的支持，通过提升西部地区数字普惠金融的数字化程度，为地区居民提供更为便利的数字普惠金融服务，同时不断深化数字普惠金融的服务领域，从各个方面全方位地吸引西部地区居民纳入数字普惠金融服务体系，提升湖南西部地区的覆盖广度，促进经济增长。

6.5.2 对策建议

通过对湖南省数字普惠金融发展水平的测度以及空间动态分布的探讨，可以看到湖南省数字普惠金融发展速度较快，但是存在地区差异，发展存在不均衡的现象。总指数与分指数的分析结果表明，这种差异主要是由于地区间数字普惠金融的覆盖广度不同所导致的，因此在加快湖南省数字普惠金融地区协调发展的过程中，要不断提高落后地区数字普惠金融的覆盖广度，让更多的人享受到数字普惠金融的服务，缩小与发达地区的差距。同时也要充分注意湖南省地区间数字普惠金融发展的发散性，积极采取措施，重视西部落后地区与发达地区在数字普惠金融覆盖广度和使用深度方面的差异，避免地区间发展差距过大。湖南省数字普惠金融的发展也会带来明显的经济效应，积极发展数字普惠金融可以推动地区经济发展，具体而言，本文认为可以从以下三方面入手。

第一，从政府角度而言，要充分意识到数字普惠金融的发展对于湖南省经济社会发展的重要作用，尤其是在经济发展和保障社会公平方面，可以通过建立一系列的政策措施，积极引导数字普惠金融更多地支持有需要的农村弱势群体，提高数字普惠金融的利用效率。同时推进金融体制改革，完善相应的金融体制机制，规范数字普惠金融市场各个主体的行为，利用政策法规为数字普惠金融的平稳健康发展保驾护航。积极稳妥地推进数字金融发展，离不开金融体制的保障，离不开完善的体制机制。因此，只有创新并完善金融体制，才能从根本上改善数字金融发展，为湖南省高质量发展提供源源不断的动力。

第二，针对湖南省西部地区与发达地区数字普惠金融的发展差异，大力推动数字普惠金融的创新，不断提高数字化水平。政府要使更多的金融资源向湖南省中西部欠发达地区倾斜，为中西部地区的金融创新提供支持，完善相应的信息基础设施建设，全力突破普惠金融难以深入广大偏远地区的难题。利用数字化技术扩大数字金融发展的覆盖广度；为中小微企业普及金融知识，以提升数字金融发展的使用深度，并支持“互联网+”与金融行业的结合以推广数字金融发展的数字支持服务；多措并举，实现数字金融协调发展，激发数字普惠金融在中西部地区脱贫攻坚工作中的重要作用。

第三，在湖南省中西部金融网点覆盖率低的地方，居民获取金融服务的交通成本和交易成本较高，此时需要多设立一些网点，并采用互联网技术降低人工成本和交易成本，提高中西部金融服务的可得性；在长株潭等发达地区，金融机构覆盖率较高，此时就需要更多地进行金融科技场景创新，通过金融工具创新和提高金融服务效率，满足不同人群的金融服务需求；既要带动需求侧，也要兼顾供给侧，通过需求侧与供给侧相匹配，实现数字普惠金融平衡协调发展，这也是湖南省推进金融供给侧结构性改革的基本要义。

参考文献

[1]Greenwood J , Jovanovic B. Financial Development, Growth, and the Distribution of Income[J]. *Journal of Political Economy*,1990, 98(5, Part 1):1076 - 1107.

[2]贝多广. 金融发展的次序——从宏观金融、资本市场到普惠金融[J]. 中国城市金融,2018(6):80.

[3]钱海章,陶云清,曹松威,曹雨阳. 中国数字金融发展与经济增长的理论与实证[J]. 数量经济技术经济研究,2020,37(6):26 - 46.

[4]张珩,罗剑朝,郝一帆. 农村普惠金融发展水平及影响因素分析——基于陕西省107家农村信用社全机构数据的经验考察[J]. 中国农村经济,2017(1):2 - 15 + 93.

[5]李牧辰,封思贤. 数字普惠金融与城乡收入差距——基于文献的分析[J/OL]. 当代经济管理:1 - 8.

[6]张勋,万广华,张佳佳,何宗樾. 数字经济、普惠金融与包容性增长[J]. 经济研究,2019,54(8):71 - 86.

[7]耿良,张馨月. 普惠金融非均衡发展的影响因素研究——基于空间溢出视角的实证分析[J]. 华东经济管理,2019,33(5):108 - 115.

[8]李建军,韩珣. 普惠金融、收入分配和贫困减缓——推进效率和公平的政策框架选择[J]. 金融研究,2019(3):129 - 148.

[9]易行健,周利. 数字普惠金融发展是否显著影响了居民消费——来自中国家庭的微观证据[J]. 金融研究,2018(11):47 - 67.

[10]傅秋子,黄益平. 数字金融对农村金融需求的异质性影响——来自中国家庭金融调查与北京大学数字普惠金融指数的证据[J]. 金融研究,2018

(11):68 – 84.

[11]谢绚丽,沈艳,张皓星,郭峰. 数字金融能促进创业吗?——来自中国的证据[J]. 经济学(季刊),2018,17(4):1557 – 1580.

[12]黄益平,黄卓. 中国的数字金融发展:现在与未来[J]. 经济学(季刊),2018,17(4):1489 – 1502.

[13]黄浩. 数字金融生态系统的形成与挑战——来自中国的经验[J]. 经济学家,2018(4):80 – 85.

[14]梁双陆,刘培培. 数字普惠金融、教育约束与城乡收入收敛效应[J]. 产经评论,2018,9(2):128 – 138.

[15]尹志超,张号栋. 金融知识和中国家庭财富差距——来自 CHFS 数据的证据[J]. 国际金融研究,2017(10):76 – 86.

[16]宋晓玲. 数字普惠金融缩小城乡收入差距的实证检验[J]. 财经科学,2017(6):14 – 25.

[17]张彤进,任碧云. 包容性金融发展与城乡居民收入差距——基于中国内地省级面板数据的实证研究[J]. 经济理论与经济管理,2017(5):90 – 101.

[18]张珩,罗剑朝,郝一帆. 农村普惠金融发展水平及影响因素分析——基于陕西省 107 家农村信用社全机构数据的经验考察[J]. 中国农村经济,2017(1):2 – 15 + 93.

[19]朱一鸣,王伟. 普惠金融如何实现精准扶贫?[J]. 财经研究,2017,43(10):43 – 54.

[20]何德旭,苗文龙. 金融排斥、金融包容与中国普惠金融制度的构建[J]. 财贸经济,2015(3).

[21]刘亦文,丁李平,李毅,胡宗义. 中国普惠金融发展水平测度与经济增长效应[J]. 中国软科学,2018(3).

[22]王小华,王定祥,温涛. 中国农贷的减贫增收效应:贫困县与非贫困县的分层比较[J]. 数量经济技术经济研究,2014(9):40 – 55.

[23]郭峰,王靖一,王芳,孔涛,张勋,程志云. 测度中国数字普惠金融发展:指数编制与空间特征[D]. 北京:北京大学数字金融研究中心工作论文,2019.

第7章　湖南省正规金融与非正规金融协同发展研究

7.1　正规金融与非正规金融概述

7.1.1　概述

当前我国的农村金融结构为二元金融结构，即正规金融与非正规金融并存。正规金融是指通过国有银行、政策性银行以及农村信用社等正规渠道进行融资的活动，受一般法律约束并接受专门的银行监管机构监管；现在学者对于农村正规金融的研究主要集中在其对农户减贫效应等方面的影响。何军等（2017）发现政府主导正规金融机构参与的扶贫小额信贷模式对贫困农户的收入与消费具有显著的正向作用；刘宏霞（2018）运用面板回归模型发现西部11个省份农村金融发展对生活贫困、医疗贫困以及教育贫困等方面的贫困减缓都有积极的促进效应；刘芳等（2018）选取我国435个国家贫困县的样本数据研究发现农村金融的发展与贫困减缓存在先抑后扬的"非线性关系"，短期的金融发展对贫困地减缓具有负向冲击，长期则具有正向的激励作用。

非正规金融是通过非正规渠道进行融资的活动，它并未按照法定程序设立，也没有明确的行为规范，最常听到的一种类型便是"民间借贷"，诸如亲邻私人借贷等。农村非正规金融作为区域金融的重要组成部分，备受国内外学者的关注。

对于非正规金融产生的原因，国内外学者提出了"外生说"和"内生说”两种说法。“外生说”认为非正规金融产生原因是外部制度的不合理所造成，这是外在的。Chaudhuri（1996）调查发现农村正规金融机构的代理人，常常会不按时发放贷款，这便刺激了人们寻找另一渠道融资，便产生了非正规金融。Mckinnon 指出，金融抑制所带来的一系列后果引发了非正规金融的产生。Anders（2002）表明非正规金融是由于国家外在制度的不合理以及金融抑制的双重影响，从而衍生出的一种产物，而国家制定的政策中对于金融资源配置不平等所导致的所有制歧视也使非正规金融得到发展。就我国而言，林毅夫等的研究表明由于我国金融抑制的存在，导致农村中小企业在发展过程中所需资金无法从正规金融渠道得到满足，从而促进了非正规金融的产生与发展。顾海峰等（2013）认为是由于我国正规金融供给不足而导致了非正规金融的产生。

“内生说”则将非正规金融的产生归因于金融市场信息的不对称。Stiglitz（1990）通过一个信贷配给模型证明了非正规金融是由内生性原因激发产生，认为农村非正规金融是在金融市场信息不对称的背景下，农户和中小企业自主选择的结果。Turvey（2010）等对农村非正规金融进行调查发现，很多农户和农村小微企业频繁使用这个渠道进行融资。刘民权等（2003）指出由信息不对称滋生的道德风险和逆向选择促进了非正规金融的产生。苏士儒等（2006）将制度经济学加以运用，论证非正规金融是内生性制度安排的结果。姚耀军等（2015）表明非正规金融是由于社会各方面进行博弈合作，共同发展所引起。

此外，也有学者从内生和外生同时出发研究非正规金融。刘纯彬、桑铁柱（2010）表明农村非正规金融产生的外生原因是农村正规金融支持力度不足以及发展滞后，内生原因是正规金融的限制导致农村金融需求主体转而向非正规金融寻求融资。我国学者对于农村非正规金融的研究大多是分析农村非正规金融对农村居民收入、农村扶贫或是城乡居民收入差距的影响，如胡宗义等（2016）研究了农村非正规金融发展对农民收入的影响，发现农村非正规金融的扩大能促进农民增收。张梦缘等（2017）运用门槛回归模型研究了农村非正规金融发展对收入、教育、医疗等多维度贫困的非线性影响，发现农村非正规金融存在多维减贫的作用。邱洋冬

(2019）采用面板平滑转换模型探究了我国农村非正规金融发展影响城乡收入差距的门槛特征。李玮等（2019）运用混合回归模型与分样本回归的分析方法探究了正规与非正规金融对城乡居民消费的影响，研究发现城镇地区正规金融对居民消费的作用更为显著，而农村地区非正规金融则是居民融资的主要来源。还有学者引入空间概念，运用空间计量的研究方法对农村非正规金融展开研究。如胡宗义等（2013）采用空间计量的方法研究了农村正规与非正规金融对城乡收入差距的影响，研究发现农村非正规金融的空间变量对缩减城乡收入差距的影响显著。胡宗义等（2014）又对我国农村非正规金融2003—2010年发展的空间收敛性进行研究，发现我国农村非正规金融的发展存在条件β收敛而不存在绝对β收敛。

7.1.2 正规金融与非正规金融的关系

正规金融机构一般而言，融资门槛较高，往往以追求利润最大化为目标，在交易过程中更倾向于高收益部门，这就导致农户及小微企业难以从正规金融渠道进行融资，非正规金融应运而生。与非正规金融相比，正规金融渠道融资具有审批程序繁杂、担保要求严格及周期长等特征；而非正规金融业务手续则相对便捷，对抵押担保品的要求较低，融资期限也比较自由，很大程度上满足了农户及小微企业需求，在融资体系中发挥着越来越重要的作用。对于正规金融与非正规金融之间的关系，目前学术界尚未形成统一观点。主流观点认为正规金融与非正规金融存在互补关系。如张兵等（2012）基于江苏省农村地区1202户农户的调查数据发现正规金融与非正规金融的服务对象以及借款用途虽然有显著差异，但二者在功能上存在一定的互补性。刘西川等（2014）基于2013年浙江省987户农户调查数据研究了农村信贷市场中正规与非正规机构之间的关系，发现正规机构与非正规机构存在互补关系，具体体现在农户同时参与正规与非正规两个信贷机构，这两种机构能够实现互补的内在原因是两者各自拥有其比较优势。也就是说非正规金融与正规金融通过满足不同融资对象的需求形成了相应的市场分工，非正规金融作为正规金融的补充，为正规金融所不能满足的农户及小微企业借贷等低端市场服务。然而，也有学者发现正规金融与非正规金融也存在竞争关系。董艳等（2020）发现区县内正规金融机构网点的增加会缓解农业信贷约束并降低农户和小微企业持有民间借贷的概率。

从2004年至今，我国政府已有16年在中央一号文件强调“三农”问题，农村正规金融与非正规金融问题日益得到党中央的重视与关注。2017年中央一号文件中提出在提倡农村金融创新的同时，加强对农村创新金融的监管力度，完善相应的法律法规，打压非法金融行为。这从侧面体现了中央承认农村非正规金融的存在，并将农村非正规金融与非法金融进行区分，对待农村非正规金融的态度是加强监管而非打压与扼杀；2018年与2019年的中央一号文件也都提出，要在原有的基础上，进一步加强农村金融改革，促使农村金融改革达到一个新高度。这表明中央越来越重视农村金融的发展与创新，侧面认可了农村金融二元结构存在的合理性，肯定了农村非正规金融存在的意义，并十分重视对农村非正规金融的全面管制。虽然非正规金融一直未得到政府的正式认可，但其与正规金融都在促进农村经济发展、缩小城乡差距方面发挥着重要的作用。

7.1.3　非正规金融的测度

由于非正规金融尚未得到政府的官方认可与统一监管，非正规金融的信息基本上不会公开，难以对非正规金融规模进行量化测度，学术界对于非正规金融的计算也尚未有统一的标准，主流的计算方法有固定资产推算法、正规金融满足率推算法、供求轧差法以及投入产出核算法等。

（一）固定资产推算法

这是基于当前公开可得的相关金融数据，利用一定的经济关系来推算出非正规金融水平。如胡宗义等（2013）将农村非农户投资中的国家预算内资金、国内贷款和利用外资部分以及农村农户投资中的国内贷款部分之和视为农村正规金融，将农村非农户投资中和农户投资中的自筹资金和其他资金之和视为农村非正规金融。

这种方法的缺陷在于：第一，从农村非正规金融的来源分析，该方法以农村固定投资规模作为农村非正规金融的规模指标，而农村资金并非完全用于固定投资，其不具有代表性；第二，农村非农户投资中与农户投资中的自筹资金和其他资金只是农村资金运用的一部分，不具备全面性。

（二）正规金融满足率推算法

李建军（2010）引入正规金融机构贷款对GDP的支持程度、农户单位创造的GDP等概念，根据单位GDP贷款系数和经济主体的正规金融满足率来测算农户、私营企业、个体工商户等中小经济主体的微观信贷规模，即非正规金融规模，如测算农村非正规金融规模的计算可以分为以下三步：

第一步，假定正规金融机构为正规金融机构贷款对GDP的支持程度Sgdpf = 金融机构未偿还短期贷款/农业产值，农户单位创造的GDP为Sgdprf = 未偿还的农户贷款/农业产值；

第二步，计算正规金融满足率Srf = Sgdprf/Sgdpf；

第三部，按照推导公式计算农村非正规金融 = （Sgdpf × Yr × （1 − Srf））/t，其中Yr为农业产值，t为金融机构的人民币境内短期贷款占全部贷款的比重。

该方法通过正规金融满足率来推算出农村非正规金融规模，可以计算出各个省份的农村非正规金融数据，以便研究微观问题。但这只是一种间接测算，计算出的结果只是大致的估计值。

（三）供求轧差法

郭沛等（2004）利用供求轧差的思想，计算出农村个私企业非正规外源融资值，再将农村个私企业非正规外源融资和农户非正规融资相加得到农村非正规金融的规模值，计算步骤如下：

第一步，计算出个私企业年度固定资产投资总额与个私企业来自正规金融机构的贷款总额的差额，这一差额通常要靠内源融资和非正规外源融资所弥补；

第二步，根据两种较为科学权威的比例分别估算窄、宽口径的个私企业非正规外源融资数额，这两种比例分别是来自国际金融公司（IFC）和林汉川等所做的大样本调查；

第三步，假定农村个私企业占全国个私企业的 70%，将上一步计算出来的宽窄口径的个私企业非正规外源融资数额乘以 70%，得到的结果便是农村个私企业的非正规外源融资估计值；

第四步，将获取的农村非正规融资规模加上计算出的农村个私企业的非正规外源融资估计值可得到农村非正规金融规模数据。

这种评估农村非正规金融规模的方法结合了众多学者的研究经验与调查数据，具有一定的综合性，但其存在的缺陷也很明显：第一，该计算方法建立在农村非正规金融的主体是农村个私企业和农户、农村个私企业投资以固定投资为主、农村个私企业非正规外源融资比例各年度之间保持不变等前提假设，这些前提假设虽然减少了计算的难度，但也削弱了计算的准确性；第二，郭沛（2004）一文中，之所以选择两种关于窄口径与宽口径的度量比例，是因为他所选取的国际金融公司（IFC）与林汉川等所做的大样本调查数据相差较大，这说明宽窄口径的度量比例受样本数量、抽样方法等因素影响，导致两种大样本调查结果有着较大的出入，而当前并未有权威科学的宽窄口径的度量比例数据。总而言之，这种计算方法的计算过程复杂，计算结果容易受所选取的数据影响，不具有普适性。

（四）投入产出核算法

这是一种从信贷需求角度出发的测算方法，引入单位 GDP 贷款系数、单位农业产值贷款系数、农户民间借贷满足率等概念，构建了农户民间借贷规模测算的估计模型。其计算过程如下：

第一步，设定单位 GDP 贷款系数 KY = 全社会未偿还贷款余额/GDP、单位农业产值的贷款系数为 KA = 农业贷款/农业产值；

第二步，根据《中国统计年鉴》推算出单位农业产值必要贷款系数的参数区间为 81% ~85%，据此计算出单位农业产值必要贷款系数的上下限：下限 KAX = KY ×81%，上限 KAS = KY ×85%；

第三步，推导得出农户民间借贷规模 = 农业产值 ×（单位农业产值必要贷款系数 - 单位农业产值必要贷款系数），以此估算农村民间金融的可能规模区间。

该测算方法站在借款人的角度，根据国民核算投入产出消耗来进行计算，具有一定的科学性。但这种计算方法只能计算全国范围的农村非正规金融的规模，未对不同省份、不同行业进行区分，无法据此研究农村非正规金融微观层面的问题。

以上几种方法各有其优劣性，基于本书研究的是湖南省正规金融与非正规金融的问题，从数据获取难易程度与可计算性来看，本节选择推算法来测算湖南省正规金融与非正规金融的规模，并对测算结果进行分析。

7.2 湖南省正规金融与非正规金融发展现状

7.2.1 湖南省正规金融与非正规金融时间动态趋势

表 7.1 湖南省正规金融与非正规金融规模测算结果

年份	2008	2009	2010	2011	2012	2013	2014	2015	2016	2017	2018
正规金融（亿元）	1118.40	1704.49	1803.25	2147.91	2613.47	2792.39	3133.65	3216.85	4018.69	4564.59	5021.05
非正规金融（亿元）	3867.36	5175.52	6951.50	9206.85	11949.66	15587.08	18770.34	22727.13	23606.19	26690.92	29360.01

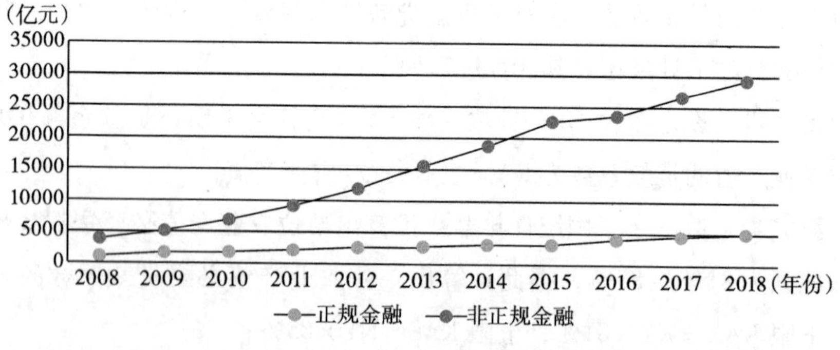

图 7.1 2008—2018 年湖南省正规金融与非正规金融变化趋势

由表 7.1 与图 7.1 可知，2008—2018 年湖南省正规金融与非正规金融总体皆呈逐年增长趋势，非正规金融整体规模要大于正规金融规模，其增长速度也要快于非正规金融的增长。正规金融规模由 2008 年的 1118.40 亿元上升到 2018 年的 5021.05 亿元，增长了 3902.65 亿元，增长幅度达 348.95%；非正规金融规模则从 2008 年的 3867.36 亿元增长至 2018 年的 29360.01 亿元，涨幅达 659.17%，涨幅几乎是湖南省正规金融涨幅的两倍。这表明 2008 年以来，湖南省正规金融与非正规金融发展态势向好，规模不断扩大，湖南省非正规金融的发展速度与发展规模都远超于非正规金融。

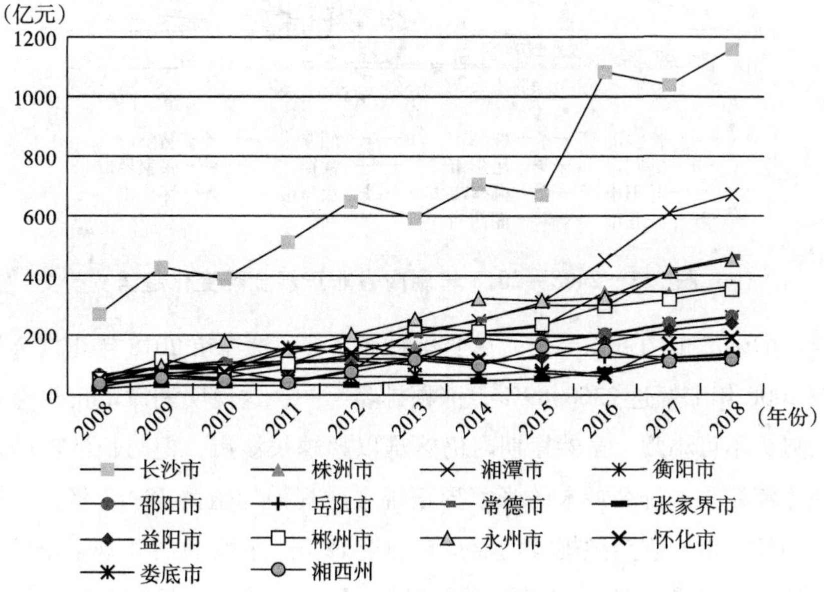

图 7.2　2008—2018 年湖南省正规金融变化趋势

由图 7.2 与图 7.3 可知，2008—2018 年湖南省各地市正规金融与非正规金融规模皆呈上升趋势，其中长沙市的正规金融与非正规金融规模皆远高于其他地市。2018 年长沙正规金融规模为 1158.31 亿元，非正规金融规模为 7847.65 亿元，而其余各地级市的正规金融规模范围大多在 100 亿元至 600 亿元之间，非正规金融规模范围在 250 亿元至 3000 亿元之间。

从表 7.2 可以发现，2008—2018 年正规金融规模均值排名前三的分别是长沙市、湘潭市及永州市，排名后三位的则分别是湘西州、娄底市及张家界市，排名首位的长沙市正规金融规模均值为 681.79 亿元，紧随其后的湘潭市正规金融规模均值仅为 254.27 亿元，长沙市正规金融规模均值是排

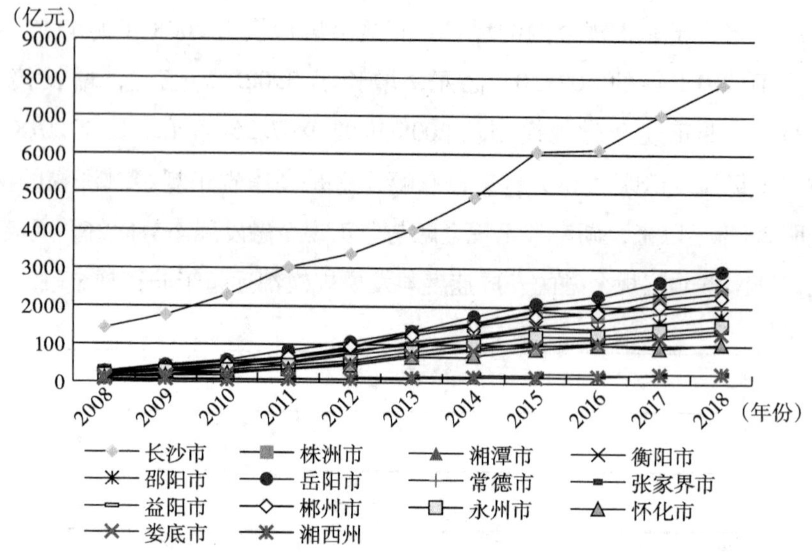

图 7.3　2008—2018 年湖南省非正规金融变化趋势

名第二的湘潭市的近 2.5 倍。从变化幅度来看，湘潭市 2018 年正规金融规模较 2008 年涨幅达 2360.89%，涨幅排名第一，这说明湘潭市正规金融的发展势头不可小觑，虽然短期内仍然难以超越长沙市，但与长沙市的差距也在逐年缩小。排名最末的张家界正规金融规模均值为 58.13 亿元，排名首位的长沙市正规金融规模均值是它的近 12 倍，而张家界正规金融的变化幅度达 558.88%，增长幅度位列湖南省 14 个市（州）的第四位，说明其正规金融规模有不错的发展潜力。

非正规金融规模均值排名前三位的分别是长沙市、岳阳市以及衡阳市，排名后三位的是怀化市、张家界市及湘西州。长沙市非正规金融规模均值仍然排名第一，是排名第二的岳阳市的近 3 倍，排名第三的衡阳市与排名第二的岳阳市的非正规金融规模均值分别为 1487.26 亿元与 1303.09 亿元，两者相差不大，衡阳市的变化幅度为 1278.26%，增幅最高，岳阳市的变化幅度则为 967.57%，说明未来衡阳市非正规金融的发展有望超越岳阳市。排名最末的湘西州非正规金融规模均值为 138.75 亿元，排名第一的长沙市非正规金融规模是湘西州的近 30 倍。

表 7.2　湖南省各地市正规金融与非正规金融基本情况

正规金融					非正规金融				
地区	均值(亿元)	均值排名	变化幅度(%)	变化幅度排名	地区	均值(亿元)	均值排名	变化幅度(%)	变化幅度排名
长沙市	681.79	1	326.88	10	长沙市	4351.62	1	448.42	13
湘潭市	254.27	2	2360.89	1	岳阳市	1487.26	2	967.57	4
永州市	249.95	3	1153.88	2	衡阳市	1303.09	3	1278.26	1
常德市	220.11	4	825.41	3	株洲市	1277.86	4	759.22	8
株洲市	203.34	5	437.18	7	郴州市	1206.46	5	1123.95	2
郴州市	197.28	6	555.89	5	常德市	1052,03	6	1037.12	3
邵阳市	153.44	7	293.03	11	湘潭市	987.80	7	618.20	11
衡阳市	147.74	8	448.40	6	邵阳市	966.77	8	619.82	10
益阳市	122.35	9	372.37	9	永州市	822.41	9	752.00	9
岳阳市	119.27	10	106.45	14	益阳市	735.11	10	882.74	5
怀化市	112.96	11	273.67	12	娄底市	684.24	11	875.60	6
湘西州	92.23	12	217.49	13	怀化市	601.72	12	791.33	7
娄底市	71.55	13	406.66	8	张家界市	158.68	13	560.85	12
张家界市	58.13	14	558.88	4	湘西州	138.75	14	265.54	14

7.2.2 湖南省正规金融与非正规金融空间动态分布

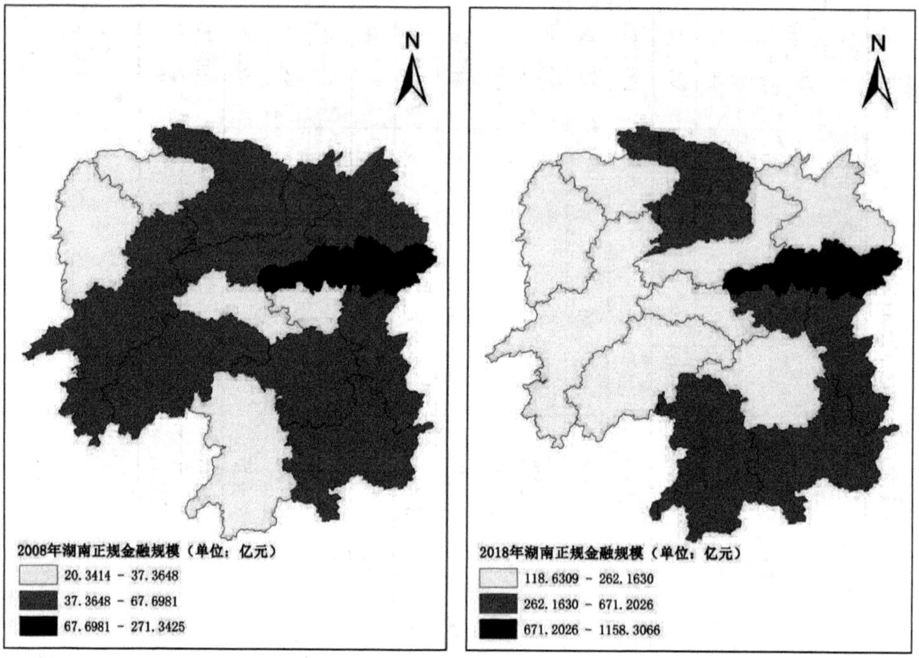

图7.4 湖南省2008年与2018年正规金融规模分位图

由图7.4可知2008年湖南省正规金融分布呈现出东高西低的分布态势，正规金融规模可以分为三个梯队：长沙市位于第一梯队，正规金融规模位于67.70亿元至271.34亿元之间；常德市、益阳市、岳阳市、怀化市、邵阳市、衡阳市、株洲市、郴州市等8个市位于第二梯队，正规金融规模位于37.36亿元至67.70亿元之间；湘西州、张家界市、娄底市、湘潭市以及永州市等5个市（州）则位于第三梯队，正规金融规模位于20.34亿元至37.26亿元之间。2018年湖南省正规金融分布呈现出东南高、西北低的分布态势，正规金融规模仍分为三个梯度：第一梯度仍然只有长沙市，正规金融规模位于671.20亿元至1158.31亿元之间；株洲市、郴州市、常德市、湘潭市及永州市等5个市位于第二梯队，正规金融规模位于262.16亿元至671.20亿元之间；湘西州、张家界市、益阳市、岳阳市、怀化市、邵阳市、衡阳市以及娄底市等8个市（州）位于第三梯队，正规金融规模位于118.63亿元至262.16亿元之间。

可以发现，与2008年相比，2018年益阳市、岳阳市、怀化市、邵阳市以及衡阳市等5个市的正规金融规模由第二梯队变为第三梯队，永州市与湘潭市则由第三梯队变为第二梯队。这说明2008—2018年永州市与湘潭市正规金融发展迅猛，益阳市等5个市正规金融发展规模扩张较为缓慢，永州市与湘潭市实现了赶超。

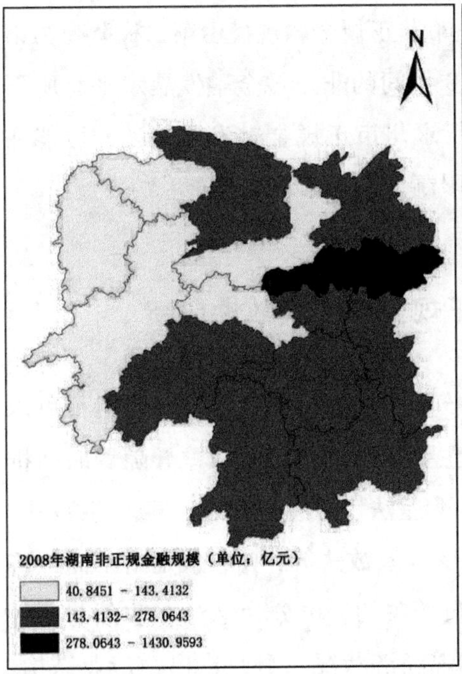

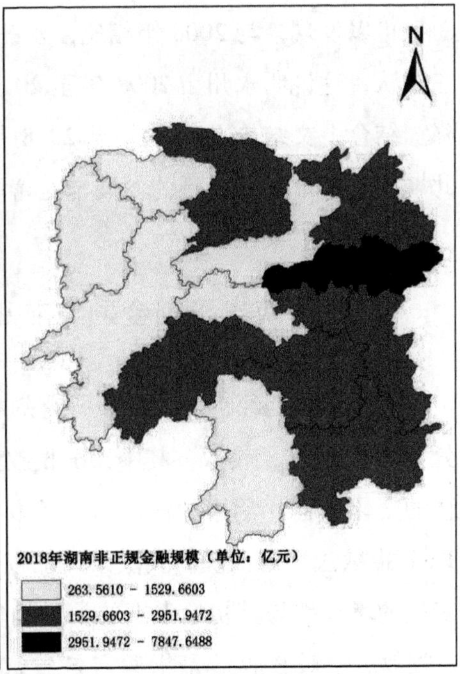

图7.5 湖南省2008年与2018年非正规金融规模分位图

由图7.5可知，2008年湖南省非正规金融分布呈现出东南高、西北低的分布态势，2018年则呈现为东高西低的分布态势。2008年湖南省各市（州）非正规金融规模可以分为三个梯队：长沙市位于第一梯队，非正规金融规模位于278.06亿元至1430.96亿元之间；常德市、岳阳市、邵阳市、衡阳市、湘潭市、株洲市、永州市及郴州市等8个市位于第二梯队，非正规金融规模位于143.41亿元至278.06亿元之间；湘西州、张家界市、怀化市、益阳市及娄底市等5个市（州）则位于第三梯队，非正规金融规模位于 40.85 亿元至 143.41 亿元之间。2018 年湖南省各市（州）非正规金融规模也可以分为三个梯度：第一梯度有长沙市，非正规金融规模位于 2951.95 亿元至 7847.65 亿元之间；株洲市、郴州市、常德市、岳阳市、湘潭市、衡阳市以及邵阳市等 7 个市位于第二梯队，正规金融规模位于 1529.66 亿元至 2951.95 亿元之间；湘西州、张家界市、益阳市、怀化市、永州市以及娄底市等 6 个市（州）位于第三梯队，正规金融规模位于 263.56 亿元至 1529.66 亿元之间。

可以发现，与 2008 年相比，永州市非正规金融规模由第二梯队变为第三梯队，这说明永州市 2008 年至 2018 年间的非正规金融发展水平有所下降。结合上文结论，2008 年至 2018 年永州市正规金融发展迅猛，可能在此期间永州市正规金融的发展与完善限制了永州市非正规金融的发展。

7.3 湖南省正规金融与非正规金融的收敛性研究

收敛假说是经济增长经验研究的核心之一，按照收敛的不同特征可以分为 σ 收敛与 β 收敛。其中，σ 收敛主要研究经济指标的差异随着时间推移的变化过程，常用的测度方法有标准差法、方差分解法、Gini 系数法、Theil 指数法、洛伦茨曲线法以及加权变异系数法等；β 收敛是指不同经济变量的增长率与其初始水平的关系是负相关的，可分为绝对 β 收敛与条件 β 收敛。绝对 β 收敛是指假定各省宏观经济状况、财政支出、产业结构、开放程度等完全相同，随着时间的推移，各省的居民收入基尼系数逐渐收敛到相同的水平，而条件 β 收敛是指假定各省宏观经济状况、财政支出、产业结构、开放程度等并不相同，随着时间的推移，各省的居民收入基尼系数逐渐收敛到各自的稳定水平，则存在条件 β 收敛。

本节将通过 σ 收敛与 β 收敛的方法分别研究湖南省正规金融与非正规金融的敛散性。首先，通过标准差法分别计算湖南省正规金融与非正规金融 2008 年至 2018 年的 σ 系数，从而判断湖南省正规金融与非正规金融是否存在 σ 收敛；其次，通过建立普通面板模型，判断湖南省正规金融与非

正规金融是否存在 β 收敛；最后，考虑空间效应，建立空间计量模型以判断湖南省正规金融与非正规金融是否存在空间 β 收敛。

7.3.1　σ 收敛

若正规金融规模（非正规金融规模）的离差随着时间的推移而下降，则存在 σ 收敛。本文将用湖南省 2008—2018 年各地市正规金融规模与非正规金融规模数据的标准差来判断湖南省正规金融与非正规金融是否存在 σ 收敛，标准差的计算公式如下：

$$\sigma = \sqrt{\frac{1}{N}\sum_{i=1}^{N}(x_i - \bar{x})^2} \qquad (7-1)$$

其中，N 为样本总数，x_i 为样本值，$\bar{x}$ 为样本均值，依据公式（7－1）计算出湖南省各市（州）正规金融与非正规金融规模数据的标准差并绘制成图 7.6。

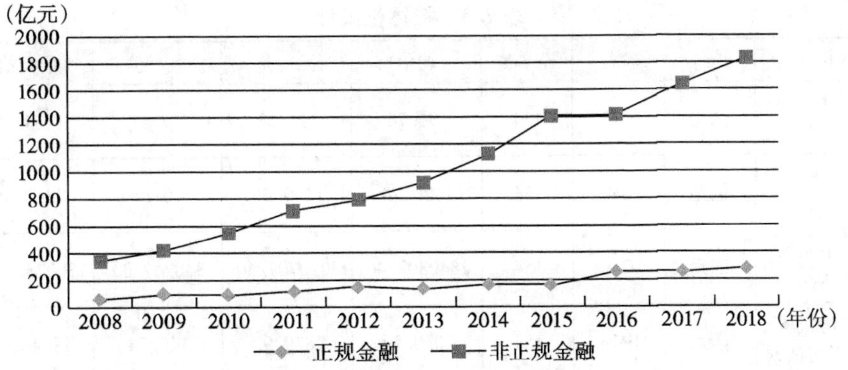

图 7.6　2008—2018 湖南省各市（州）正规金融与非正规金融规模标准差

由图 7.6 可知，2008—2018 年湖南省各市（州）正规金融规模数据与非正规金融规模数据的标准差均随着时间的推移而上升，正规金融规模数据的标准差则由 2008 年的 62.10 亿元上升到 2018 年的 281.31 亿元，而非正规金融规模数据的标准差由 2008 年的 342.89 亿元 上升至 2018 年的 1831.67 亿元，这说明从总体上看，湖南省正规金融与非正规金融是发散的，不存在 σ 收敛。随着时间的推移，湖南省各市（州）正规金融与非正规金融的差异持续增加。

7.3.2 β收敛分析

本文将通过建立普通面板模型以及空间计量模型来分析湖南省各市（州）正规金融与非正规金融是否存在绝对β收敛与条件β收敛，从政府支出、城镇化率、开放程度、教育投入以及储蓄情况等五个方面选择以下控制变量进行分析：（1）政府支出。选择地区财政支出总额来衡量湖南省各市（州）财政对其正规金融与非正规金融发展的影响。（2）城镇化率。地区城镇化率等于地区城镇人口与农村人口之比，用以衡量地区城镇化程度。（3）开放程度。选择地区进出口商品总额来衡量地区的开放程度。（4）教育投入。用地区财政支出中的教育支出额与地区财政支出总额之比来衡量地区教育投入水平。（5）储蓄情况。选择金融机构人民币存款总额来衡量地区储蓄情况。数据来源于2009—2019年《湖南统计年鉴》，其描述性统计指标如表7.3所示。

表7.3 描述性统计

指标	单位	符号	样本量	均值	标准差	最小值	最大值
正规金融规模	亿元	FF	154	191.74	191.33	20.34	1158.31
非正规金融规模	亿元	IF	154	1126.70	1249.56	40.85	7847.65
政府财政支出	亿元	Gov	154	2840302.40	2010707.40	348247.00	13007895.00
金融机构人民币储蓄	亿元	Save	154	2030.26	2819.92	148.74	18442.44
地区进出口商品总额	万美元	Open	154	177502.68	280636.99	884.74	1937973.00
城市化率		Urb	154	0.47	0.10	0.30	0.79
教育投入		Edu	154	0.17	0.03	0.12	0.24

7.3.2.1 基于普通面板模型β收敛分析

分别建立绝对β收敛模型与条件β收敛模型，如式（7-2）与（7-3）所示：

$$\text{In}\left(Y_{i,t}/Y_{i,t-1}\right)=\alpha+\beta\text{In}\left(Y_{i,t}\right)+\varepsilon_{i,t} \quad (7-2)$$

$$\ln\left(Y_{i,t}/Y_{i,t-1}\right)=\alpha+\beta\ln\left(Y_{i,t}\right)+\varphi Z+\varepsilon_{i,t} \quad (7-3)$$

其中，$Y_{i,t}$表示第 i 市（州）在 t 期的正规金融规模（FF）或非正规金融规模（IF），$Y_{i,t-1}$表示市（州）在 $t-1$ 期的正规金融规模（FF）或非正规金融规模（IF），Z 为控制变量，包含政府支出（Gov）、城镇化率（Urb）、开放程度（Open）、教育投入（Edu）以及储蓄情况（Save）等，为消除不同指标量纲的影响，对文中研究的变量全部进行对数化处理，α 是常数项，$\varepsilon_{i,t}$是服从正态分布的误差项。若回归系数 $\beta<0$，则存在绝对 β 收敛。

表 7.4　湖南省正规金融与非正规金融基于普通面板模型 β 收敛结果分析

	绝对β收敛		条件β收敛	
	正规金融 lnFF	非正规金融 lnIF	正规金融 lnFF	非正规金融 lnIF
lnFF	-0.100 *** (0.029)		-0.246 *** (0.060)	
lnIF		-0.050 *** (0.010)		-0.051 * (0.028)
lngov			-0.194 * (0.117)	-0.173 *** (0.057)
lnurb			0.182 (0.240)	0.017 (0.108)
lnopen			-0.014 (0.025)	0.018 (0.012)
lnedu			0.173 (0.180)	0.337 *** (0.080)
lnsave			0.301 *** (0.114)	0.114 ** (0.050)
_ Cons	0.657 *** (0.140)	0.533 *** (0.065)	2.649 ** (1.218)	2.674 *** (0.595)
r2	0.081	0.151	0.189	0.348
ll	-13.097	90.966	-4.379	109.459
N	140.000	140.000	140.000	140.000

注：*、**、***分别表示达到10%、5%、1%的显著性水平。

表7.4的第一列与第二列分别为湖南省各市（州）正规金融与非正规金融绝对β收敛的结果，我们可以发现正规金融与非正规金融的β系数皆为负值且通过1%的显著性检验，这说明湖南省各市（州）正规金融与非正规金融存在绝对β收敛；此外，正规金融的β系数的绝对值大于非正规金融的绝对值，这说明正规金融的收敛速度要大于非正规金融的收敛速度。这意味着在湖南省各市（州）财政支出、对外开放程度、城镇化水平等条件相同的情况下，随着时间的推移，湖南省各市（州）的正规金融与非正规金融逐渐收敛到相同水平，正规金融收敛到相同水平的速度要大于非正规金融。

表7.4的第三列与第四列分别为湖南省各市（州）正规金融与非正规金融条件β收敛的结果，正规金融与非正规金融的β系数分别为-0.246与-0.051，二者皆小于零且前者通过1%的显著性检验，后者通过10%的显著性检验，即湖南省各市（州）正规金融与非正规金融存在条件β收敛。这表明在湖南省各市（州）财政支出、对外开放程度、城镇化水平等条件并不相同的情况下，随着时间的推移，各市（州）的正规金融与非正规金融逐渐收敛到相同水平，正规金融收敛速度远快于非正规金融的收敛速度。从控制变量的回归结果来看，在正规金融模型中政府支出的系数为负且通过10%的显著性检验，储蓄水平的系数为正且通过1%的显著性检验，这说明政府支出与地区正规金融的发展呈负相关，储蓄水平与地区正规金融的发展呈正相关，也就是说政府财政支出越少，地区的储蓄水平越高，地区的正规金融发展规模越大；在非正规金融模型中政府财政支出、教育投入以及储蓄水平皆通过显著性检验，其中政府财政支出的系数为负值，教育投入与储蓄水平的系数为正值，这表明当地区财政支出越少，教育投入越多，储蓄水平越高，当地非正规金融发展得越好。

7.3.2.2 基于空间面板模型的β收敛分析

为了研究空间溢出作用对湖南省正规金融与非正规金融收敛性的影响，在收敛理论的基础上结合空间计量模型，研究湖南省各市（州）的空间敛散性。

（一）全局相关性分析

全局 Moran's I 是最早应用于检验空间关联性和集聚、问题的探索性分析的指标，它能够反映整个研究区域内各个地域单元与邻近单元之间的相似性，其计算公式如下：

$$I = \frac{\sum_{i=1}^{n}\sum_{j=1}^{n} w_{ij}(x_i - \bar{x})(x_j - \bar{x})}{S^2 \sum_{i=1}^{n}\sum_{j=1}^{n} w_{ij}} \tag{7-4}$$

其中：$S^2 = \frac{1}{n}\sum_{i=1}^{n}(x_i - \bar{x})^2$，$\bar{x} = \frac{1}{n}\sum_{i=1}^{n}x_i$，I 表示全局 Moran's I，$x_i$ 表示湖南省各市（州）正规金融规模数据（或非正规金融规模数据），w_{ij}表示空间权重矩阵，权重矩阵基于 Rook 的空间邻接方式。

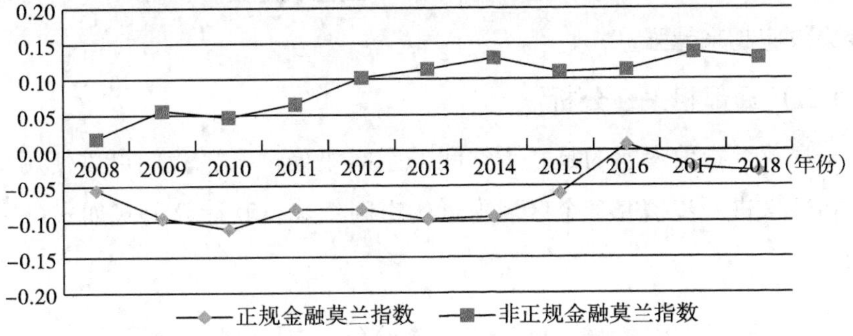

图 7.7　2008—2018 年湖南省正规金融与非正规金融数据全局莫兰指数变化

表 7.5　2008—2018 年湖南省正规金融与非正规金融数据全局莫兰指数检验情况

	指标	2008 年	2009 年	2010 年	2011 年	2012 年	2013 年	2014 年	2015 年	2016 年	2017 年	2018 年
正规金融	Morans'I	-0.06	-0.10	-0.11	-0.08	-0.08	-0.10	-0.09	-0.06	0.01	-0.02	-0.03
	p-value*	0.76	0.78	0.74	0.94	0.81	0.85	0.88	0.90	0.44	0.70	0.73
非正规金融	Morans'I	0.02	0.06	0.05	0.07	0.10	0.11	0.13	0.11	0.11	0.14	0.13
	p-value*	0.12	0.08	0.11	0.08	0.06	0.07	0.05	0.07	0.07	0.05	0.05

全局 Moran's I 的取值范围是［-1，1］。I>0 表示空间正相关，即湖南省各市（州）正规金融（非正规金融）规模较高（低）的区域在空间

上趋于显著集聚相邻，即正规金融规模（非正规金融）大（小）的市（州）相邻；I<0 表示空间负相关，即湖南省各市（州）正规金融（非正规金融）具有空间差异，即正规金融规模（非正规金融）大（小）的市（州）不相邻；I=0 表示空间不相关，即湖南省各市（州）正规金融（非正规金融）在空间上随机分布。

结合图 7.7 与表 7.5 我们可以发现，湖南省正规金融与非正规金融的全局莫兰指数皆呈现为波动变化。但正规金融的全局莫兰指数多为负值且未通过显著性检验，非正规金融的全局莫兰指数皆为正值且多数年份通过 10% 的显著性检验，非正规金融的全局莫兰指数由 2008 年的 0.02 上升到 2018 年的 0.13，呈现为逐年增长趋势，即 2008 年至 2018 年（除 2008 年与 2010 年外），湖南省各市（州）非正规金融在空间上皆存在显著的空间相关性，随着时间的推移，这种空间相关性越来越显著，各市（州）的空间聚集效应越来越强。

（二）局部相关性分析

全局莫兰指数考察的是整个空间的空间集聚情况，我们可以使用局部莫兰指数来进一步探究某个区域附近的空间集聚，其计算公式如式(7-5)所示：

$$I = \frac{\sum_{j=1}^{n} w_{ij}(x_i - \bar{x})(x_j - \bar{x})}{S^2} \tag{7-5}$$

其中：$S^2 = \frac{1}{n}\sum_{i=1}^{n}(x_i - \bar{x})^2$，$\bar{x} = \frac{1}{n}\sum_{i=1}^{n}x_i$，I 表示局部莫兰指数，$x_i$ 表示湖南省各市（州）正规金融规模数据（或非正规金融规模数据），w_{ij}表示空间权重矩阵，权重矩阵基于 Rook 的空间邻接方式。以 2018 年湖南省各市（州）数据为例，探究湖南省 2018 年正规金融与非正规金融的局部空间相关性。

表 7.6　2008—2018 年湖南省正规金融与非正规金融数据局部莫兰指数检验情况

地区	正规金融		非正规金融	
	I	p - value *	I	p - value *
张家界市	0.282	0.414	0.577	0.094
岳阳市	-1.007	0.089	0.688	0.106
常德市	-0.247	0.699	0.017	0.811
益阳市	-0.097	0.951	-0.210	0.668
长沙市	-0.491	0.207	-0.253	0.568
湘西州	0.602	0.215	0.854	0.050
湘潭市	0.542	0.098	-0.159	0.812
株洲市	0.042	0.749	0.139	0.528
娄底市	-0.344	0.364	-0.159	0.773
邵阳市	0.116	0.605	0.054	0.702
怀化市	0.283	0.220	0.315	0.169
衡阳市	-0.024	0.858	-0.043	0.906
永州市	-0.083	0.989	-0.018	0.880
郴州市	0.000	0.861	0.003	0.838

由表 7.6 可知，2018 年仅岳阳市与湘潭市的正规金融通过 10% 的显著检验，具有局部空间相关性。其中，岳阳市的正规金融局部莫兰指数为负值，这说明 2018 年岳阳市具有空间负相关性，其正规金融的发展与周边市(州)，如长沙市、益阳市等正规金融的发展存在空间差异；湘潭市的正规金融局部莫兰指数为正值，即湘潭市的正规金融存在空间正相关，也就是长沙市、株洲市等周边市（州）正规金融的发展会对湘潭市正规金融的发展产生影响。就非正规金融而言，张家界市与湘西州的局部莫兰指数皆为正且通过了显著性检验，其余各市皆通过了显著性检验，即 2018 年仅张家界市与湘西州的非正规金融存在显著的空间正相关，其非正规金融发展受常德市、怀化市等周边地区非正规金融发展的影响。

进一步绘制局部莫兰指数散点图来识别各单元的空间相关性，如图 7.8 与图 7.9 所示，其中第一象限为 HH 象限，代表该市（州）正规金融（或非正规金融）及其周边市（州）正规金融（或非正规金融）规模都很大，二者空间差异程度较小；第二象限为 LH 象限，代表该市（州）

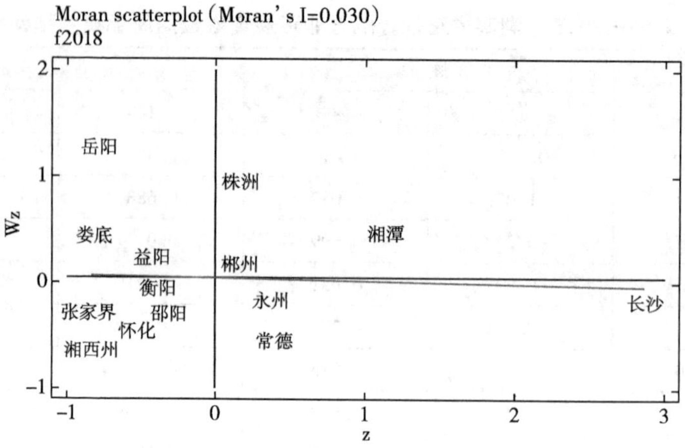

图 7.8　2018 年湖南省正规金融局部莫兰指数散点图

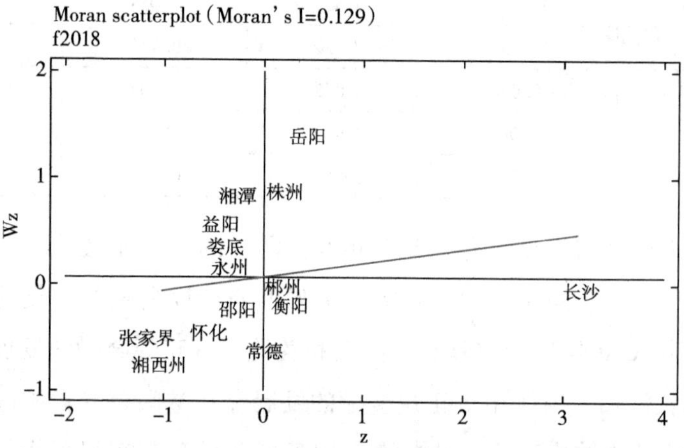

图 7.9　2018 年湖南省非正规金融局部莫兰指数散点图

正规金融（或非正规金融）规模较小，而其周边该市（州）正规金融（或非正规金融）规模较大，二者空间差异程度较大；第三象限为 LL 象限，代表该市（州）正规金融（或非正规金融）规模及其周边该市（州）正规金融（或非正规金融）规模都很小，二者空间差异程度也较小；第四象限为 HL 象限，代表该市（州）正规金融（或非正规金融）较大而其周边该市（州）正规金融（或非正规金融）规模则较小，二者空间差异程度较大。正规金融通过空间局部自相关显著性检验的岳阳市与湘潭市分别位于第二象限与第一象限，非正规金融通过空间局部自相关显著性检验的张家界市与湘西州皆位于第三象限，这说明岳阳市的正规金融规模小于长沙市、益阳市等周边市（州），区域空间差异较大。湘潭市正规金融规模与长沙市、株洲市等周边市（州）正规金融规模皆较大，并形成 HH 型空间集聚；张家界市与湘西州及其周边市（诸如常德市、怀化市等）非正规金融规模都不大，并形成 LL 型集聚。

总体来说，湖南省正规金融与非正规金融皆具有全局自相关显著而局部自相关不显著的特点。

（三）空间 β 收敛

分别建立空间滞后模型与空间误差模型［如式（7－6）、式（7－7）所示］来判断湖南省正规金融与非正规金融是否存在空间绝对 β 收敛或者空间条件 β 收敛：

$$\text{In}(Y_{i,t}/Y_{i,t-1}) = \alpha + \beta \text{In}(Y_{i,t}) + \rho W(Y_{i,t}/Y_{i,t-1}) + \varepsilon_{i,t} \tag{7-6}$$

$$\text{In}(Y_{i,t}/Y_{i,t-1}) = \alpha + \beta \text{In}(Y_{i,t}) + \rho W(Y_{i,t}/Y_{i,t-1}) + \varphi Z_{i,t} + \varepsilon_{i,t} \tag{7-7}$$

$$\text{In}(Y_{i,t}/Y_{i,t-1}) = \alpha + \beta \text{In}(Y_{i,t}) + \varepsilon_{i,t}$$
$$\varepsilon_{i,t} = \gamma W \varepsilon_{it} + \mu_{i,t} \tag{7-8}$$

$$\text{In}(Y_{i,t}/Y_{i,t-1}) = \alpha + \beta \text{In}(Y_{i,t}) + \varphi Z_{i,t} + \varepsilon_{i,t}$$
$$\varepsilon_{i,t} = \gamma W \varepsilon_{i,t} + \mu_{i,t} \tag{7-9}$$

其中，Y 表示正规金融（FF）或者非正规金融（IF），ρ 和 λ 分别是空间滞后系数和空间回归系数，W 是空间权重矩阵，Z 为控制变量，包含政府支出（Gov）、城镇化率（Urb）、开放程度（Open）、教育投入（Edu）以及储蓄情况（Save）等，为消除不同指标量纲的影响而对文中研究的变量全部进行对数化处理，$\mu_{i,t}$ 表示服从正态分布的误差项，$\varepsilon_{i,t}$ 表示随机误差项。

表 7.7　绝对 β 收敛的空间相关性检验结果

	正规金融	非正规金融
LMError	1.245	0.000
	(0.264)	(0.997)

续表

	正规金融	非正规金融
Robust LM Error	3.773 * (0.052)	14.976 *** (0.000)
LM Lag	2.425 (0.119)	1.465 (0.226)
Robust LM Lag	4.953 ** (0.026)	16.441 *** (0.000)

注：*、**、***分别表示达到10%、5%、1%的显著性水平，括号内为p值。

表7.8 条件β收敛的空间相关性检验结果

	正规金融	非正规金融
LM Error	0.002 (0.961)	1.359 (0.244)
Robust LM Error	11.281 *** (0.001)	12.509 *** (0.000)
LM Lag	1.198 (0.274)	0.504 (0.478)
Robust LM Lag	12.476 *** (0.000)	11.654 *** (0.001)

注：*、**、***分别表示达到10%、5%、1%的显著性水平，括号内为p值。

根据LM检验来选择空间滞后模型或者空间误差模型，若LMError较LM Lag显著，R-LMError显著而R-LMLag不显著，则空间误差模型（SEM）更适合，反之则空间滞后模型（SLM）更适合；若LMError、LM Lag都不显著，则比较LnError和LM Lag的统计量，若LnError比LM Lag的统计量值更大，则选择空间误差模型，反之则选择空间滞后模型。

由表7.7与表7.8可知，正规金融的LnError与LM Lag皆不显著，但LM Lag较LnError更为显著且LM Lag统计量大于LnError统计量，故正规金融绝对β收敛的空间模型选择空间滞后模型。同理，非正规金融绝对β收敛的空间模型选择空间滞后模型；正规金融条件β收敛的空间模型选择空间滞后模型；非正规金融条件β收敛的空间模型选择空间误差模型。

表 7.9　空间绝对 β 收敛与条件 β 收敛实证结果

	绝对 β 收敛		条件 β 收敛	
	正规金融 SLM	非正规金融 SLM	正规金融 SLM	非正规金融 SEM
lnFFL	-0.223 *** (0.043)		-0.449 *** (0.099)	
lnIFL		-0.124 *** (0.013)		-0.363 *** (0.044)
lngov			-0.800 ** (0.318)	0.505 *** (0.117)
lnurb			0.937 * (0.548)	0.332 (0.327)
lnopen			-0.055 (0.074)	-0.005 (0.011)
lnedu			-0.005 (0.143)	0.231 *** (0.074)
lnsave			0.996 *** (0.329)	-0.188 (0.133)
Spatial				
lambda	0.052 (0.082)	0.143 (0.111)	-0.041 (0.091)	
Rho				0.210 ** (0.100)
Variance				
Sigma2_ e	0.058 *** (0.011)	0.008 *** (0.002)	0.046 *** (0.011)	0.005 *** (0.001)
R2	0.082	0.165	0.092	0.079
ll	0.604	139.545	16.180	166.398
N	140.000	140.000	140.000	140.000

注：*、**、***分别表示达到 10%、5%、1% 的显著性水平，括号内为 p 值。

表 7.9 的第一列与第二列分别为湖南省各市（州）正规金融与非正规金融空间绝对 β 收敛的结果，我们可以发现正规金融与非正规金融的 β 系

数皆为负值且通过显著性检验，正规金融与非正规金融的β系数分别为-0.223与-0.124，前者的绝对值大于后者，这表明湖南省各市（州）正规金融与非正规金融的发展均存在空间绝对β收敛。在未考虑空间效应的普通面板模型中，正规金融与非正规金融β系数分别为-0.100与-0.050，可以发现，在考虑了空间效应后，正规金融与非正规金融的收敛速度都有了一定程度的提升，非正规金融收敛速度提升的幅度要高于正规金融收敛速度提升的幅度。在政府支出、开放程度、城镇化率等条件相同、考虑了空间效应的情况下，随着时间的推移，湖南省各市（州）的正规金融与非正规金融逐渐收敛到相同水平，正规金融收敛到相同水平的速度同样要大于非正规金融。

表7.9的第三列与第四列分别为湖南省各市（州）正规金融与非正规金融空间条件β收敛的结果，二者皆小于零且通过1%的显著性检验，即湖南省各市（州）正规金融与非正规金融皆存在条件β收敛。在未考虑空间效应和考虑了空间效应的情况下，正规金融的β系数分别为-0.246与-0.246，非正规金融的β系数分别为-0.051与-0.363，这表明在考虑了空间效应后，正规金融的收敛速度变化不大，非正规金融的收敛速度则显著提升，但无论是否考虑空间效应，正规金融的条件β收敛速度皆快于非正规金融条件β收敛速度。在湖南省各市（州）政府支出、开放程度、城镇化率等条件并不相同、考虑了空间效应的情况下，随着时间的推移，各市（州）的正规金融与非正规金融逐渐收敛到相同水平，正规金融要比非正规金融更先收敛到相同水平。从控制变量的回归结果来看，考虑了空间效应后，影响正规金融的因素为政府支出、城镇化率以及储蓄水平，相较于普通面板模型新增了城市化率这一影响因素。城镇化率的系数为0.937并通过10%的显著性检验，这说明地区的城镇化率与地区正规金融发展具有显著的正相关关系，地区城镇化水平越高，越有利于地区正规金融的发展。

此外，在空间滞后模型中，财政支出与储蓄水平皆同样通过显著性检验，财政支出与地区正规金融的发展呈负相关，储蓄水平与地区正规金融的发展呈正相关，即地区的财政支出越多，储蓄水平越低，反而不利于地区正规金融发展。对比未考虑空间效应的情况，非正规金融在空间计量模型中控制变量发生了三个改变：第一个是储蓄水平未通过显著性检验，这表明考虑了空间效应后，地区储蓄水平与地区非正规金融的发展无显著的相关关系。第二个是新增了教育投入这一影响因素。在空间误差模型中，教育投入的系数为0.231且通过1%的显著性检验，这表明教育投入利于地区非正规金融的发展，二者呈显著的正相关关系。第三个是政府财政支出在普通面板模型中的系数为负值，在空间计量模型中系数变为正值，这意味着在考虑了空间因素后，财政支出从原来对地区非正规金融发展的抑制作用转变为促进作用，地区政府之间可以加强合作，合理规划各地区的财政支出，基于地区间的空间相关性，利用财政支出推动地区非正规金融的发展。

7.4　湖南省正规金融与非正规金融的三维效应研究

本节将对湖南省正规金融与非正规金融的三维效应展开研究，通过多元线性回归方法验证湖南省正规金融与非正规金融的发展对经济增长、农村减贫以及社会保障等方面的影响。

7.4.1　数据的选择与来源

人均生产总值是衡量地区经济发展状况的重要指标，所以选择湖南省各市（州）人均地区生产总值（PGDP）来衡量湖南省经济增长；农村居民纯收入可以很好地反映农村居民的经济状况，所以选择湖南省各市（州）农村居民纯收入（Income）来衡量湖南各市（州）农村减贫状况；财政支出中的社会保障支出能够很好地反映地区政府提供的社会保障情况，故选择地区财政支出中社会保障支出额来衡量地区社会保障水平。从政府、对外开放程度以及产业三方面选择控制变量，选择政府财政支出（Gov）、进出口商品总额（Open）、第一产业增长值（First）等指标（见表7.10），数据来源于2008—2018年《湖南统计年鉴》。

表 7.10　描述性统计指标

指标	单位	样本量	均值	标准差	最小值	最大值
人均生产总值	元	154	35123.94	23521.76	8331.60	136920.00
农村居民纯收入	元	154	9481.37	5189.51	2574.65	29714.10
社会保障水平	亿元	154	426883.81	230251.83	64187.00	1090983.00
正规金融规模	亿元	154	191.74	191.33	20.34	1158.31
非正规金融规模	亿元	154	1126.70	1249.56	40.85	7847.65
政府财政支出	亿元	154	2840302.40	2010707.40	348247.00	13007895.00
地区进出口商品总额	万美元	154	177502.68	280636.99	884.74	1937973.00
第一产业增加值	亿元	154	194.50	95.44	26.89	430.61

7.4.2　模型构建

建立以下模型探究湖南省正规金融与非正规金融分别对湖南省经济增长、农村减贫以及社会保障三方面的影响，并进一步引入交互项，探究湖南省正规金融与非正规金融交互作用对湖南省经济增长、农村减贫以及社会保障三个方面的影响：

$$Y_{i,t} = \alpha + \beta_1 FF_{i,t} + \beta_2 control_{i,t} + \varepsilon_{i,t} \quad (7-10)$$

$$Y_{i,t} = \alpha + \beta_1 IF_{i,t} + \beta_2 control_{i,t} + \varepsilon_{i,t} \quad (7-11)$$

$$Y_{i,t} = \alpha + \beta_1 \text{In}FF_{i,t} + \beta_2 \text{In}IF_{i,t} + \beta_3 \text{In}control_{i,t} + \beta_4 (FF_{i,t} \times IF_{i,t}) + \varepsilon_{i,t} \quad (7-12)$$

其中，$Y_{i,t}$分别表示第 i 市（州）在 t 期的人均地区生产总值（$pgdp_{i,t}$）、农村居民纯收入（$income_{i,t}$）以及社会保障水平（$sur_{i,t}$），$FF_{i,t}$与$IF_{i,t}$分别表示第 i 市（州）在 t 期正规金融规模与非正规金融规模，control 为控制变量，包含财政支出（Gov）、进出口商品总额（Open）以及第一产业增长值（First）等指标，α 是常数项，$\varepsilon_{i,t}$是服从正态分布的误差项。

7.4.3　三维效应实证分析

（一）经济效应分析

表 7. 11　湖南省正规金融与非正规金融和经济增长实证分析结果

	正规金融 PGDP	非正规金融 PGDP	交互项 PGDP
Form	52. 230 *** (9. 277)		21. 706 *** (7. 369)
Gov	0. 002 (0. 001)	-0. 005 *** (0. 001)	-0. 007 *** (0. 001)
Open	0. 035 *** (0. 006)	-0. 007 (0. 007)	-0. 005 (0. 006)
First	-5. 581 (12. 468)	-32. 733 *** (10. 685)	-48. 124 *** (9. 757)
Inform		27. 710 *** (2. 787)	23. 038 *** (2. 339)
FFIF			4145. 697 *** (697. 865)
_ Cons	1. 6e +04 *** (1822. 780)	2. 6e +04 *** (1798. 942)	-1. 3e +04 * (6378. 937)
r2	0. 831	0. 876	0. 919
ll	-1. 6e +03	-1. 6e +03	-1. 6e +03
N	154. 000	154. 000	154. 000

注：*、**、***分别表示达到 10%、5%、1% 的显著性水平，括号内为 p 值。

表 7. 11 的第一列为湖南省正规金融与地区经济增长之间的关系，可以发现，湖南省正规金融系数为正并通过了 1% 的显著性检验，故而湖南省正规金融与湖南省地区经济增长成正相关关系，湖南省正规金融的发展有利于湖南省地区经济的进一步增长；第二列为湖南省非正规金融与地区经济增长之间的关系，非正规金融系数同样为正且通过 1% 的显著性检验，这表明湖南省非正规金融的发展与湖南省经济增长也呈正相关关系，非正规金融发展得越好，发展规模越大，对地区经济增长的促进作用越大；第

三列为湖南省正规金融与非正规金融的交互作用与经济增长的关系，正规金融系数与非正规金融的系数皆为正且通过1%的显著性检验，二者的交互项为正并通过1%的显著性检验，这表明湖南省正规金融与非正规金融对地区经济增长的影响具有互补效应，湖南省正规金融与非正规金融的协同发展能更好地促进湖南省地区经济的增长。

（二）减贫效应分析

表7.12　湖南省正规金融与非正规金融和农村减贫实证分析结果

	正规金融 Income	非正规金融 Income	交互项 Income
Form	10.223 *** (2.280)		1.570 (1.994)
Gov	0.001 *** (0.000)	0.000 (0.000)	-0.000 (0.000)
Open	0.000 (0.001)	-0.007 *** (0.002)	-0.005 *** (0.002)
First	2.467 (3.064)	-2.472 (2.905)	-8.973 *** (2.640)
Inform		4.825 *** (0.758)	3.524 *** (0.633)
FFIF			1409.511 *** (188.851)
_ Cons	3317.786 *** (447.919)	5075.735 *** (489.020)	-7.7e+03 *** (1726.218)
r2	0.790	0.812	0.878
ll	-1.4e+03	-1.4e+03	-1.4e+03
N	154.000	154.000	154.000

注：*、**、***分别表示达到10%、5%、1%的显著性水平，括号内为p值。

表7.12的第一列与第二列分别为湖南省正规金融与非正规金融与农村减贫效应的实证分析，正规金融与非正规金融的系数皆为正且通过显著性检验，说明湖南省正规金融与非正规金融的发展都能够有效地缓解湖南地区的农村贫困问题，正规金融与非正规金融越发展，规模越大，农村居民

的纯收入越会得到有效提升；第三列是湖南省正规金融与非正规金融的交互关系与农村减贫效应的实证分析，但湖南省正规金融与非正规金融的交互项系数为正且通过显著性检验，因此湖南省正规金融与非正规金融对农村减贫的影响同样具有互补效应，应协调湖南省正规金融与非正规金融的发展以缓解湖南地区的农村贫困问题。

（三）社会保障效应分析

表7.13　湖南省正规金融与非正规金融与社会保障实证分析结果

	正规金融	非正规金融	交互项
	Sur	Sur	Sur
Form	-74.990 (71.034)		-254.208 *** (75.402)
Gov	0.133 *** (0.008)	0.123 *** (0.011)	0.125 *** (0.011)
Open	-0.434 *** (0.045)	-0.487 *** (0.065)	-0.408 *** (0.063)
First	588.693 *** (95.462)	591.783 *** (96.024)	366.909 *** (99.839)
Inform		17.448 (25.044)	-0.231 (23.934)
FFIF			3.5e+04 *** (7141.035)
_ Cons	2.5e+04 * (1.4e+04)	3.0e+04 * (1.6e+04)	-2.8e+05 *** (6.5e+04)
r2	0.896	0.896	0.911
ll	-1.9e+03	-1.9e+03	-1.9e+03
N	154.000	154.000	154.000

注：*、**、***分别表示达到10%、5%、1%的显著性水平，括号内为p值。

表7.13的第一列为湖南省正规金融与社会保障效应的实证分析，正规金融与社会保障之间的关系并不显著，在实证模型中，非正规金融的系数为负但未通过显著性检验，无法判断湖南省正规金融的发展与社会保障水平之间的相关关系；第二列为湖南省非正规金融社会保障效应的实证分

析，湖南省非正规金融的系数为正且也没有通过显著性检验，无法判断湖南省非正规金融的发展与社会保障水平之间的相关关系；第三列是探究湖南省正规金融与非正规金融交互关系对社会保障影响的实证分析。加入湖南省正规金融与非正规金融的交互项后，湖南省正规金融系数为负并通过1%的显著性检验，这表明此时湖南省正规金融的发展不利于社会保障水平的提高。非正规金融的系数为负但未通过显著性检验，无法判断此时湖南省非正规金融与社会保障水平的相关关系。二者交互项的系数为正且通过显著性检验，因此湖南省正规金融与非正规金融对社会保障的影响同样具有互补效应，不同于经济效应与减贫效应的正向影响，湖南省正规金融与非正规金融互补效应对社会保障的影响是负向的。

总而言之，湖南省正规金融与非正规金融对湖南省经济增长与农村减贫都具有积极的促进作用；从湖南省正规金融与非正规金融的交互关系来看，湖南省正规金融与非正规金融对湖南省经济增长、农村减贫及社会保障的影响都具有互补效应，因此进一步把握湖南省正规金融与非正规金融之间的交互作用，能推动湖南省正规金融与非正规金融的协同发展。

7.5 结论与建议

7.5.1 基本结论

本章主要通过推算法测算出2008—2018年湖南省正规金融与非正规金融的规模，并基于此从时间与空间两个维度分析了湖南省正规金融与非正规金融的发展现状。而后，通过σ收敛与β收敛的方法评估了湖南省正规金融与非正规金融发展的敛散性。最后，建立多元回归模型分析了湖南省正规金融、非正规金融以及二者的交互作用对湖南省经济增长、农村减贫以及社会保障三个维度的影响，得出以下结论：

第一，2008—2018年湖南省正规金融与非正规金融皆得到有效发展，规模不断扩大，湖南省非正规金融的发展速度与发展规模远高于正规金融；长沙市正规金融与非正规金融的规模领跑于湖南省其余市（州），其正规金融规模与非正规金融规模分别是湖南省排名第二市（州）的 2.5 倍与 3 倍，是排名最末位市（州）的 12 倍与 30 倍；湘潭市与永州市正规金融发展速度迅猛，分别位列湖南省各市（州）2008—2018 年正规金融增长幅度的第一位和第二位，虽然当前二者正规金融规模与长沙市正规金融规模差距仍然较大，但发展潜力不容小觑。衡阳市则是湖南省 2008—2018 年非正规金融增长幅度最大的市，未来有望超越当前排名第二位的岳阳市。

从空间分布来看，湖南省正规金融的分布格局由 2008 年的“西高东低”变化为 2018 年的“东南高，西北低”，湘潭市与永州市正规金融发展迅猛，赶超益阳、岳阳等 5 个市正规金融的发展；非正规金融的分布格局变化则恰好相反，由 2008 年的“东南高，西北低”变化为 2018 年“西高东低”的分布格局，永州市非正规金融的发展速度有所下降，究其原因可能是由于 2008—2018 年永州市将重心放在正规金融的发展之上，正规金融的发展和完善限制了永州市非正规金融的发展。

湖南省的正规金融与非正规金融皆不存在 σ 收敛，各市（州）之间正规金融与非正规金融的差异持续加大；湖南省的正规金融与非正规金融皆存在绝对 β 收敛与条件 β 收敛，在绝对 β 收敛与条件 β 收敛中，湖南省正规金融的收敛速度皆要快于非正规金融的收敛速度，也就是说不论湖南省各市（州）财政支出、对外开放程度、城镇化水平等条件是否相同，随着时间的推移，湖南省各市（州）的正规金融皆要先于非正规金融收敛到相同水平。

2008—2018 年湖南省正规金融不存在空间相关性而非正规金融存在显著的空间相关性，呈现出全局自相关显著而局部自相关不显著的特征，随着时间的推移，湖南省非正规金融的空间聚集效应加强；在考虑了空间效应后，湖南省正规金融的收敛速度仍然高于非正规金融的收敛速度，但湖南省正规金融与非正规金融的收敛速度皆有所提升，且非正规金融收敛速度的提升幅度要高于正规金融收敛速度的提升幅度。

湖南省正规金融与非正规金融的发展都对湖南省经济增长及农村减贫有积极的影响；湖南省正规金融与非正规金融在促进地区经济增长与缓解地区农村贫困问题上彼此具有互补关系，因此应进一步推进湖南省正规金融与非正规金融的协调发展。

7.5.2 建议

第一，积极推动湖南省正规金融改革，提高金融可获得性。湖南省非正规金融的规模远远高于正规金融规模，究其原因是正规金融的获得门槛太高，获取较为困难。正规金融可以在风险可控的前提下，通过简化贷款手续流程、缩短审批周期等一系列革新措施提高服务水平，此外还可以通过增加正规金融的网点分布数量、网上银行等措施扩大正规金融的服务范围，从而推动湖南省正规金融的发展。

第二，健全非正规金融相关法律法规，加快非正规金融的规范化建设，推进农村非正规金融的合法化与规范化。湖南省非正规金融的规模越来越大，非正规金融的发展对湖南省经济、减贫等方面产生诸多积极的影响。但非正规金融也存在法律边界模糊、信用风险较大以及信息不透明等问题，故应该健全相应的法律法规，建立相应的监管机构对非正规金融进行规范与监管。

第三，加强湖南省正规金融与非正规金融的协同发展。湖南省正规金融与非正规金融在促进湖南省经济增长与推进农村减贫方面存在互补关系，可以充分利用正规金融的资金优势与非正规金融的信息优势进行互补，统筹湖南省正规金融与非正规金融的合作，构建互补有序、相互促进的金融体系。

参考文献

[1] IsakssonA. The Importance of Informal Finance in Kenyan Manufacturing [R]. *The United Nations Industrial Development Organization* (*UNIDO*) *Working Paper*, No 5. 2002.

[2] Nissanke MK, Aryeetey, E. Financial Integration and Development: Liberalization and Reform in Sub – Saharan Africa[M]. *London*: *Routledge*, 1998.

[3] Aliber M. Informal Fiannce in the Informal Economy: Promoting Decent

Work Among the Working Poor [R]. *International Labour Office Working Paper on the Informal Economy*, 2002.

[4]Cai W , Zhao H . Verification for Mediating Effect of Informal Finance between Social Capital and Entrepreneurship: Empirical Analysis Based on China's Provincial Panel Data[J]. *Social Science Electronic Publishing*.

[5] TurveyCG, Rong Kong. Informal Lending amongst Friends and Relatives [J]. *China Economic Review*, 2010, 21(4): 544 - 559.

[6]郭沛,中国农村非正规金融规模估算[J]. 中国农村观察,2004(2): 21 -25.

[7] 苏士儒, 段成东. 从非正规金融发展看我国农村金融体系的重构[J]. 金融研究, 2005(12): 131 -144.

[8]李建军. 中国未观测信贷规模的变化:1978—2008 年[J]. 金融研究, 2010(4):40 -49.

[9]田光宁,农村民间借贷规模研究[J]. 财经纵横,2011(11)21 -25.

[10] 冉光和,汤芳桦. 我国非正规金融发展与城乡居民收入差距[J]. 经济问题探索,2012(2): 185 -190.

[11]张兵,张宁. 农村非正规金融是否提高了农户的信贷可获性? ——基于江苏 1202 户农户的调查[J]. 中国农村经济,2012(10):58 -68 +90.

[12] 胡宗义,李鹏. 农村正规与非正规金融对城乡收入差距影响的空间计量分析[J]. 当代经济科学,2013,35(2):71 -80.

[13]苏静,胡宗义,唐李伟. 农村非正规金融发展的减贫效应非线性研究——基于 PSTR 模型的分析[J]. 农业技术经济,2014(1):81 -90.

[14] 沈红丽. 农村非正规金融研究:一个理论综述[J]. 当代经济管理, 2014,36(12):93 -97.

[15]胡宗义,陈俊,唐李伟. 我国农村非正规金融发展收敛性的空间计量研究[J]. 统计与决策,2014(17):123 -126.

[16]刘西川,杨奇明,陈立辉. 农户信贷市场的正规部门与非正规部门:替代还是互补? [J]. 经济研究,2014,49(11):145 -158 +188.

[17]胡宗义,马文丽,刘亦文. 农村非正规金融发展对地区农民收入差异

影响分析[J]. 统计与决策,2016(16):86－89.

[18] 胡枫,陈玉宇. 社会网络与农户借贷行为[J]. 金融研究,2012(12):178－192.

[19]张梦缘,宋坤,谌希,汪璐. 农村非正规金融发展的多维减贫效应研究——基于门槛面板数据的实证分析[J]. 金融发展研究,2017(4):80－85.

[20]何军,唐文浩. 政府主导的小额信贷扶贫绩效实证分析[J]. 统计与决策,2017(11):169－172.

[21]刘芳. 集中连片特困区农村金融发展的动态减贫效应研究——基于435个贫困县的经验分析[J]. 金融理论与实践,2017(6):38－44.

[22]李玮,吴平. 正规、非正规金融对城乡居民消费影响差异——基于替代效应视角[J]. 西南金融,2019(8):45－53.

[23]邱洋冬. 农村非正规金融发展与城乡居民收入差距——基于面板平滑转换模型[J]. 调研世界,2019(6):27－32.

[24]陈彦均. 中国农村金融发展研究综述[J]. 时代农机,2020,47(2):113－114.

[25]董艳,陈秋生,王聪. 区域金融发展如何影响农业信贷与农民创业——基于CHFS的实证研究[J]. 经济理论与经济管理,2020(6):72－86.

第8章　湖南省农商行发展与风险防控研究

8.1　湖南省农商行发展现状

2019年，在湖南省委省政府坚强领导下，省联社积极联动配合监管部门，紧扣“建设有温度的百姓银行”目标，以“党建共创、金融普惠”行动为抓手，努力提升自身经营治理水平，着力引领全省农商行持续推进内控合规管理，加强重点业务治理，强化重大风险管控，取得了一定成效。全省农商行2019年末资产总额11649.14亿元、负债总额10805.20亿元，分别比年初增长8.80%、8.95%，增速同比均加快一倍，其中：各项贷款余额6054.81亿元、各项存款余额9864.48亿元，分别比年初增长13.16%、8.37%。全年实现净利润97.23亿元，比2018年增长3.09%，年末资本充足率、不良贷款率、拨备覆盖率分别为12.65%、3.81%、142.97%，分别比年初下降0.59个、0.16个、2.42个百分点。业务经营呈现逐步回归主业的发展态势，各项贷款占总资产比重、存贷比均较年初提高2个百分点以上，分别达到51.98%和59.28%，全年96.37%的新增可贷资金用于发放贷款。定位意识有所增强，涉农贷款、小微信贷完成情况总体达标。102家农商行均已将党建写入章程，全面实现了合规、风控、内审三部门分设并逐步推进实质履职。省联社配合监管部门开展“案件专项治理100天”、同业业务风险排查等系列专项行动取得阶段性成果，农商行防案控案和合规意识、能力有了一定提升。总体来看，全省农商行业务发展平稳，管党治党收获成效，风险防控取得进展，内控合规得到加强，基本保持了稳健运行态势。

8.2 湖南省农商行存在的问题

省联社积极履行“管理、指导、协调、服务”职能，着力推进农商行稳健发展，取得了一定成绩，但也要清醒看到，当前农商行仍面临较多的风险问题，加之受新冠肺炎疫情和全球金融市场巨幅波动的双重影响，农商行经营压力进一步增大，省联社如何有效发挥行管作用面临较大考验。省联社结合全省农商行面临的风险问题，从行管履职的角度，全面梳理省联社在引导机构坚守定位、指导防范处置风险、管理和服务农商行及自身经营治理中存在的问题与不足。

一是引导机构坚守定位存在欠缺。第一，回归信贷主业力度有待加强。部分农商行仍存在“脱实向虚”“脱农脱小”的态势。全省农商行2019年末各项贷款占比低于全国农商行平均水平2个百分点，株洲珠江、衡州、新宁、城步、石门、安化、会同、芷江等36家农商行低于50%，其中沅陵、保靖、洪江、湘江新区、津市、汉寿、桃源7家农商行占比在未达标的情况下进一步下降。2019年末买断式转贴现占各项贷款的比例比年初上升近2个百分点，达7.77%，10家农商行买断式转贴现占比高于20%，其中衡阳、邵阳、娄底地区分别为6家、2家、2家，祁东、涟源、衡阳的农商行占比高于30%。在省银保监局提出压缩规模的监管要求后，耒阳、绥宁农商行下半年仍在扩大规模，其中耒阳农商行买断式转贴现增加近8亿元，增量占各项贷款增量的19.10%。33家农商行30%以上的贷款增量来源于买断式转贴现，其中19家农商行高达50%以上，宜章、武冈、宁远农商行增量是各项贷款增量的2.42倍、1.07倍、1.03倍。同时，近一半新增的信贷资金投向房地产，房地产贷款（含个人住房按揭贷款）余额占各项贷款的18.12%，比年初增长42.51%，增量占各项贷款增量的46.48%，40家农商行50%以上的新增贷款投向了房地产，13家农商行全

部贷款增量均投向了房地产。郴州、永州、怀化农商行因房地产贷款增速过快或占比过高，被银保监会点名通报。此外，现场检查发现，有部分农商行存在资金借道、向“四证”不全房企放贷等违规问题，实际流向房地产市场的资金更多。

第二，支农支小信贷支持力度不足。2019年全省农商行直接投向农业的贷款多年来首次出现负增长，农、林、牧、渔业贷款余额下降0.21%，与全省银行业增长2.42%的趋势相悖。55家农商行出现负增长，其中30家农商行下降10%以上，13家农商行下降20%以上，湘潭天易、临武农商行下降超过40%。2019年末，全省扶贫小额信贷余额较年初减少56.53亿元，减幅46.87%，精准扶贫贷款余额较年初减少58.88亿元，未达到监管考核要求；普惠型涉农贷款较年初增长8.22%，低于各项贷款增速5.22个百分点，未达成“普惠型涉农贷款增速总体高于各项贷款平均增速”的考核目标，未达标机构多达52家，其中沅江、桂东、岳阳巴陵等13家农商行上述指标低于各项贷款增速20个百分点以上；10家农商行小微信贷计划完成率低于100%，最低的沅陵农商行只有5.77%。17家农商行普惠型小微企业“两增两控”未全部达标，其中4家农商行相关贷款增速低于各项贷款增速，5家农商行相关贷款不良率高于自身各项贷款不良率3个百分点，10家农商行相关贷款利率比年初上升，耒阳农商行上述三项指标均不达标。

第三，基础金融服务设施减少。全省农商行网点总数下降，农村地区除ATM机数量小幅增加外，其他支付结算工具如POS机（-2373个）、信付通（-771个）等均有所减少。会谈指出，省联社在引导农商行回归本源、支农支小、守住农村阵地方面，提出了总体目标和阶段性计划，但就如何取得实质性提升，采取的措施还不够有力，方法相对有限。主要表现在：考核激励约束机制有待进一步加强，如2019年下发的《湖南省农村商业银行经营绩效考核办法》及补充办法中未涉及提高基层和偏远地区业务的权重，涉农贷款、小微贷款、扶贫贷款考核指标占比较低，仅占所有考核指标的5.5%，距离银保监会关于支农支小绩效考核指标权重应显著高于其他业务指标的要求尚有较大差距；在引导经营发展上，借助科技支撑研发的符合湖南省区域经济特点的金融产品、服务方式还不够丰富。

二是高风险机构处置效果有限。2019 年，农商行“边处置、边新增”问题较为突出，虽有 3 家机构脱离了高风险状态，4 家机构退出重点关注序列，但部分名单内的农商行化解力度不足，风险未缓释甚至不降反升，同时少数名单外的农商行出现风险恶化，成为新的风险机构。2020 年全省高风险及重点关注的农商行仍有 16 家，与 2019 年持平，且增加的均是监管评级为 5 级的高风险机构，多家重点关注农商行发展成为高风险机构，导致高风险机构达到 12 家，比 2019 年增加 3 家。尤其值得关注的是，个别地区高风险机构集中，郴州、永州、益阳、怀化四地高风险及重点关注农商行合计占比超过 70%，特别是郴州、永州两地高风险机构数量多，受重大风险因素叠加影响，未来风险形势严峻复杂。会谈指出，省联社及其办事处作为风险处置牵头部门，在风险处置措施、节奏和力度上存在较大不足。主要表现在：未能站在行管的高度，结合辖内高风险农商行风险成因，按照分类施策、重点突出、切实可行的目标，建立全省高风险机构处置台账，对全省一盘棋稳妥有序推进风险化解工作统筹不够，扎堆推进风险处置情况较为突出；联点帮扶机制作用未得到有效发挥，帮扶部门没有深度参与和实时跟进风险处置方案的制定与推进，风险处置进度迟缓，风险处置方案措施难以落地。同时，对高风险农商行的资源倾斜力度不够，未实施差异化绩效考评措施。

三是指导防控信用风险需持续发力。2019 年全省农商行整体不良率下降，但部分地区和机构信用风险高，永州、郴州、益阳、怀化四地和 14 家农商行不良率高于 5%，其中永州、郴州地区不良率比年初分别上升 3.12 个、0.89 个百分点，信用风险成为机构沦为高风险农商行的最大因素。同时，风险分类审慎度下降，不良贷款处置存疑，风险隐患上升。全省农商行逾贷比年内上升 11.76 个百分点，除张家界、娄底外的 12 个市（州）全部上升，其中株洲、长沙、岳阳、怀化四地提高了 20 个百分点以上。6 地高于 95%，岳阳地区达到 100%。四季度处置不良贷款 83.52 亿元，占全年的 43%，年末不良贷款余额及比例骤降，虽有加大处置力度因素，但由于不良贷款上调观察期规定未落实，存在通过“换据”等方式人为操作的空间。个别农商行风险是否有效化解还有待观察，如江华农商行对蒋建国及其关联方发放的贷款余额高达 4.21 亿元，已全部形成不良贷款，其中 3.54 亿元通过以物抵债方式收回（尚有 0.18 亿元无法取得不动产权证）。鉴于抵债资产金额大，且多为在建工程，能否有效处置变现充满不确定性，贷款风险是否得到实质性化解存疑。同时，信用风险持续上升也导致相关监管指标健康度大幅下降，年末农商行总体拨备覆盖率持续未达标，低于加权平均总体要求 3.89 个百分点，与监管标准的差距扩大 2.32 个百分点，22 家农商行不达标，55 家农商行拨备覆盖率下降；部分农商行存在拨备不足虚增利润的现象，衡阳、邵阳等 10 家农商行形成了高于 1000 万元的净利润，其中桂阳农商行形成利润超过 7000 万元。总体资本充足率比 2018 年下降 0.59 个百分点，53 家农商行下降，18 家农商行不达标，其中南县、汝城、桃江、宜章、东安、江华、沅陵 7 家农商行低于 6%。会谈指出，省联社在指导防控信用风险上存在短板和漏洞，相关监管要求未完全落实到位。如原湖南银监局《关于切实强化农合机构不良贷款风险管控的监管意见》（湘银监发〔2018〕14 号）明确要求“各农商行要进一步做实做深做细不良贷款‘五个逐户逐笔’，对不良贷款逐户逐笔登记造册、分析原因、界定责任、落实处置措施、问责到位，并形成真实完整、动态更新的不良贷款台账，按月报送省联社”，但省联社未按要求收集相关台账，未将“五个逐户逐笔”作为管控不良贷款风险的重要抓手，未发挥好行管层面的督促管理作用。此外，信贷系统信息不全、风险预警功能不足、未设置不良贷款上调观察期等问题依然存在。同时，持续抓紧抓实清收处置推动措施有限，“运动式”清收处置、不真实不洁净处置、呆账核销等乱象依然存在。

四是指导管控资金业务风险存在不足。2019 年农商行资金业务风险仍在持续加大：第一，违规存量多，整改压力大。年末农商行持有超资质投资存量 207.49 亿元，其中 153.22 亿元为购买时即超资质的违规投资，大部分是非金融企业债（74.15 亿元）和信托计划（65.56 亿元），邵阳（47.87 亿元）、郴州（30.39 亿元）、衡阳（21.22 亿元）、怀化（15.79 亿元）四地违规存量较多。此外，2019 年怀化、沅陵、通道、岳阳 4 家还新增了超资质投资。从用款人性质看，除商业性金融债以外，有近 90% 农商行的用款人为地方政府城投、城建类企业。总体看，当前违规超资质投资存量整改与地方政府债务风险化解处置紧密相关，总体金额大、政策性较强、处置压力较大。同时，作为地方金融机构，部分农商行通过资金业务替接他盘配合化债压力持续增加。第二，部分农商行资金业务投向风险偏好较高。湘潭、津市、娄底 3 家农商行（3 级及以下）资金业务杠杆倍数超过 1.2 倍。韶山、新邵、昭阳、隆回等地 13 家农商行穿透后持有非金融企业债占全部债券的比例超过 50%，湘江新区、星沙、新邵、岳阳等地 16 家农商行穿透后持有无评级及 AA（含）以下评级的非金融企业债占全部非金融企业债的比例超过 50%。第三，风险持续增加。2019 年末农商行投资违约及风险金额达 43.75 亿元，占全部投资余额的 165%，占除利率债以外投资余额的 4.96%，高于总体不良贷款率。2019 年新增 29 亿元，主要是省外信托项目到期兑付困难，特别是三季度以来暴露的某省两地政府背景企业信托计划风险，涉及四地 15 家农商行，共 18 亿元，由于无法按期兑付，被迫展期。郴州（18.18 亿元）、邵阳（7.83 亿元）、衡阳（7.2 亿元）风险金额合计占全省的 76%，且少数农商行风险仍在增加。第四，处置挽损较为困难。过去两年全省共形成 48.45 亿元资金业务违约风险，至 2019 年末仅挽损 4.7 亿元，18 亿元不得不展期缓释风险，剩余大部分特别是非金融企业信用债形成损失的可能性较高。省联社在加大资金业务风险管控、加强系统建设、制定行业规制、开展风险排查等方面做了大量工作，但还存在一定差距。主要表现在：资金业务系统功能需进一步优化；督促农商行完善资金业务治理，比照信贷业务进行投前调查、投中审查和投后检查未落到实处；对资金业务出现较大风险的管理不力行为没有进行行管追责问责；组织化解农商行资金业务风险的思路和方法不多，成效不明显等。

五是合规管理和案件风险管控仍需强化。2019 年，全省农商行新上报案件及风险事件 40 起，较 2018 年增加 23 起，增幅达 173.9%，发案数量继续居全国农村银行条线首位，主要集中于违法放贷、挪用资金等方面，甚至出现董事长带头搞账外经营、巨额信用卡诈骗等性质极其恶劣的典型案件。案件高发多发已经引起省委、省政府和银保监会的高度重视，有些案件影响非常恶劣，如衡州农商行票据案、“徐四顺”违规入股、违规贷款案，涉案金额大、风险处置难度大，在银保监会对我省的巡视工作中作为重点问题提出。面对案件高发多发态势，省联社认真落实监管要求，组织开展的“案件专项治理100天”行动取得了一定成效，但在持续有效落实案件抓总责任、督促农商行依法合规经营、培育廉洁合规文化等方面还存在较大不足。第一，案防责任落实不到位。未能压紧压实农商行案防主体责任，部分农商行业务环节有诸多漏洞，合规管理流于形式，内部控制形同虚设，监督制衡机制基本失效的问题始终存在，部分从业人员合规意识、纪律意识、廉洁从业意识严重缺失，难以遏制案件高发频发及同质同类案件反复发生。同时，省联社案件考核机制不够完善，震慑和约束力不强，部分农商行存在迟报、漏报案件现象。去年银保监会第四巡视组巡视发现，我省辖内18个农商行案件的相关判决书已在外网公布，但均未上报案件。第二，案件防控力度不够。未能根据案件反映出的共性问题和风险隐患及时修订制度流程、升级业务系统，未能有效指导农商行完善内控机制、再造业务流程，虽然大部分农商行实现了合规、风险、内审部门分设，但是不能有效嵌入业务操作环节，难以真正发挥作用，导致低级操作风险频发、高发。第三，案件处置进度缓慢。缺乏有效的案件处置手段，追赃挽损措施有限，部分案件挽损以处罚赔付为主。部分案件处置极其缓慢，目前仍有60余起案件未办结，16件风险事件未处理，其中10起为2017年以前上报的案件。第四，案件问责力度不大。未及时跟进行管问责，近两年的45起案件中，仅有9起进行了行管问责。此外，省联社也未能有效推动农商行加大内部问责力度，农商行问责普遍存在避重就轻，“问下不问上”，以经济处罚为主、以纪律处罚为辅的情况。

六是部分重点领域风险管控较为薄弱。第一，大额风险暴露超标严重。省联社对于管控农商行压降大额风险的手段较少，加之部分农商行不良贷款上升导致资本净额下降，辖内农商行大额风险整体状况未得到根本转变，达标整改进展缓慢。2019年末共有67家农商行大额风险暴露指标超标，其中宜章、资兴等62家农商行非同业单一客户大额风险暴露占一级资本净额的比例超过15%，超标数量居全国第一；耒阳、桃江等13家农商行非同业单一客户贷款占比超标；祁东、桃江等11家农商行同业单一客户大额风险暴露未达到过渡期要求。第二，银行卡业务管控存在漏洞。省联社信用卡业务管控存在短板，信用卡发卡及信审系统存在漏洞，如用户登录方式单一、客户申请信息修改权限设置单一、未实现线上多级审批流程管理、上传资料无法解压缩导致审核流于形式等。监督检查力度不够，部分农商行存在信用卡业务管理架构不健全、制度不完善、操作不规范、内控走形式等问题。去年发生的醴陵农商行信用卡诈骗重大案件的作案人正是利用系统漏洞、管理漏洞盗取了巨额资金。此外，员工便民卡发放和使用管理不到位，存在潜在风险，如系统中未录入关联信息导致同一家庭可申请多张卡片、部分农商行员工存在利用员工便民卡虚增存款、异常超短期放款、贷款资金用于民间借贷等违规行为。个别农商行信用卡呆账率高，如武冈农商行高达16.8%。第三，声誉风险管控压力较大。农商行总体风险可控，但部分发生案件、风险事件的农商行尤其是高风险机构，舆情管理压力较大，极易引发负面舆情。2019年全省农商行发生舆情48件，占全省银行业的36%，涉及消费投诉、网络举报、案件报道等方面。除高风险机构随时面临引发声誉风险的事件外，部分发生重大案件、风险事件、重大资金业务风险的农商行，舆情管理压力也较大。虽然省联社组织开展舆情监测、报送与处置成效较好，但负面舆情频发影响了农商行的整体外部形象，声誉风险管控压力大，不利于农商行健康经营发展。第四，流动性风险管理不足。各农商行普遍对流动性风险认识不足，风险管理能力不强，大部分农商行流动性风险压力测试流于形式。部分农商行业务结构不合理，湘潭、醴陵、茶陵、常德、株洲5家农商行流动性缺口率低于-10%的监管标准，存在较大的流动性风险隐患。

七是指导完善公司治理机制任重道远。第一，主体履职不到位。除少数规模较大、发展良好的农商行外，部分农商行治理无明显改进，“三会一层”履职缺位、不到位问题仍然存在，监督制约作用未得到有效发挥。部分行治理主体缺位，仍有衡阳衡州等8家农商行未配备独立董事。第二，股东股权及关联交易管理不规范。省联社及农商行股权管理机制不够健全，尚未建立股权信息及关联交易管理系统，对加强股东股权管理的认识、资源、能力尚有差距，辖内农商行股权管理乱象多、违规股东授信多、关联交易风险大。个别股东利用贷款等非自有资金大量入股农商行，利用关联交易或内部交易违规进行利益输送等。个别农商行在引入新股东过程中，存在资金来源于贷款、抽逃出资等问题。多家农商行存在重大风险隐患，如徐四顺及其关联方、一致行动人违规入股和贷款问题，造成恶劣影响，且处置整改进展缓慢，至 2019 年末仅 4 户股东转让，约 20% 关联贷款处置完成。股权托管推进缓慢，2019 年末全省有 42 家农商行未完成托管，益阳、湘西、张家界三地无一家农商行完成。第三，推动政府注入土地变现进展缓慢。至 2019 年末，仍有常德、衡阳、郴州、邵阳四地 8 家农商行共 11. 52 亿元土地未完成变现，其中有 7 家农商行的 7. 83 亿元超期未变现，按 12. 5 倍风险权重计提资本，影响资本充足率。

八是行业管理服务有待优化。省联社在提高自身履职有效性，确保行业管理“到位、不越位”“有所为有所不为”方面仍存在较大改进空间。第一，内部治理不完善。未结合实际情况对章程进行及时修订完善，如尚未将加强党的领导写入章程，未按要求明确理事会的职责范围，理事会仍未设立审计委员会等。同时，第二届理事会届满六年仍未进行换届，理事长长期缺位。第二，去行政化管理进展较慢。在高管提名推荐及考核机制、员工进入退出机制方面，需进一步提升科学合理性。主要表现在对高管管控不到位，存在农商行高管违法违纪现象，如临澧农商行党委副书记、拟任行长王永仕涉嫌为康氏集团提供贷款便利，安仁农商行原董事长尹友忠违规搞账外经营造成巨大损失；对少数高风险农商行高管缺位的情况不能及时跟进；在部分高管人员选任事宜上未按监管要求事先与监管部门沟通，听取有关意见。在对农商行经营活动的管理上，仍存在对具体业务、财务活动等进行直接或间接审批的情况，超出了国务院和监管部门明确的省联社行业管理范畴，如通过贷款咨询审核农商行贷款业务等。第三，绩效考评导向作用需加强。绩效考核在一定程度上仍存在“重规模、轻质效”“重经营、轻内控”“重当期、轻长远”的倾向，未能有效引导农商行将工作重心放在风险处置上，特别是对高风险农商行的倾斜力度不大，风险处置得分权重不高。此外还存在考核欠科学、欠公平等问题。第四，行业审计监督作用不足。已成立的省联社审计总队作用尚未全面有效发挥，对农商行审计频率还需提高，审计结果运用有待加强。第五，信访工作质效不佳。2019 年省银保监局共收到省联社及农商行的投诉举报 69 件，占全省银行业的 21.4%。从已处理的信访件来看，存在实地核查偏少、核查工作不深入、反映问题不彻底，部分信访核查报告事实不清、回避问题、结论不明等问题，导致重复信访、越级信访时有发生。如涉及原永州农商行董事长吕少双违规违纪问题的多次信访件，在省银保监局的监管致函下，于 2019 年 10 月才免去该人董事长职务。第六，数据质量亟待提高。2019 年，省联社及农商行的 1104 报表多次出现迟报、漏报现象，少数地区农商行报表频频出错，造成了不良影响，如桑植农商行因 2019 年连续三个月 G 03 报表错报问题，被银保监会点名通报；26 家农商行 2018 年、2019 年 G 04 表中“对股东的分配”错报或漏报，其中祁阳农商行将 1.09 亿元错报为 10.94 亿元。省联社未有效发挥行业统计数据的管理作用，督促机构真实动态反映经营情况。未能从治理数据质量的源头抓起，完善并有效运用监管统计系统，提高监管报表数据采集和质量控制的自动化水平。第七，信息科技支撑不足。信息科技风险管理未涵盖项目生命周期的重要环节，监测指标体系缺失，二、三道防线部门力量薄弱。未开展从生产到灾备的切换演练，异地灾备中心应用级灾备覆盖率不足，无法进行有效性验证。部分重要系统安全评估不到位，且在需求分析、系统设计、系统测试、投产变更等环节中考虑信息安全因素不够全面。对农商行信息安全管控不严，部分农商行官网存在漏洞，敏感数据缺乏有效保护措施，仍有部分农商行使用盗版操作系统和软件。外包依赖度较高，尤其是系统开发主要依赖外包，自主可控能力不足。第八，监管要求落实力度仍有待提高。过去一年来，省联社积极配合监管部门开展各项工作，较好地形成了工作合力，但还存在贯彻落实监管要求不到位和衔接沟通不足等问题。如对部分监管规定和监管会谈提出的去行政化管理、强化监审联动等监管意见落实不到位，部分专项工作不够重视，存在未按规定时间报送的情况，部分报告存在质量不佳、数据错误等问题；部分行管措施及工作动态信息未及时报送湖南省银保监局。

8.3　湖南省农商行发展监管重点

第一，推进坚守定位，提升金融服务能力。农商行“支农支小”情况社会关注度高，无论是政府还是监管层面均应该高度重视。省联社要从贯彻落实党中央决策部署的高度出发，提高政治站位，全力推动农商行加大“支农支小”力度，务必全面完成各项监测指标。一是健全激励约束机制。加大对农商行服务县域的监测力度，建立健全“三农”和小微企业金融服务考核体系，提高“支农支小”考核权重占比，增加对新增可贷资金用于当地、农村和偏远地区网点绩效倾斜等考核项，落实激励与约束要求，强化考核结果运用与行业纠偏、处理和问责措施。进一步明确尽职免责标准和免责认定流程，研究制定涉农、小微、扶贫贷款不良容忍度政策的执行细则，着力形成“敢贷、愿贷、能贷”的长效机制。二是做优做强信贷主业。着力引导农商行回归主业，确保 2020 年各项贷款增速快于资金业务增速要求，推动各项贷款占比继续提升；优化信贷结构，落实买断式转贴现、房地产贷款占各项贷款的比例均不得高于 20% 的监管要求，指导 2019 年末占比超过 20% 的机构逐步压缩，凡是新增超过 20%，或已超 20% 但余额及占比进一步增加或压降不力的，应组织专项检查、核查，对存在违规行为的严肃实施行管问责。三是增强“支农支小”定力。督促农商行积极对接辖内村级基础金融服务需求，下沉县域网点和服务中心，将基础金融服务向行政村延伸，在主动消灭服务空白点的基础上，着力提升村级金融服务质效。推动农商行进一步加大涉农（特别是农、林、牧、渔业）、小微企业和民营企业贷款投放力度，全面实现小微信贷计划完成率及普惠型小微企业贷款“两增两控”总体达标，力争“支农支小”贷款增速尤其是普惠型涉农贷款增速高于各项贷款增速，占比持续提升。四是加快新农村金融服务产品方式。要以科技创新赋能农村金融，积极探索人工智能、大数据、区块链、云计算等新技术在客户信用评价、授信准入、风险管理等环节的应用，帮助农商行改进服务质量，降低服务成本，强化服务管理。第五，聚焦稳定脱贫长效机制。指导农商行加强扶贫小额信贷规范管理，妥善应对还款高峰，做好续贷支持工作，对有合理信贷需求、符合贷款条件的建档立卡贫困户力争做到“能贷尽贷”，对已发放的精准扶贫贷款，切实满足后续信贷需求。要组织开展好因疫致贫或因疫返贫的摸底调研，充分掌握贫困地区因疫返贫、因疫致贫的实际情况，并在此基础上研究出台有针对性的金融支持措施及特色金融产品。第六，做好新冠肺炎疫情期间的金融服务工作。督促农商行全力保障相关农业生产及农村地区基础金融服务需求；对符合条件、流动性遇到暂时困难的小微企业和受疫情影响还款困难的贫困户，积极采取措施纾困帮扶，助力复工复产和渡过困难期。

第二，推进高风险机构风险化解。2020 年是打赢“防范化解重大金融风险攻坚战”的收官之年，湖南省政府高度重视辖内农商行风险处置工作，要求地方金融监管局牵头并制定下发了《湖南省高风险农村商业银行风险化解工作方案》，湖南省银保监局动态调整了 2020 年高风险及重点关注农商行名单，省联社要认真落实相关要求，切实担负起全省高风险及重点关注农商行处置工作的牵头责任，将高风险农商行脱困化险和防新增工作纳入今年工作的重中之重，力争年内推动三分之一的高风险及重点关注农商行脱险出列，全年不形成新的高风险机构。第一，制定完善的处置方案。省联社要加强牵头管理，加强与风险机构所在地方政府沟通协调，共同研究处置工作，促使地方政府采取实质举措支持风险处置化解，在积极争取地方政府支持的基础上，统筹平衡好风险处置进度。要指导新纳入名单的风险机构和存量风险机构及时研究制定、有针对性地修订完善风险处置规划及方案，确保可行性、操作性和针对性。同时，省联社要统筹建立全省高风险农商行处置台账，于 2020 年 6 月 5 日前报送湖南省银保监局。第二，强化考核激励约束。对高风险机构设立单独的绩效考核指标，实施以处置成效为主的考核评价，明确奖惩措施，增强风险机构处置积极性和责任感，同时提高当地办事处的风险处置考核权重。第三，落实联点帮扶机制。继续落实好对高风险机构开展“一对一”风险化解指导帮扶，省联社高管、相关部门及办事处对风险机构处置规划制定、推进实施、沟通协调、总结推广等要全程过问、全程负责、一抓到底。省联社自身要加大对高风险机构政策倾斜，如给予管理费减免、加大资金业务收益返还力度等财务帮扶政策等。第四，丰富风险处置方式。除了督导高风险机构多措并举压降不良外，积极指导支持增资扩股，稳妥支持优质农商行通过兼并重组等方式入股高风险农商行，帮助高风险机构遴选有合格的地方政府背景的企业包括融资平台公司入股，督促主要股东落实承诺主动注资。第五，严防“边处置、边新增”。持续紧盯新退出高风险机构名单的农商行，加强对大额贷款、资金业务等重点风险领域的管控，完善风险治理，严防其他农商行劣变为高风险机构。对风险化解不力、新出现的高风险机构要严格落实一票否决，严肃追究班子成员责任。

第三，抓实抓细信用风险防控。省联社务必要以“五个逐户逐笔”为抓手，不断提升信用风险管控能力。督促农商行坚持准确分类、真实反映，大力处置存量、严控增量，尽快克服疫情影响，力争不良（贷款）实现“双降”。第一，做实资产分类。持续督导农商行做实资产五级分类，真实反映贷款风险，对各种人为隐匿风险、虚假处置不良资产行为实行零容忍，严查重处。督促农商行落实不良贷款上调为正常贷款的观察期规定，将利息逾期贷款纳入逾期贷款统计，并确保逾贷比持续保持在 100% 以下。第二，大力化解存量不良。督促各农商行通过内部督导、任务包干、听证问责等激励约束机制，全面落实不良资产清收责任，切实加大自主清收、依法核销力度，提高现金清收比例；积极争取多方支持，拓宽不良资产处置渠道，综合运用行政清收、司法清收、市场化处置等手段，努力实现全省不良贷款处置额不低于上年。第三，严控新增不良。督促农商行优化信贷管理，切实完善并严格执行“审贷分离”、贷款“三查”和尽职免责制度，持续做好收本收息管理，加大对大额贷款、关联贷款等重大风险点及关注类贷款占比高等重点农商行的排查力度，前移风险控制关口，严防因管理不到位形成新的不良。第四，增强风险抵补能力。引导农商行在资产分类真实准确的基础上，加大贷款拨备和非信贷资产减值准备上提力度，坚持拨备不足不得形成利润，对于已形成利润的农商行，要求其在制订分红计划时，扣除拨备不足部分。

第四，抓好资金业务治理规范。要继续按照湘银监发〔2018〕15号文件要求，巩固资金业务治理成效，进一步推动农商行资金业务规模合理、发展规范、风险可控。一是有效整改违规存量。组织相关农商行全力整改违规超资质、超大额风险暴露资金业务存量问题，细化整改台账和整改计划，倒排时间表，按季跟进整改进度，适时采取督导措施。对涉及地方政府债务化解相关的违规资金业务，要督促农商行结合党中央、国务院、银保监会、省政府相关文件要求进行整改，坚持依法合规，稳妥处置。二是坚决禁止新增违规。督导农商行依法合规开展业务，坚决杜绝发生新的超资质、超大额风险暴露业务，严禁将资金投向国家禁限领域，严禁借助资管通道、互买理财、第三方平台等超资质投资信用债，严禁滥用科目、瞒报数据和掩盖风险，严禁账外开展资金业务。对新增的违规行为要加大行管问责力度，发现一笔、查处一笔，要问责至最终审批人和决策人；对违规及资金业务运营杠杆倍数超标的农商行，要视情况采取暂停相关业务等行管措施。三是抓实风险监测防控。完善资金业务系统建设，进一步提升业务管理和风险监控能力，强化同业及投资业务风险监测，关注操作风险、信用风险、交易对手风险、市场风险和流动性风险，及时作出风险提示；关注投资信用债、资管产品、其他目的载体投资等业务行为的适当性，重点关注是否严格参照贷款进行投前调查、投中审查和投后管理，不能落实的，不得开展相关业务；对高风险偏好的机构要加强行业引导，逐步退出高风险投资领域；对已经形成风险的业务，要督促农商行积极行动，采取一切合法手段，维护自身权益。四是规范开展自营业务。省联社开展自营资金业务要把握好风险可控、严格资金来源和用途、严格控制规模的原则，建立自营业务与委托代理业务、资金业务部门和清算结算部门之间的隔离机制；规范清算资金管理，合理确定归集资金规模，严禁挪用清算资金开展投资。

第五，强化合规管理与案件防控。一是进一步加强内控合规建设。督导各农商行切实发挥好合规、风险、内审三道防线作用，确保嵌入所有业务，确保落实合规部门“一票否决权”，全面摸底全省农商行三道防线的落实情况，于2020年9月底前报送湖南省银保监局。督导各农商行针对关键岗位人员，全面落实轮岗、离岗审计等监督制约制度，加强日常监测排查。强化廉洁合规文化培育，积极组织合规制度培训、廉洁警示教育等活动，督促农商行将合规文化、清廉金融文化写入行规行纪，探索将清廉指标纳入机构员工考评体系，不断增强员工行为规范意识、纪律观念和廉洁从业意识，营造“遵规守纪、崇廉尚廉”的良好氛围。二是层层抓实案防责任。省联社要切实履行案防抓总责任，压紧压实农商行案防主体责任，健全以业务条线为抓手、以压实各部门职责为着力点、以业务系统预警为支撑的立体案防体系；建立完善案防考核机制，结合案件性质、案发时间等因素进行差异化分类考核。全面强化操作风险管控，有效降低发案率和风险发生率。三是持续巩固“案件专项治理100天行动”成果。督促各农商行加大对专项治理发现问题的整改力度，找准案防薄弱环节，全面完善内控机制，加快堵塞管理漏洞，针对案件易发环节、易发岗位，定期开展案件风险排查整治，切实解决密码管理混乱、查碰库不落实、员工与客户发生资金往来、违法违规发放贷款、违规办理资金业务等突出问题。四是健全案件风险处置机制。督促农商行加大与公安、司法及监察机关的联动协调，形成防范打击合力，发现案件线索第一时间报案，并配合相关部门及时“控人、控钱、控局面”，加快案件处置进度，积极止损挽损，对于达到结案、撤销条件的，及时申请结案、撤销。省联社要牵头做好重大案件的风险处置工作，实时跟踪衡州农商行、安仁农商行、徐四顺系列案件等重大案件进展，及时主动向当地政府报告案件处置进展及存在的困难，有效指导农商行案件处置并做好法律援助等工作。五是加大案件问责力度。要严格按照“一案三查、上追两级”要求，督促农商行对所有违法违规行为依法依规严肃问责到位。省联社要及时跟进行管问责，切实提高违规成本，形成高压态势。对“案件专项治理100天行动”中发现的问题整改不力，发生同质同类新发案件或重大案件的，省联社应对董事长、行长、监事长启动就地免职程序，对履行监督执纪职责不到位的纪委书记进行严肃问责，对相关责任人员从严处理。涉及业务条线管理不力造成重大风险漏洞的，要建立省联社内部人员问责机制。

第六，深化重点领域风险防范。一是加强大额风险管理。督导农商行加快存量大额风险暴露超标整改，“一行一策”制定压降规划，有力有序压降超标存量，严禁违规新增大额风险暴露。加大银团贷款风险管控力度，省联社及其办事处不得牵头或协调组织发放非农银团贷款，应采取措施严禁农商行跨省开展银团贷款业务，严控将银团贷款投向非农领域，严禁发放平台公司、房地产业及其他限控领域银团贷款。二是健全信用卡管理机制。全面梳理修订现有信用卡业务制度，建立系统完善的信用卡管理制度体系，对相关案件暴露出的信用卡新、老系统存在的诸多问题及监管部门检查、行业自查中发现的问题，逐条落实整改，逐条完善升级系统，发挥好系统的监测预警作用，筑牢风险“防火墙”。组织员工便民卡发放及使用情况排查的后续整改工作，严防利用员工授信便利虚增存款、从事民间借贷以及用于炒股、买房等违规行为。对信用卡风险畸高的农商行要深入了解风险形成的原因，并采取相应的行管措施。三是抓好声誉风险防控。进一步完善负面舆情快速响应、及时处置和报告机制，健全 365 × 24 小时舆情监测制度，做到第一时间监测、第一时间报送、第一时间处置。不断畅通与各级地方网信及宣传部门的沟通联动渠道，形成负面舆情管控合力，防止负面舆情发酵和蔓延扩散。建立健全重大舆情应急预案机制，明确响应程序并组织开展舆情演练，提升对重大舆情的快速处置能力。四是加强流动性管理。结合我省农商行风险实际，从行管角度制定完善全省农商行流动性风险应急预案，于 2020 年 8 月底前报湖南省银保监局。督促农商行建立健全全面资产负债管理体系与流动性管理机制，做实流动性风险排查和压力测试，制定流动性应急计划，定期开展演练。持续完善农商行流动性互助机制，建立健全落地配套机制，着力提升机制运行效率和风险处置成效，要合理审慎管理好流动性互助资金，确保资金安全。探索将历年留存收益用于建立风险救助基金、系统流动性支持。结合银保监会前期通报的一起“因外部单位违规披露农商行存款客户信息，造成该行遭遇异常取款”事件，省联社应引以为戒，指导辖内农商行加强金融资产信息安全管理，进一步规范金融资产信息查询机制和流程，提高对外部事件的敏感性，严防外部“侵入式”风险隐患，提高对集中取款等应急事件的处置能力，严防外部事件引发流动性风险。

第七，督促完善公司治理机制。一是强化治理主体履职。持续推动农商行落实“治行先治党”原则，把全面从严治党的各项要求贯彻落实到全面从严治行的具体经营管理中，实现党的领导与董事会行使决策职责的有机统一。进一步强化“三会一层”履职管理，压实董事会及“三长”责任，严肃追究失职或不当履职责任，对不作为、乱作为的董监高及时追责或进行调整。二是加强股东股权管理。着力引导农商行优化股权结构，合理引入国有资本，发挥各级政府在优化股权、改革化险中的积极作用。积极推进股权管理系统建设，原则上于 2020 年底前开发建立统一的股权信息管理系统及关联交易信息管理系统，并实现二者与业务系统相连接，实现对股东股权信息及股权质押、股权转让、关联交易等的线上实时管理和智能跟踪监控。大力推动相关农商行加快股权集中托管步伐，督促倒排时间进度，确保 6 月底前完成全省农商行股权集中托管和 80% 的股东确权工作，并在年内全面完成股权确权。三是深入整治股权及关联交易乱象。按照监管部门统一部署，继续抓好股东股权专项整治，扎实开展关联交易专项排查整治，重点排查违规持股、股权代持、操纵机构正常经营、利用关联交易进行利益输送等突出问题。对排查发现的问题，指导机构制定整改方案，限期整改到位。对问题股东，坚决依法采取限制股东权利、督促转让股权等措施。四是积极稳妥处置重大问题。继续全力推进徐四顺违规多头入股及关联贷款风险问题的整改处置工作，加快股权转让与风险化解。当前徐四顺方在多家农商行的违规贷款已进入司法判决程序，涉及质押股权的转让，省联社要提前介入，加强与地方政府的沟通对接，加大统筹协调力度，组织相关农商行积极做好合格股东的甄选和股权承接准备。对所涉及的违法违规行为，要加快落地行管问责的多方要求。五是推动地方政府土地变现承诺履约到位。继续推进改革注入土地管理及变现工作，在确保“权在、值足、账实”、落实 12.5 倍风险权重计提的基础上，加大与地方政府的沟通对接，争取尽早变现。

第八，提升行业服务管理水平。要按照淡化行政管理、强化服务职能的要求，充分发挥行业管理和引导作用。一是完善内部治理。健全治理机制，及时修订章程，将党的领导与公司治理深度融合，完善理事会下设委员会，做好理事会换届选举，遴选符合资质的理事长人选，切实提升治理能力。二是改进管理方式。健全农商行高管人员选拔和评价机制，探索党管干部与市场化选聘职业经理人相结合的用人机制，推荐高管人选应事先充分听取农商行董事会、大股东和监管部门意见，同时严把考察关，严防“带病上岗”。尊重农商行经营自主权，不得直接干预农商行信贷、财务等具体业务和经营活动。三是健全绩效考评机制。按照“好的少管、差的多管”的原则，对农商行实施分类差别化管理，修改完善考核指标及权重，全面提高风险类管理指标考核分值，并针对坚守定位、支农支小、风险处置等制定专门的考核标准，提升考评工作的针对性。四是强化行业审计职能。充分发挥现有审计总队的作用，以揭示风险为重点，在对各农商行“定期体检”的基础上，按风险程度提高对高风险机构的检查频率，并加强对审计结果的运用，对于发现的问题严肃问责。建立稽核审计部门的责任约束机制，凡是审计应发现而未发现突出问题，最终发生重大风险的，对相关责任人员实行“连坐制”严格问责。五是提升信访工作质效。增强信访工作责任意识，坚持独立调查、公正研判，调查核实应以省联社组织核查组进行的现场核查为主，不能简单以办事处调查甚至机构自查作为核查结果；高度关注信访举报的违法违规问题线索和风险隐患，从深层次揭示问题根源，及时发现和处置违法违规行为；充分运用信访核查成果，在及时回复信访人或举报人的同时，对违法违规行为进行严肃处理，有效减少重复信访。六是加强农商行监管统计数据质量管理。要强化数据质量管理主体责任，加快监管统计系统的建设和完善，提高监管统计报表数据采集和质量控制的自动化程度，切实提升数据质量。要实现监管统计系统与基础系统的全面对接，实现基础系统统计业务覆盖率超过95%，实现风险监管核心指标、关键指标、小微涉农考核指标等相关报表自动提取准确率达100%的目标。七是加强信息科技治理。要不断完善信息科技风险“三道防线”建设，建立科学完善的风险监测指标体系，加强信息科技风险管控和审计，提高二、三道防线履职能力。要组织开展同城灾备的切换演练，提高异地灾备应用及覆盖率，推进重要信息系统灾备能力建设。要加强对重要信息系统的安全评估，做好重要信息系统全生命周期的风险管控，做好项目需求分析、开发测试、投产变更、系统运维等全流程管理。要持续加强对辖内农商行信息安全的管控和指导，督促并开展互联网系统安全测评和渗透测试，加强敏感信息保护，提升信息安全防护水平。要注重加强信息科技队伍建设，全方位提升科技管理能力及技术水平，降低对外包服务提供商的依赖度，提高自主可控能力。八是进一步强化对监管要求的细化落实。继续支持与配合监管工作，认真落实好银保监会规定和湖南省银保监局提出的监管要求。要建立工作台账，明确落实责任部门、责任人、落实时间。要加大对日常工作的督办力度，确保工作质量。要积极稳妥地面对改革，要牢固树立政治意识、大局意识，不论是否纳入改革试点范围，都要一如既往地切实履行好行管职责，按照省政府、监管部门要求做好各项工作，保持工作的连续性和平稳性。

第9章　强化湖南地方金融风险防控的政策建议

切实强化贴身监管，全力推进高风险行处置。一是督促制定完善处置方案。按照“联合会诊、集体把脉、一行一策，对症下药”的原则，联合人民银行、省地方金融监管局，并邀请地方政府参与，逐行分析风险状况，解剖风险成因，研究处置方案。二是落实好风险提示机制。及时向地方政府报告，争取地方政府采取实质举措支持处置化解。三是切实强化贴身监管。持续监测报告风险化解工作措施及进展，督导方案实施直至目标达成。对于名单外的农商行，强化监测分析的持续性、及时性和有效性。

强化信贷业务监管，有效提升贷款质量。一是确保真实反映，防止风险积累。督促将利息逾期贷款纳入逾期贷款统计，将信用卡不良贷款纳入总体不良贷款统计，并确保逾贷比持续保持在100%以下。二是加大处置力度，有效化解存量。督促全面落实不良资产清收责任，拓宽不良资产处置渠道，努力实现全省不良贷款处置额不低于上年。三是优化信贷管理，严控新增不良贷款。督促完善并严格执行贷款“三查”“审贷分离”和尽职免责制度。四是严格监管处罚，推动改进管理。以严监管、严问责倒逼改进信贷管理。

切实加强整改处置，持续规范资金业务。一是督促引导有效整改违规存量。督导全力整改违规超资质、超大额风险暴露资金的业务存量，确实无法整改的，制订整改计划。二是坚决禁止新增违规。进一步强调合规性要求，对违规行为，发现一笔、顶格查处一笔，处罚至最终审批人和决策人。三是加强风险监测与提示处置。加强同业及投资业务风险监测，及时作出风险提示。关注投资行为适当性，不能落实业务开办条件的，不得开展相关业务。督促农商行积极行动，采取一切合法手段，维护自身权益。

加强重点环节治理，有力控制风险规模。一是督促加强大额风险管理。严禁违规新增大额风险暴露，加大银团贷款风险管控力度，督导有力有序压降超标存量，并实施特殊机构差异化监管安排。二是督促加强声誉风险管理。督促持续做好365×24小时舆情监测，做到第一时间监测、第一时间报送、第一时间处置。三是督促加强流动性管理。组织农商行流动性风险排查，指导开展流动性压力测试，制定流动性应急计划，定期开展演练。

引导提高经营效率，增强风险抵补能力。一是提高经营效率。引导农商行加强队伍建设，优化业务流程，节约经营成本，提高经营效率，逐步提升营利能力，为稳健发展打下良好基础。二是加强资本补充。引导设立明确的资本管理目标，建立常态化资本补充机制，稳定内源性资本补充主渠道，建立完善外源性资本补充约束机制。继续推进改革注入土地管理及变现工作，争取尽早变现。三是加强准备计提。在做实资产分类的基础上，加大贷款拨备和非信贷资产减值准备计提力度，坚持拨备不足不得形成利润。

加强内控合规管理，遏制案件多发态势。一是督导提升内控合规水平。督导发挥好合规、风险、内审三道防线作用，确保嵌入所有业务，确保落实合规部门"一票否决权"。二是巩固"案件专项治理百日行动"成果。督促加大整改力度，找准案防薄弱环节，加快堵塞管理漏洞，全面完善内控机制。三是加大案件处置及问责力度。督促案发机构对已发案件果断处置，及时报告，有效止损挽损。按照"一案三查、上追两级"要求，依法依规开展监管问责。

督导优化公司治理，整治股东股权乱象。一是强化治理主体履职。进一步强化对"三会一层"的履职监管，严肃追究失职或不当履职责任。二是加强股东股权管理。加快股权集中托管工作步伐，着力引导农商行优化股权结构，合理引入国有股东和地方财政股东。三是深入整治股权乱象。继续排查整治违规持股、股权代持、操纵机构正常经营、利用关联交易进行利益输送等突出问题。四是加强关联交易监管。开展专项排查整治，推动加强管理，提高管理水平。五是继续督导全力做好徐四顺方违规多头入股及关联贷款风险问题整改处置工作。

持续强调坚守定位，督导优化业务结构。一是落实差异化监管措施，提高达标率。强化农商行坚守定位执行情况的考核评估，严格落实考核结果监管挂钩措施。二是督促壮大信贷主业，优化信贷结构。明确各项贷款增速要快于资金业务增速的要求，推动各项贷款占比继续提升。进一步强调买断式转贴现、房地产贷款占各项贷款的比例均不得高于20%的要求，已经超过20%的，余额及占比均不得进一步提高，且应逐步压缩。三是增强“支农支小”定力，加大普惠金融力度。督促农商行积极对接辖内村级基础金融服务需求，着力提升村级金融服务质效。推动农商行进一步加大涉农（特别是农、林、牧、渔业）、小微企业和民营企业贷款投放力度。督促聚焦稳定脱贫长效机制，对已发放的精准扶贫贷款，切实满足后续信贷需求。四是做好新冠肺炎疫情期间金融服务工作。

配合省政府做好省联社改革及农商行风险处置相关工作。

参考文献

[1] Agarwal S, Amromin G, Ben - David I, Chomsisengphet S, Evanoff D. Predatory lending and the Subprime Crisis[J]. *Journal of Financial Economics*, 2014, 113(1):29 - 52.

[2] Anderloni L. Fiancial Services Provision and Prevention of Financial Exclusion. European Commission, 2008.

[3] Atkinson A, F. Messy. Promoting Financial Inclusion through Financial Education: OECD/INFE Evidence, Policies and Practice[R]. OECD Working Papers, 2013.

[4] Ayyagari M, Demirgü c, Kunt A, Maksimovic V. Firm Innovation in Emerging Markets: The Role of Finance, Governance, and Competition[J]. *Journal of Financial and Quantitative Analysis*, 2011, 46(6):1545 - 1580.

[5] Banerjee A, Chandrasekhar AG, Duflo E, Jackson MO. The Diffusion of Microfinance[J]. *Science*, 2013, 341:363 - 371.

[6] Banerjee A, Duflo E, Glennester R, Kinnon C. The Miracle of Microfinance? Evidence from a Randomised Evaluation[J]. *American Economic Journal*: Applied Economics, 2015, 7(1): 22 - 53.

[7] Banerjee A, Duflo E. Inequality and Growth: What Can The Data Say[J]. *Journal of Economic Growth*, 2003, 8: 267 - 299.

[8] Barro R. Inequality and Growth in A Panel of Countries[J]. *Journal of Economic Growth*, 2000, 5: 5 - 32.

[9] Bateman M, Why Doesn't Microfinance Work? The Destructive Rise of Local Neoliberalism. London: Zed Books, 2010.

[10] Beck T, Demirgüç - Kunt A, Levine R. Finance, inequality, and The Poor [J]. *Journal of Economic Growth*, 2007, 12: 27 - 49.

[11] Beck T, Lundberg M, Majnoni G. Financial Intermediary Development and Growth Volatility: Do Intermediaries Dampen or Magnify Shocks? [J]. *J Int Money Finance* 2006, 25: 1146 - 1167.

[12] Beck T, De La TorreA. The Basic Analytics of Access to Financial Services [J]. *Financial Markets, Institutions & Instruments*, 2007, 16(2), 79 - 117.

[13] Beck T, Demirgüç - Kunt A, Levine R. Finance, Inequality and The Poor [J]. *Journal of Economic Growth*, 2007, 12(1): 27 - 49.

[14] BeckT, Demirguc - Kunt A, Martinez Peria M S. Reaching Out: Access to and Use of Banking Services Across Countries[J]. *Journal of Financial Economics*, 2007, 85(1): 234 - 266

[15] Burgess R, & Pande R. Do Rural Banks Matter? Evidence From the Indian Social Banking Experiment[J]. *The American Economic Review*, 2005, 95(3), 780 - 795.

[16] Clarke GRG, Xu LC, Zou H. Finance and Inequality: What Do the Data Tell Us[J]. *Southern Economic Journal*, 2006, 72(3): 578 - 596.

[17] Cole RA. The Importance of Relationships to The Availability of Credit[J]. *Journal of Banking & Finance*, 1998, 22 (6 - 8): 959 - 977.

[18] Corrado G, Corrado L. The Geography of Financial Inclusion Across Europe During The Global Crisis[J]. *Journal of Economic Geography*, 2015, 15(5): 1055 - 1083.

[19] Dabla – Norris E, Ji Y, Townsend R, Unsal DF. Identifying Constraints to Financial Inclusion and Their Impact On GDP and Inequality: A Structural Framework for Policy, IMF Working Paper 15/22.

[20] de Aghion AB, Morduch J. The Economics of Microfinance. Cambridge, MA: MIT Press, 2005.

[21] de Haan A. Inclusive Growth: Beyond Safety Nets? [J]. *The European Journal of Development Research*, 2015, 27:606 – 622.

[22] Demirgüç – Kunt A, Beck T, Honohan P (Eds). The World Bank Finance for All? Policies and Pitfalls in Expanding Access. A World Bank Policy Research Report, Development Research Group (DECRG). Washington DC: The World Bank Group; 2008.

[23] Demirgüç – Kunt A, & Levine R. Finance and Inequality: Theory and Evidence [J]. *Annual Review of Financial Economics*, 2009, 1(1), 287 – 318.

[24] Demirgüç – KuntA, Klapper L, Singer D, Van Oudheusden P. (2015).

[25] Demirgüç – KuntA, Klapper L, Singer D, AnsarS, Hess J. The Global Findex Database 2017: Measuring Financial Inclusion and The Fintech Revolution. Washington, DC: World Bank, 2018.

[26] Demirgüç – Kunt A, Levine R, Detragiache E. Finance and Economic Development: The Role of Government. Policy Working Paper, 2008, No. 3955. Washington, DC: World Bank.

[27] Dymski GA. Development as Social Inclusion: Reflections on the US Subprime Crisis [J]. *Development* 2010, 53(3):368 – 375.

[28] Easterly W. *The White Man's Burden: Why the West's Efforts to Aid the Rest Have Done so Much Ⅲ and so Little Good* [M]. New York, Penguin Press, 2006.

[29] Fadum O S. Corporate Governance and Insurance Company Growth: Challenges and Opportunities [J]. *Rational Journal of Academic Research in Economics and Management Sciences*, 2013, 2(1), 286 – 305.

[30] Gambacorta, L Yiping H, Zhenhua L, Han Q, Shu C. Data vs Collateral [R]. Bank for International Settlements Working Papers, No 881, 2020.

[31] Gupta J, Pouw NR, Ros - Tonen MA. Towards An Elaborated Theory of Inclusive Development [J]. European Journal of Development Research, 2015, 27: 541 - 559.

[32] Hancock D, Wilcox JA. The "Credit Crunch" and the Availability of Credit to Small Business[J]. *Journal of Banking & Finance*, 1998, 22 (6 - 8) :983 - 1014.

[33] Holden P, Prokopeken V. Financial Development and Poverty Alleviation: Issues and Policy Implications for Developing and Transition Countries. In IMF Working Paper No. WP/01/160, 2001.

[34] Honohan P. Financial Sector Policy and The Poor: Selected Findings and Issues. World Bank Working Paper Series no. 43. Washington, DC: World Bank, 2004.

[35] Honohan P, KingM. Cause and Effect of Financial Access: Crosscountry Evidence fromThe Finscope Surveys, 2012.

[36] In R Cull, Demirguc - Kunt M Asli, Jonathan(Eds.). Banking the World: Empirical Foundations of Financial Inclusion[J]. *Cambridge: MIT Press*, 45 - 84.

[37] International Monetary Fund. World Economic Outlook [R]. Washington DC: International Monetary Fund, 2015.

[38] J Coque. Rural Development and Rural Finance: the Role of Financial Services Cooperatives in The Latin America Region [J]. *Journal of Global Entrepreneurship Research*, 2016, 8(1).

[39] Jalilian H, Kirkpatrick C. Financial Development and Poverty Reduction in Developing Countries [J]. *International Journal of Finance &Economics*, 2002, 72 (2), 97 - 108.

[40] Jeanneney S G, & Kpodar K. Financial Development and Poverty Reduction: Can There Be A Benefit without A Cost? [J]. *Jour CXnal of Development Studies*, 2011, 47(1), 143 - 163.

[41] JIAO Fang - yi, REN Jia - song. Research on the Important Impact Factors of Rural Finance Enterprises' Dynamic Capabilities in the Financial Ecosystem: 2010 International Conference on Management Science & Engineering, 2010, 1324 - 1329.

[42] Kempson E, Whyley C. Kept Out or Opted Out? Understanding and Com-

bating Financial Exclusion. Bristol: The Policy Press,1999.

[43]King RG, Levine R: Finance and Growth Schumpeter Might be Right [J]. *The Quarterly Journal of Economics*,1993, 108(3):717 –737.

[44]Levin R, Zervos S: Stock markets, banks and economic growth[J]. Am Econ Rev 1998, 88:537 –558.

[45]Levine R. Finance and Growth: Theory and Evidence. In Handbook of Economic Growth, Vol. 1. Edited by Aghion P, Durlauf S. Amsterdam: Elsevier; 2005: 866 –934.

[46]Levine R. Law, Finance, and Economic Growth. Journal of Financial Intermediation,1999, 8(1 –2):36 –67.

[47] Levine R: The Legal Environment, Banks, annd Long – run Economic Growth[J]. *Journal of Money, Credit and Banking*,1998, 30(3):596 –613.

[48]Leyshon A, French S, Signoretta P. Financial Exclusion annd The Geography of Bank annd BuildingSociety Branch Closure in Britain[J]. *Transactions of the Institute of British Geographers*,2008, 33(4):447 –465.

[49]Louis K,Nicola J. Financial Inclusion and Financial Integrity: Aligned Incentives ? [J]. *World Development*,2013(3):267 –280

[50] M Gupte. Money Market, Rural Finance and Financial Inclusion in India [J]. *Abhinav Publication Abhinav International Monthly Refereed Journal of Research in Management & Technology*,2017,6(6):8 –18.

[51] Mandira Sarma, Jesim Pais. Financial Inclusion and Development [J]. *Journal of International Dvelopment*,2010(12):613 –628.

[52]McKillop D, Wilson J. Financial Exclusion[J]. *Public Money Manage*, 2007, 27(1):9 –12.

[53]MP Menakadevi ,DML Natarajan. A Study on the Problems of Rural Finance and Its Distribution for the Balanced Agricultural Development[J]. *Vacuum*, 2016 , 22 (4) :171.

[54]N Yusuf. Role of Rural Finance in Reduction of Poverty in the Agriculture Sector: Northern India[J]. *Paper & Presentation of Civil Engineering*, 2014 , 2 :